Wilhelm Maas

Im Namen des barmherzigen Gottes?

Wilhelm Maas

Im Namen des barmherzigen Gottes?

Der Islam zwischen Fundamentalismus und Erneuerung

Verlag Urachhaus

Ich danke der Pädagogischen Forschungsstelle im Bund der Freien Waldorfschulen für die finanzielle Unterstützung eines Teiles dieser Arbeit. Bei meinem längeren Aufenthalt in Sekem/Ägypten 1993/1994 habe ich intensiv mit Moslems leben, arbeiten und beten dürfen. Sie, von denen ich viel gelernt habe, gehören mit zu den »Autoren« dieses Werkes.

ISBN-10: 3-8251-7261-9
ISBN-13: 978-3-8251-7261-9

2. Auflage, 2006

Erschienen 1999 im Verlag Urachhaus

Umschlag: Kuppeln und Minarett der Sultan Hassan Moschee, Kairo
(Bildagentur Mauritius)
Druck: Aalexx Druck, Großburgwedel

»In seinen Schritten liegen seine Wurzeln.«

(Adonis)

Inhalt

Einführung

»In seinen *Schritten* liegen seine Wurzeln.« Mit diesen Worten, die ich als Motto meinem Buch voranstelle, beschreibt der syrische, seit 1986 im Exil in Paris lebende Schriftsteller Adonis (alias Ali Ahmad Esber Said), ein Moslem schiitisch-alawitischer Herkunft, in seinem Gedicht »Psalm« die wünschenswerte Grundhaltung des Menschen: immer im Werden und in Entwicklung begriffen, immer auf dem Weg in ein »anderes Land«, ein »neuer Noah«, der nicht dem alten Gott gehorchen will, »der Wind, der keinen Rückzug kennt, und das Wasser, das nicht zu seiner Quelle zurückkehrt ... In seinen Schritten liegen seine Wurzeln«.

Was der renommierte, sehr stark vom Sufismus beeinflusste islamische Dichter hier über die Gestalt seines neuen Menschen aussagt, könnte er sinngemäß auch auf die wünschenswerte authentische Gestalt des Islam insgesamt übertragen: »Seine Wurzeln liegen in seinen Schritten.« Das wäre der ideale »Radikalismus« (lateinisch »radix« = die Wurzel). Nur in der Bewegung, nur in der Wandlung, nur in der dynamischen Entwicklung liegen seine Wurzeln, seine Fundamente. Sie sind nicht statisch vorfindbar irgendwo in der Vergangenheit, zu der als Quelle der Mensch zurückzukehren hätte, um seine Identität zu finden. In diesem Sinne ist es denn auch zu verstehen, dass der Dichter als seinen Künstlernamen »Adonis« wählt, nach jenem Gott, der stirbt, um sich selbst und die Welt zu erneuern.

»Fundamentalismus« nennt man heute die geistige Grundhaltung, die in direktem Gegensatz zu der von Adonis skizzierten Sicht steht. Ob und, wenn ja, inwieweit sie im Wesen und Selbstverständnis des Islam schon von Anfang an potentiell angelegt ist, wird zu untersuchen sein. Ist der Islam eine Religion der ewig gleich bleibenden Natur und Vernunft? Gibt es letztlich nichts Neues mehr, weil im Anfangspunkt, im Nullpunkt, die Geschichte schon eingefroren ist? Dies sind leitende Fragen der folgenden Studie, die sich wie ein roter Faden durch alle Kapitel hindurchziehen.

Ich werde ungewöhnliche Fragen an den Koran stellen und darum auch überraschende Antworten erhalten. Bisher in der Islamforschung vernachlässigte Aspekte werde ich stärker herausarbeiten und präzisieren: z.B. das Selbstverständnis des Islam als natürlicher und universaler Ur-Religion für alle Menschen aller Zeiten und als »Religion der Mitte«; die Betonung der Freiheit und Selbstverwirklichung des Menschen-Ich auch angesichts der Vorherbestimmung im Weltenplan Gottes; die Reinkarnationslehre im Islam; die Geburt der abstrakten Kunst aus dem Geist der islamischen Ästhetik. Auch die Möglichkeiten und Grenzen der »Ökumene« im Islam werden realistisch aufgezeigt.

Angesichts der heute die Islam-Diskussion beherrschenden »Fundamentalismus«-Thematik ist es zur Versachlichung des Gesprächs unumgänglich notwendig, dieses Schlagwort und Mehrzwecketikett »Fundamentalismus« einer genaueren Analyse zu unterziehen. Eine Darstellung der geschichtlichen Herkunft dieses Begriffs ist dabei ebenso wichtig wie das Studium von authentischen Originaldokumenten und ein Vergleich mit anderen, nicht-islamischen Fundamentalismen, sei es nun beispielsweise der katholische oder der »grüne« Fundamentalismus.

Wer heute versucht, sich dem Islam unbefangen zu nähern und ihn, in grundsätzlicher Positivität des Denkens, möglichst so darzustellen, wie er »wirklich« und authentisch ist und sich selbst versteht, hat es nicht leicht. Zu stark sind die meistens aus Unwissenheit resultierenden und grob verallgemeinernden Vorurteile und Vorverurteilungen. Terror und Gewalt von »fundamentalistischen« Muslimen haben dazu natürlich wesentlich beigetragen. Aber Islam, das sei hier gleich vorweg gesagt, ist nicht identisch mit Fundamentalismus, und Fundamentalismus ist nicht identisch mit Terror.

Ich möchte auch einen häufig vorkommenden Fehler im Vergleich von Religionen vermeiden, nämlich, auf vorliegende Thematik bezogen, auf der einen Seite ein rein vom Evangelium, möglichst noch von der Bergpredigt her geprägtes Idealbild des Christlichen herauszustellen, um dieses idealtypische Modell dann der »real existierenden« islamischen Seite gegenüberzustellen, die dazu noch auf Terror, Krieg, Polygamie und Frauenfeindlichkeit reduziert wird. Auch der Islam besitzt, wie jedes andere religiöse Gebilde, ein Entwicklungspotential, dessen Tendenz und Dynamik für Außenstehende oft nur sehr schwer zu erkennen und abzuschätzen ist. Er hat ein Recht darauf, nach dem beurteilt zu werden, was er wirklich will, und nicht danach, wie menschliche Schwäche sein Ideal abgeschwächt oder verfälscht hat.

Der Titel dieses Buches lautet: »Im Namen des barmherzigen Gottes?«, und diese Formel ist mit einem unübersehbaren Fragezeichen versehen. Mit der provokativen Setzung dieses Fragezeichens soll die Legitimation eines »fundamentalistischen« Denkens und Handelns unter Berufung auf diesen Namen Gottes grundsätzlich in Frage gestellt werden.

»Im Namen des barmherzigen Gottes« (bismi llahi r-rahmani r-rahimi), die sogenannte »Basmala«, ist die am meisten gebrauchte Gebetsformel eines Moslem. Sie ist allen 114 Suren, mit Ausnahme von Sure 9, vorangesetzt. Sie bildet den Anfang fast jedes Gebets. Sie ist auch im alltäglichen Leben allgegenwärtig, zu Beginn eines Zeitungsartikels, am Anfang einer Nachrichtensendung, einer Parlamentsrede, eines Briefes usw. Die angegebene arabische Originalfassung zeigt, dass es hier um die Anrufung des Namens – und das heißt: der Wesenskraft – Gottes geht, der mit zwei Attributen näher bezeichnet wird, die im arabischen Wortlaut die gleiche etymologische Herkunft zeigen: »rahman« und »rahim« (die Konsonantenwurzel RHM, beide Wörter werden auf der letzten Silbe betont). Im Deutschen findet man oft die Übersetzung »barmherzig und erbarmend« oder »barmherzig und gütig« oder »allerbarmend«.

Für fast alle alten Koran-Kommentatoren gelten »rahman« und »rahim« ganz einfach als zwei parallele Qualifizierungen. Allerdings lassen die meisten Koran-Gelehrten die Bezeichnung »rahman« nur für Gott gelten (im Gegensatz zu »rahim«, das auch auf Menschen bezogen werden kann). »Rahman« habe eine »extensive« Bedeutung in dem Sinne, dass Gott »rahman« für *alle* Menschen ist, für Gläubige und Ungläubige, während er »rahim« nur gegenüber Gläubigen ist (mit Bezug auf Sure 33,43).

Die Bedeutung von »rahim« könnte man umschreiben mit: »mit einfühlsamem Herzen«, hoch sensibilisiert, eine innere Haltung, die sich dann auch in »Wohltätigkeit« äußert. Dieses Wort kann, wie gesagt, auch auf Menschen angewendet werden.

Das entsprechende Substantiv aus der Wurzel RHM ist zunächst »rahma«, was »Zärtlichkeit, Mit-Leiden, Sanftheit, (darum auch) Verwundbarkeit, Zerbrechlichkeit« bedeutet. Viele islamische Theologen zweifeln angesichts der letzten Bedeutungen an der Anwendbarkeit dieser Namen bzw. Eigenschaften auf Gott: Wenn der Begriff »rahma« auf Gott bezogen wird, kann er nur noch im übertragenen, bildlichen Sinne verstanden werden, als Güte und Großmut gegenüber der Schöpfung. Ein mit-leidender, »verwundbarer« Gott ist hier nicht vorstellbar!

Den Begriff »rahma« mit »Gnade« (englisch »mercy«, lateinisch »misericordia«) zu übersetzen, kann in die Irre führen, da konventionell diese Begriffe auf Sündenvergebung reduziert werden. Dieser Aspekt ist aber an fast allen 114 Stellen, an denen dieser Begriff im Koran vorkommt, nicht gemeint.

Für den Kontext dieser Untersuchung der Thematik »Fundamentalismus und Erneuerung« ist nun noch ein anderes aus der Wurzel RHM abgeleitetes Wort genauer zu betrachten, nämlich das Substantiv »rahima«. Es bedeutet ursprünglich »Schoß« (der Frau), Ursprungsort (des Kindes, des Jungen, des Neuen), auch Verwandtschaft, nahe Beziehung, Hautnähe. In diesem Sinne wäre jemand, der »rahim« ist, einer, der aus seinem Innern Neues zeugt oder gebiert, der zukunfts-trächtig ist, der er-neuert. Die muslimische Theologie hatte große, ja unüberbietbare Schwierigkeiten, diese Eigenschaft von Gott auszusagen.

Origenes, der hochbedeutende Kirchenvater des dritten Jahrhunderts, der zeitlebens in einem inneren theologischen Konflikt stand zwischen dem damals philosophisch und kirchlich herrschenden Apathie- und Unveränderlichkeitsaxiom hinsichtlich des Wesens Gottes einerseits und der nicht zu leugnenden biblischen Aussage von einem mit-leidenden und in bestimmter Hinsicht darum veränderlichen Gott, kannte diese ganze Problematik, bis hinein in das sprachliche Detail, sehr gut. Er wählt für »rahim« das entsprechende griechische Pendant »splanchnos«, was bedeuten kann: »Eingeweide«, Inneres, Herz usw. Er scheut sich nicht, diese Bezeichnung auf Gott anzuwenden. »Im Barmherzig-Sein leidet Gott mit, er ist nämlich nicht herzlos« (Ezechiel-Kommentar 16). Oder auf Jesus bezogen: »Als Menschenfreund hat Jesus, der leidenslose, das Mitleid-Empfinden erlitten« (Matthäus-Kommentar X,23). Noch deutlicher und ausführlicher entwickelt Origenes seine Gedanken von einem in seinem Innersten mit-leidenden Vater-Gott im 6. Abschnitt des 6. Kapitels der Ezechiel-Homilie, der hier wegen seiner zukunftsweisenden Bedeutung im ganzen Wortlaut zitiert sei:

»Er [der Erlöser] stieg auf die Erde herab aus Mitleid mit dem Menschengeschlecht. Er hat unsere Leiden gelitten, bevor er das Kreuz erlitt und bevor er sich würdigte, unser Fleisch anzunehmen; denn hätte er nicht [vorher] gelitten, so wäre er nicht in den Wandel des menschlichen Lebens eingetreten. Zuerst hat er gelitten, dann stieg er herab und wurde sichtbar. Was ist das für ein Leiden, das er für uns erlitt? Es ist das Leiden der Liebe. Und der Vater selbst, der Gott des Alls, »langmütig und von großer Erbarmung« (Ps 102,8), leidet nicht auch er in gewisser Weise? Oder weißt du nicht, dass er, wenn er sich zu den Menschen herablässt, menschliches Leiden leidet? ... Selbst der Vater ist nicht leidensunfähig. Wenn er angerufen wird, erbarmt er sich und fühlt den Schmerz mit. Er erleidet ein Leiden der Liebe und wird etwas, was er wegen der Größe seiner Natur nicht sein kann, und hält unsretwegen menschliche Leiden aus.«

Paul Claudel meint letztlich dasselbe, wenn er davon spricht, dass die Lanze in der Hand des Longinus weitergegangen ist als bis zum Kreuz Christi, nämlich eingedrungen ist in das Herz der Dreifaltigkeit selber.

Die islamische Theologie hingegen hat die Linien nicht ausziehen können, die in der Tiefe der koranischen Aussagen von Gott, der »rahman« und »rahim« ist, angelegt sind. Sie wagte es auch nicht angesichts der Tatsache, dass doch gerade die Sure 55, die den Titel trägt »Der Erbarmer« (ar-rahman), von diesem Gott aussagt, dass von ihm das Erschaffen, das Werden des je Neuen, das Sprießen ausgeht.

Alle Aspekte zusammengenommen könnten wir die Basmala paraphrasierend auch so übersetzen: In der Wesenskraft des immer von neuem gebärenden Gottes der Erneuerung und des Werdens, der Zärtlichkeit und des Mit-Leidens.

Darf aber jemand im Namen eines *solchen* Gottes handeln, dem es im religiösen Bereich um Abgeschlossenheit, Starrheit, Vergangenheitsorientierung, Intoleranz, ja Gewalt gegen Andersdenkende, also, um dieses Etikett hier der Einfachheit wegen zu gebrauchen, um ein »fundamentalistisches« Denken und Handeln geht? Das ist der Sinn des Fragezeichens im Titel dieses Buches!

I. GRUNDELEMENTE DES ISLAMISCHEN WELTBILDES

Der Islam – die natürliche und universale Ur-Religion

Die »fitra« – der Islam als natürliche Ur-Religion jedes Menschen

Bevor der uns so geläufige Begriff »Islam« zum terminus technicus dieser Religion wurde, war lange Zeit der Ausdruck »Hanifentum« (hanifiya) die einzige »offizielle« Bezeichnung. Diese weithin unbekannte Tatsache macht unübersehbar auf die Wichtigkeit dieses Phänomens des Hanifentums aufmerksam. Es handelt sich bei den »Hanifen« um Menschen, die zwar direkt und ausdrücklich keiner der großen monotheistischen Religionen angehörten, aber durchaus, wenn auch »über-konfessionell«, monotheistisch ausgerichtet waren.

Sure 30,30, ein Schlüsselvers in diesem Zusammenhang, macht die überragende Bedeutung des Hanifentums für Muhammad deutlich: »Wende dein Antlitz zur Religion des Hanifen, gemäß der ursprünglichen Schöpfungsordnung (fitra), die Allah von Natur aus den Menschen gegeben hat (fatara). Es gibt keine Veränderung an der Schöpfung Allahs! Das ist die unveränderliche Religion, aber die meisten Menschen haben das nicht erkannt.«[1]

Muhammad ist also überzeugt: Sein radikaler Monotheismus ist die ursprüngliche, natürliche Religion der Menschen schlechthin. Der Islam geht im Sinne des eben zitierten Koranverses von der Existenz einer Naturreligion oder Schöpfungsreligion aus, die ein Geschenk Gottes an alle Menschen ist, an alle Menschen ohne jede Ausnahme. Sie kommt nämlich mit der Geburt zu ihnen. Diese Naturreligion ist ein integraler Bestandteil ihrer Persönlichkeit. Inhaltlich hat der Islam diese Ur-Religion im Wesentlichen konkretisierend beschrieben als Begabung mit Vernunfterkenntnis und heiligem Wissen. Mit der »fitra«, die oft auch mit dem Prädikat »die unversehrte« (al salima; salam, islam, muslim gehören zur gleichen Konsonantenwurzel) versehen wird, ist gemeint: »die Natur, die der Mensch besaß, als er in der Nähe des Baumes des Lebens wohnte und die Frucht der eins machenden Erkenntnis oder Weisheit aß, also die Natur, die er nach wie vor in der Mitte seines Wesens trägt«.[2] Fitra meint »dasjenige, was im Menschen essentiell und ursprünglich ist und was dauerhaft und unveränderlich bleibt, auch wenn sich aufgrund des allmählichen Herausfallens des Menschen aus dieser Vollkommenheit, die er freilich nach wie vor in sich trägt, verschiedene Schleier über diese Urnatur gelegt haben«.[3] Hier liegt der Kern der islamischen Lehre vom Menschen.

Universaler Imperativ und natürliches Sittengesetz – die Scharia

In ethischer Hinsicht ist der Inhalt dieser natürlichen Religion ein universaler Imperativ. Da alle Menschen von Natur aus ausreichende Fähigkeiten besitzen, Sein und Sollen, Gabe und Aufgabe dieser Schöpfungsreligion zu erkennen, sind sie auch verpflichtet, diesem umfassenden Imperativ in ihrem Handeln zu entsprechen. Eine Entschuldigung unter Berufung auf Unkenntnis oder entscheidende Konstitutionsschwäche gibt es darum nicht. Der Ur-Monotheismus war auch der ethische Naturzustand, der verwirklicht oder verfehlt werden konnte. Der Islam ist in seiner Funktion als Gesetzesreligion zugleich natürliches Sittengesetz, zu dessen bewusster Verwirklichung Willensfreiheit vorausgesetzt werden muss, da ja die Verwirklichung dieses natürlichen Sittengesetzes mit Strafe oder Belohnung sanktioniert ist. Wenn und insofern aber die Verheißung von Paradies bzw. Hölle von der bewussten Verwirklichung des monotheistischen Naturzustandes abhängig ist, so muss daraus, weil Gott ja gerecht ist, die Offenbarung des natürlichen Sittengesetzes, eben des Islam, für alle Menschen folgen.

Zur Erfüllung dieses Sittengesetzes ist es nicht ausreichend, dass sich der erste Mensch im monotheistischen Urzustand befand (er ist ja vorübergehend auch schwach geworden). Vielmehr musste der Urzustand in das praktische Bewusstsein gehoben werden, und eben dies geschieht durch Offenbarung. Zentraler Inhalt dieser Offenbarung aber war das Bekenntnis zur Einheit und Einzigkeit

Gottes. Und der Islam als Gesetzesreligion, die er ja auch ist, kann nur als Lebenspraxis dieses monotheistischen Bekenntnisses verstanden werden. Solange Letzteres nicht verletzt wird, können Übertretungen im gesetzlichen Bereich übrigens nicht zu ewiger Höllenstrafe führen.

Fortschritt als Rückkehr zum Ursprung

Im Sinne des oben zitierten Koranverses 30,30 gilt eine Änderung des Naturhaft-Ursprünglichen konsequenterweise als Abfall von der gottgewollten Schöpfungsordnung. Sowohl im Bereich der Schöpfung wie im Bereich der Religion (din) – beide gehören im Sinne des eben zitierten Koranverses engstens zusammen, bis hin zur Identität – kann und darf es keine Änderung, damit auch keine Fortentwicklung, keine »Neuerung« (bid'a) geben. Fort-Schritt ist immer nur möglich durch Rückkehr zum reinen, maß-gebenden Ursprung. Die geschichtlichen Weiterentwicklungen dieses Ur-Monotheismus in den verschiedenen Religionen, im Heidentum, Judentum, Christentum, neigen aus der Sicht der Ur-Religion dazu, Abfall von diesem Ursprung zu sein.

Der von Natur aus gute Mensch – keine Erbsünde, keine Erlösung

Der universale Charakter des Islam als Naturreligion, der Hand in Hand ging mit dem Gedanken einer Urwahrheit als einer Wahrheit ohne Geschichte, wird durch sein Geschichtsverständnis betont und gestützt. Der Islam lehrt nämlich, dass Gott die Menschheit bei ihrer Anerkennung seiner Einzigkeit und seines Schöpfertums nicht ganz auf sich allein gestellt sein lässt, sondern ihr in jeder Epoche der Geschichte in seiner Barmherzigkeit immer wieder Mahner, Erinnerer, eben »Propheten« schickt, die den »vergesslichen« Menschen – nach dem Koran ist die »Vergesslichkeit« eine seiner großen »Schwächen« – an seine ursprüngliche Bestimmung erinnern und mahnen. Grundsätzlich ist aber der Mensch von sich aus, aus seinen eigenen Kräften in der Lage, die vielleicht aus »Vergesslichkeit« mehr oder weniger verloren gegangene Beziehung zum Ursprung, zum Schöpfergott, wiederherzustellen.

Es gibt nach der Lehre des Koran keine entscheidende Schwächung des Menschen durch eine ererbte Schuld von Adam her; es gibt keine »Erbsünde«. Der Mensch ist von Natur aus gut und im Kern gut geblieben. Frithjof Schuon formuliert das so: »Die christliche Weltschau begründet sich auf den Fall Adams, welcher die messianische Loskaufung notwendig macht; die islamische Schau hingegen betrachtet die Menschheit, wie sie ist, in ihrer geschöpflichen, nicht geschichtlichen Unvollkommenheit, in ihrer Nichtgöttlichkeit, nicht in ihrer Sündhaftigkeit, – und diese Unvollkommenheit, diese Gottesferne macht die göttliche Botschaft (risalah) nötig.«[4]

Adam hat zwar vorübergehend eine kleine Schwäche gezeigt, aber er hat schnell bereut und Gott hat ihm vergeben. Er konnte eigentlich gar nicht sündigen, denn »er war der erste aller Propheten, und diese sind über die Sünde erhaben. Andererseits war Adam aber Mensch, nicht Gott, und alles Geschöpfliche setzt Grenzen voraus und bringt Begrenzungen mit sich, ansonsten nichts das Geschöpfliche von Gott unterschiede; so war es eine ›Fehlhaltung‹ (dhanb), das heißt eine Art Unachtsamkeit oder Verwechslung, nicht eine bewusste Übertretung (ithm, zhulm), welche den Verlust Edens bewirkte. Dieser Fehler wurde dem ersten Menschenpaare verziehen ... Nach dieser Betrachtungsweise hat erst Kain die Sünde in die Welt gebracht«.[5]

Von einer Übertragung dieser »Schuld«, von Schwächung oder gar totaler Verderbtheit der von Adam abstammenden Menschheit kann im Koran überhaupt keine Rede sein. Wo aber diese Grundschwäche und Schuld fehlt, bedarf es auch keines Erlösers von einer solchen Schuld. Aus dieser Perspektive ist ein stellvertretendes Erlöserleiden überflüssig. Im Prinzip vermag der Mensch alles selbst und allein. Es besteht absolute Eigenverantwortlichkeit. Das Prinzip »Stellvertretung« wird ausdrücklich zurückgewiesen. Nicht das christliche Motto: »Einer trage des anderen Last« gilt, sondern das koranische: »Niemand wird die Last eines anderen tragen.«[6]

Ein Weg zu Gott ohne Vermittler

Damit die Wege zu Gott in dieser natürlichen Religion wirklich allen Menschen offen stehen, weist der Islam prinzipiell alles zurück, was an heilsnotwendigen »Medien« zwischen Gott und den Menschen steht. Es gibt im Islam keine »Sakramente« und keine im engeren Sinn priesterlichen Funktionen. Es gibt keine Kirche im Sinne von Heilsvermittlung.

Allerdings gibt es da im Koran das geheimnisvolle Wort von der »Taufe Gottes« (Sure 2,138).[7] Die Bedeutung des arabischen Wortes »sibgha« ist umstritten. Es gibt neben der Übersetzung »Taufe« auch die von westlichen Forschern vorgeschlagenen Übersetzungen »Salbung«, »Geschmack«, »Färbung«. Islamische Kommentatoren setzen dieses Wort oft gleich mit »Religion« (din) und »natürliche Schöpfungsordnung« (fitra) im Sinne der Urreligion. »Taufe« wäre im koranischen Verständnis also nicht ein sakramentaler Vorgang als Initiationsritus in einer konkreten Religionsgemeinschaft, sondern die im Vorgang der Schöpfung bereits allen Menschen von Natur aus mitgegebene Gottesbeziehung, eine Art monotheistische »Grundfärbung« jedes Menschen, mit der er sich selbst dann im Laufe seines Lebens noch weiter durchdringen und durchfärben muss. Der profan-arabische Gebrauch dieses Wortes bezieht sich sehr oft auf den Vorgang des Färbens eines Kleidungsstückes, und zwar durch Eintauchen in das Farbbad. Von daher hat es auch die allgemeinere Bedeutung von »Änderung« angenommen.[8] In diesem Sinne sind Verse des bedeutenden Sufimeisters Rumi aus dem dreizehnten Jahrhundert als Vertiefung der angeführten Koranstelle besonders aufschlussreich. Wir zitieren sie hier in der Übersetzung von Annemarie Schimmel:

> Die Taufe Gottes ist das Farbfass »Er«,
> in ihm gibt eine Farbe es nur mehr.
> Wer in dies Fass fiel – sprich: »Erhebe dich!« –
> der ruft voll Freude: »Lass – das Fass bin ich!«
> »Ich bin das Fass« heißt: »Ich bin Gott« zu sagen –
> das Eisen wird des Feuers Farbe tragen.
> In Feuerfarbe stirbt des Eisens Farb',

vom Feuer spricht es, bis sein Wort erstarb.
Ist es von Röte gleich wie Gold durchdrungen:
»Ich bin das Feuer!«, ruft es ohne Zungen.
Von Feuers Art und Farbe, hochgemut,
so spricht es: »Ich bin Feuer, ich bin Glut!
Ja, ich bin Feuer – zweifelst du daran,
versuche es und rühre mich nur an!
Ja, ich bin Feuer – glaubst du es mir nicht,
leg dein Gesicht einmal auf mein Gesicht!«
Als Adam Licht erhielt von Gottes Schein,
da beugten sich vor ihm die Engelreih'n.
Was Glut, was Eisen! Schließ die Lippen zu;
lach nicht wie einer, der vergleicht, o du![9]

Zurückweisung von Partikularismus

Der Universalismus der natürlichen Religion des Islam hat weiter zur Folge, dass jegliche Art von Partikularismus scharf zurückgewiesen wird. Für ihn gibt es nur die alle Menschen umfassende »umma«, die »Gemeinschaft« des Islam, zu der alle ohne Unterschied gehören. Keine ethnische Gruppe, kein Volk ist privilegiert, auch nicht das sogenannte »auserwählte« Volk der Juden. Es gibt kein Monopol hinsichtlich des Zugangs zu Gott. Diese Gleichstellung aller hat unter anderem auch die Ablehnung jeglichen Ethnozentrismus und Nationalismus zur Folge.

Die primäre und grundlegende soziale Beziehung ist für einen Moslem seine »umma«, nicht der Staat, in dem er lebt, nicht die Sprachgemeinschaft, nicht das Volk. Es darf nach seiner Auffassung auch keine Aufteilung in Kasten und Klassen geben. Wenn Gott trotzdem die Menschen in Stämme und Nationen hinein verfasst hat, tat er dies, um ihnen zu helfen, sich gegenseitig kennen zu lernen, zu identifizieren und dann zu kooperieren. Die besonderen Umstände unserer Sprache, unserer Gebräuche, unserer Kulturen und Sitten, unsere geographische Aufteilung auf der Erde (einschließlich unserer Verteilung auf Häuser, Straßen, Dörfer, Städte und Provinzen), all das sind Hilfen für die wechselseitige Selbstidentifikation.

»Ihr Menschen! Wir haben euch geschaffen von einem männlichen und weiblichen Wesen; wir haben euch zu Verbänden und Stämmen gemacht, damit ihr euch gegenseitig kennen lernt. Als der Vornehmste gilt bei Gott der Frömmste« (Sure 49,13).

Adam – der Urmonotheist

Die universalistische Konzeption der Naturreligion musste natürlich auch die vorislamische Epoche ausdrücklich in diesen Rahmen mit einbeziehen, wenn denn diese natürliche Religion sozusagen zur genetischen Anlage der Schöpfung gehörte. Und so wird im Zuge der Entfaltung der Theologie, aber grundgelegt schon im Koran, der universalistische Anspruch noch weiter voran- bzw. zurückgetrieben, indem diese Theologie den Offenbarungsträger Muhammad als präexistenten Heilsbringer versteht. Doch bevor wir uns diesem Thema zuwenden, sei noch die besondere Rolle Adams in diesem Verstehenshorizont beschrieben.

Die allgemeine Weltgeschichte ist hier zugleich die Geschichte des Islam und umgekehrt. Die Schöpfung selbst ist bereits ein Akt der Offenbarung. In diesem Sinne gibt es für den Islam prinzipiell keine Unterscheidung von »natürlich« und »übernatürlich«. Eine normative Offenbarung, die sich ausdrückt in Geboten und Verboten und dem Menschen zur »Rechtleitung« dienen soll, ergeht darum schon an Adam, der, insofern er Offenbarungsträger ist, zumindest in der nachkoranischen Tradition auch als Prophet angesehen wird, der erste in der Weltgeschichte. Die sogenannte »vor-islamische« Geschichte war eigentlich von Anbeginn an islamisch, sie beginnt mit Adam. Die nachkoranische Tradition sieht in Adam dann auch den Erbauer der ersten Ka'ba in Mekka.

»Sohn Adams« ist im Koran die Bezeichnung für den Menschen schlechthin und für seine prinzipielle Konstitution. Die Abstammung von Adam garantiert die Kontinuität der monotheistischen Grundverfassung (fitra) des Menschen, von Anbeginn der Welt bis zu ihrem Ende, während Muhammad, letztendlich als präexistent und ohne Sünde gedacht, dieser geschichtlichen Welt vorgeordnet und übergeordnet bleibt. So ist Adam als Erstgeschaffener der Urmonotheist, in Abraham zeigt sich in reinster Gestalt das natürlich-religiöse Hanifen-Wesen, im Islam Muhammads realisiert sie sich in vollkommenster Form.

Islam von Ewigkeit her

Nun ist aber der Universalismus der natürlichen Urreligion des Islam so universal, dass er nicht nur inner-weltgeschichtlich total ist, weil mit Adam beginnend, sondern er greift über die geschichtliche Dimension hinaus und zurück in die metahistorische, vor- und übergeschichtliche Region von Präexistenz und Ewigkeit vor aller Schöpfung. So haben jedenfalls viele Koranexegeten die folgenden Verse aus der 7. Sure verstanden: »Und als dein Herr von den Kindern Adams, aus ihrem Rücken, ihre Nachkommenschaft herausnahm und sie gegen sich selbst zeugen ließ! [Er sagte:] ›Bin ich nicht euer Herr?‹ Sie sagten: ›Ja, wir bezeugen es.‹ Damit ihr [nicht etwa] am Tag der Auferstehung sagt: ›Wir hatten davon keine Ahnung‹ (172), oder sagt: ›Unsere Väter waren bereits früher Polytheisten, und wir sind Nachkommen, nachdem sie nicht mehr da sind. Willst du uns denn zugrunde gehen lassen für die Taten derer, die sich auf Nichtiges einließen?‹« (173).

Dieser ewigkeitliche Ur-Bund (mithaq) Gottes mit der in Adam präexistenten Menschheit heißt in der islamischen Tradition der »Alastu-Bund«, nach den arabischen Anfangswörtern von Gottes Frage »Bin ich nicht … ?«. Der Islam als monotheistische Ur-Religion beginnt also nach dieser Auslegung[10] von Sure 7,172f. nicht erst mit der Schöpfung und mit Adam, sondern in der übergeschichtlichen Dimension von Gottes Ewigkeit vor aller Schöpfung, vor aller Zeit. Erste und wichtigste Wirkung dieses Bundes ist es, jeder Seele einen angeborenen Glauben an die Einzigkeit Gottes, die sie in ihrer Präexistenz anerkannt und verkündet hat, einzuprägen. Das ist die »fitra«, die Gott wie ein Siegel auf jedes menschliche Herz gelegt hat. So wird, bis das Gegenteil bewiesen ist, jeder Mensch als Moslem erachtet; und nur durch eine Zurückweisung des Alastu-Bundes kann der Mensch dem Unglauben verfallen.

Universaler und umfassender lässt sich der Islam als Naturreligion nicht mehr denken und darstellen. Hier haben wir den eigentlichen Ur-Islam vor uns.[11]

Ibrahim/Abraham – der reine Monotheist

Von Adam einmal abgesehen, ist vor dem weltgeschichtlichen Auftreten Muhammads aus koranischer Sicht Abraham/Ibrahim der herausragende Repräsentant der »natürlichen Religion« und das Vorbild des monotheistischen Hanifentums und damit der Vertreter des reinen, ursprünglichen Monotheismus par excellence: »Ibrahim war weder Jude noch Christ, er war vielmehr ein Hanif und ›Musli‹« (Sure 3,67a).[12] Es wird von einer »Religion Abrahams« (»millat Ibrahim«, so Sure 2,130.135 u.ö.) gesprochen. Den Juden und Christen wird damit die authentische Zuständigkeit für Abraham abgesprochen – er stellt eine eigene Größe dar und fällt aus dem Rahmen von Judentum und Christentum heraus. Muhammad selbst will nichts anderes sein als im Namen Adams, Abrahams und dann auch Ismaels ein getreuer Erneuerer des Ursprungsmonotheismus.

Diese spezifische Sicht Abrahams seitens des Koran ist zu beachten, wenn man heute, vor allem christlicherseits, leichthin und vorschnell von der »Ökumene Abrahams« spricht oder von den drei »Abrahamsreligionen«, die Judentum, Christentum und Islam angeblich darstellen. Aus dieser Perspektive ist der koranische Abraham/Ibrahim nicht so schnell für eine Ökumene zu vereinnahmen.

Die Heilsgeschichte – auf dem Nullpunkt eingefroren

Zusammenfassend lässt sich sagen: Der Islam ist die »natürliche Religion« schlechthin, angeboren, ursprünglich, unverfälscht und in diesem Sinne auch die »Religion der Vernunft«.[13] Daraus folgt: Alles andere ist bereits Deformation dieser Naturreligion. Daraus folgt aber, jedenfalls aus biblisch-christlicher Sicht, auch: Eigentlich ist im Ursprung, im Anfang, bereits alles gesagt, geschehen und enthalten. In der Heilsgeschichte passiert nichts Entscheidendes mehr. Die Geschichte Gottes mit der Menschheit ist sozusagen »auf dem Nullpunkt eingefroren«.[14] Während das Christentum ganz auf ein zeitliches Geschehen gegründet ist, ist »der Islam ganz Idee, er stellt sich außerhalb der Zeit, greift auf den Anfang zurück, ist die sich ausdrücklich vom Geschehnishaften abwendende Urreligion; deshalb darf der Prophet nicht als Geschehnis allzu stark hervorragen, er muss einer unter vielen – wenn auch der Letzte – sein; nur die Wahrheit vom All-Einen ragt im Islam als Einziges und Ewiges hervor«.[15] Der Koran will »im großen Ganzen nicht geschichtlich-dramatisch sein; daher sein dürrer, dem Evangelium ganz unähnlicher Ton, die fast wegwerfende Knappheit seiner Erzählungen«.[16] Der Islam will »nur lehren, was jede Religion wesentlich lehrt; er ist wie das Schema jeder möglichen Religion ... Im Islam ... ist die Idee alles«.[17]

Islamischer Heilsuniversalismus

Auch der Gedanke des Heils-Universalismus ist letzten Endes hier grundgelegt. Es gibt keine Parteilichkeit Gottes im Laufe der Heilsgeschichte für ein bestimmtes, »auserwähltes«, privilegiertes Volk; keine Hand Gottes ist »gefesselt«.[18] Das wäre eine Relativierung und Aufweichung des maßgebenden, entscheidenden Ur-Datums. Die vielen Propheten sind nur jeweils für ihre Zeit und ihr Volk Mahner an die Rückkehr zum Ursprung. Letztlich wird, wie wir gesehen haben, der Ursprung des natürlichen Monotheismus im Koran (genauer gesagt: in einer bestimmten Verständnisversion von Sure 7,172f.) zurückverlagert noch über Adam, über den Schöpfungsvorgang hinaus in jene übergeschichtliche, ewigkeitliche »Stunde« vor aller Zeit, als Allah der präexistenten Menschheit die entscheidende Grundfrage vorlegte: »Bin ich nicht euer Herr?« Und sie antwortete: »Ja, wir bezeugen es« (Sure 7,172f.).

Hier wurde vor aller Zeit ein »Bund« (mithaq) geschlossen, der sicherstellen soll, dass der Anti-Monotheist unentschuldbar ist, wenn er versuchen sollte, sich für diesen Unglauben auf die »Geschichte« zu berufen. Geschichtsphilosophisch betrachtet ist der Islam nicht eschatologisch, auf eine sich entwickelnde zukünftige

Vollendung hin ausgerichtet, sondern protologisch, in Rückkehr zur Situation der »ersten Stunde«. Für einen »neuen Adam«, einen zweiten Adam im Sinne des paulinischen Römerbriefs ist hier kein Platz. Der »erste Adam« genügt.

In der Fitra geboren — von den Eltern zum Muslim erzogen

Zur Verdeutlichung des zentralen Gedankens vom Islam als der natürlichen Ur-Religion erzählt ein Hadith die Geschichte vom Propheten Muhammad, der anlässlich seiner nächtlichen Reise nach Jerusalem in die Moschee ging und zwei Gebetsverneigungen ausführte. »Als ich die Moschee wieder verließ, kam Gabriel auf mich zu mit einem Gefäß, welches Wein enthielt, und mit einem anderen Gefäß, das Dauermilch enthielt. Ich wählte letzteres. Gabriel sagte zu mir: ›Du hast die fitra gewählt.‹«

Klarer kann man nicht artikulieren, wo der Islam steht: auf der Seite der »Milch«, nicht auf der des Weines, d.h. auf der Seite der »Natur«, nicht auf der Seite der Zivilisation, der Geschichte, der Entwicklung und der Änderung des ursprünglich-naturhaften Zustands. Und der einflussreiche islamische Philosoph Al-Ghazzali schreibt in seinem Hauptwerk, ein Prophetenwort aufgreifend: Jedes Kind wird in der natürlichen Urreligion (ʻala l-fitra), also gesund, geboren. Nur seine Eltern machen dann aus ihm einen Juden, einen Christen oder einen Parsen; das bedeutet, dass die schlechten Neigungen durch Gewohnheit und Erziehung erworben werden.[19]

Ein »Ungläubiger«, ein »kafir«, ist in diesem Verstehenshorizont derjenige, der, ganz in der eigentlichen Bedeutung dieses Wortes (kafir = verbergen), Gott und diese reine Ur-Natur des Menschen »verbirgt«, verleugnet. Sein ureigenstes Wesen ist dem Verständnis des Ungläubigen verborgen, er denkt und handelt in völliger Missachtung seiner selbst.

Alles im Kosmos ist muslimisch

Einer der einflussreichsten islamischen Gelehrten dieses Jahrhunderts, Abu-l-A'la Maududi, formuliert diese Zusammenhänge so:

»Ein Muslim zu sein ist tief in der Natur aller Dinge und Lebewesen verwurzelt ... Dies ist der Islam, die natürliche Religion des Menschen, die Religion, die nicht an irgendeine Person, eine Zeit, ein Volk oder Land gebunden ist. Islam ist der Lebensrhythmus der Natur und deshalb die Religion des Menschen. Zu jeder Zeit, in jedem Land und bei jedem Volk haben gottesbewusste, wahrheitsliebende Menschen an diese Religion geglaubt und nach ihr gelebt. Sie alle waren Muslime, unabhängig davon, ob sie diesen Weg Islam oder anders nannten. Was auch immer sein Name war, er bedeutete Islam und nichts anderes als Islam.«[20]

Maududi geht so weit zu sagen, dass, weil die gesamte Schöpfung dem Gesetz Gottes gehorcht, das ganze Universum im wahrsten Sinne des Wortes der Religion des Islam folgt. »Die Sonne, der Mond, die Erde und alle anderen Himmelskörper sind daher ›Muslime‹. Ebenso Luft, Wasser, Wärme, Steine, Bäume und Tiere: alles im Universum ist ›Muslim‹.«[21] Ähnlich argumentiert auch der geistige Vater des ägyptischen Fundamentalismus, Sayyid Qutb, in seiner programmatischen Schrift »Dieser Glaube – der Islam«. Auch für ihn ist der Islam »eine natürliche Religion, und das Kapital, auf das er sich verlässt und das er einzusetzen trachtet, ist nichts anderes als die menschliche Natur in ihrem wesentlichen Kern«.[22]

Der Universalismus des Islam in der modernen Koranexegese

Auch moderne Korankommentatoren greifen das Thema »Universalismus« des Islam auf. »Gottes Religion ist *eine*, ohne Diskontinuität (naskh) und ohne jegliche unterschiedliche Behandlung zwischen den Propheten. Vom Koran wird diese Religion Islam genannt (Sure 3,17–19).«[23] Der Koran, so der in Mekka geborene Inder Azad, spricht nicht nur von der Einheit der Gemeinschaft und der Einheit der Gottheit (Sure 21,92), sondern auch von der Einheit der Religion.[24] Außerdem: »Es gibt keinen Vers im Koran, der nur ein einziges Ereignis, einen einzigen Ort oder einen einzigen Zeitpunkt meint; im Gegenteil, jeder Vers enthält eine universale und ewige Wahrheit.«[25] Sure 1,7 wird im Gegensatz zu klassischen Kommentatoren so gedeutet, dass diejenigen, auf denen Gottes Zorn ruht, nicht die Juden, sondern die Atheisten sind; dass diejenigen, die irren, nicht die Christen sind, sondern Menschen, die von den ihnen von Gott geschenkten Talenten keinen Gebrauch machen und sich selbst mit ihren eigenen physischen und geistigen Kräften nicht anstrengen.[26]

Ein anderes Beispiel für anti-partikularistisches, also universales Denken liefert Muhammad Abduh mit seiner Deutung des koranischen Begriffs »salihat«, das in Sure 103,3 vorkommt (gängige Übersetzung von 'amilu l-salihati: »die glauben und die tun, was recht ist«). Für Abduh sind damit Tätigkeiten gemeint, die ebenso unter Nationen zu finden sind, die im Besitz einer prophetischen shari'a sind, als auch unter Nationen, zu denen kein Prophet gesandt wurde, weil die Prinzipien der salihat universal sind. Darum bezeichnet der Koran sie auch als »bi l-ma'ruf« (z.B. 31,16f.), was nicht bedeutet – wie Paret übersetzt – »was recht ist«, sondern »das Eigene, selbst Erkannte bestimmen«. Wer also Letzteres in seinem Leben praktiziert und glaubt, der wird nicht untergehen.

Der Islam – die erste und letzte Religion

Der Islam versteht sich nicht nur als die ursprünglich-erste Religion, sondern auch als die letzte. Dieser Aspekt macht seine partikulare Besonderheit aus. In diesem Sinne ist er nicht nur die Religion an sich, sondern eine konkrete einzelne Religion mit bestimmten Riten und Formen. Die eine universale Religion kann innerlich nur erreicht werden durch äußerliche Formen und Gestalten hindurch.

Mit dem Partikularen beginnt man, man endet beim Universalen. Man kann und darf nicht im Namen dieser inneren universalen Religion die äußeren religiösen Formen gering achten oder gar verwerfen. Mit dem Propheten Muhammad aber als dem »Siegel der Propheten« ist der prophetische Zyklus an sein Ende gekommen. Auch in diesem Sinn ist der Islam die letzte Religion. Diese Besonderheit verleiht ihm eine spezielle synthetische und integrierende Kraft, die alles zu absorbieren vermag, was aus früheren Zeiten und Kulturen mit ihm konform ist.

Islam als staunende Ehrfurcht und Ergebenheit in den Weltenlauf

Wenn wir zu den hier dargelegten Ideen von der natürlichen Schöpfungswirklichkeit, mit welcher der Mensch im Einklang leben muss – das ist seine ihm angeborene Ur-Religion –, noch die tendenziell und »avant la lettre« goetheanistisch zu nennende koranische Idee von der lebendigen Schau der »Zeichen« der Schöpfung hinzunehmen (vgl. S. 65ff.), wenn wir außerdem die Haltung des »Islam« (auch von der etymologischen Seite dieses Wortes her gesehen) als »Hingabe«, »Devotion«, »Ergebenheit« nicht nur äußerlich und fatalistisch-deterministisch missverstehen, dann finden diese koranischen Grundgedanken nach der grundlegenden Fundierung durch Goethe im 20. Jahrhundert ihre organische Fortentwicklung und Vertiefung in den Darlegungen Rudolf Steiners über die vier Seelenzustände,[27] die mit dem Denken und Forschen immer parallel gehen müssen, damit das Denken nicht nur zum Richtigen, sondern zum Wahrhaftigen kommt, zur Erkenntnis des wahrhaft Wirklichen: (1) Staunen, (2) Ehrfurcht, (3) Einklang mit den Weltgesetzen, (4) Ergebenheit in den Weltenlauf.

Staunend muss der Mensch zunächst vor dem Universum stehen. Das hat schon Aristoteles bemerkt, dass das Staunen der Anfang allen Erkennens ist. »Alles wirkliche Wissen, das Aussicht haben will, überhaupt etwas zu tun zu haben mit den Weltenrätseln, das muss aus dem Samenkorn des Staunens hervorgehen.«[28] Andernfalls bleibt das Denken ein Gedankenspiel, vielleicht eine scharfsinnige und kluge Verkettung von Ideen, die in sich zwar »richtig« ist, aber letztlich nicht zur Wahrheit der Wirklichkeit gelangt.

Nach diesem Staunen muss nun als zweiter Zustand die Empfindung der Verehrung, das Gefühl der Ehrfurcht hinzutreten. Das Verhältnis zu der zu erforschenden und zu analysierenden Wirklichkeit ist dann der Haltung des Priesters am Altar zu vergleichen.

Die dritte Stufe besteht darin, sich mit den Weltgesetzen in weisheitsvollem Einklang zu fühlen. Durch die luziferische Verführung ist der Mensch viel zu früh, in großer Unreife an die Erkenntnis herangekommen. Diese Ursünde des »zu früh« begeht man auch heute noch, wenn man nämlich meint, auf jeder Stufe alles begreifen zu können. Es bedarf aber erst eines langen seelischen Reifungsprozesses, eines Wartenkönnens, »bis das Urteil uns zuspringt«.[29] Die richtigen Urteile werden von dem immer reifer und reifer werdenden Menschen von den Offenbarungen erwartet, die ihm eben darum zuströmen, weil er reif geworden ist. Im Sinne Goethes gesprochen: Die Erscheinungen selbst sind die Theorien, sie sprechen selber ihre Ideen aus, wenn man sich reif gemacht hat, sie in der richtigen Weise auf sich wirken zu lassen. Das Denken ist nicht Richter über die Dinge, sondern Instrument für das Aussprechen der Dinge. Dies alles zu beachten, sich so zu verhalten, heißt: in Einklang mit den Dingen stehen.

Die Ergebung schließlich als vierte Stufe ist »jene Seelenverfassung, die nicht von sich aus die Wahrheit erforschen will, sondern die alle Wahrheit von der Offenbarung erwartet, die aus den Dingen strömt, und die warten kann, bis sie reif ist, diese oder jene Offenbarung zu empfangen. Das Urteil will auf jeder Stufe zu der Wahrheit kommen. Die Ergebung, die arbeitet nicht, um in diese oder jene Wahrheiten mit Gewalt einzudringen, sondern sie arbeitet an sich, an der Selbsterziehung, und wartet ruhig ab, bis auf einer bestimmten Stufe der Reife die Wahrheit durch die Offenbarungen aus den Dingen einströmt, uns ganz durchdringend. Arbeiten mit Geduld, die in weiser Selbsterziehung uns weiter und weiter bringen will – das ist die Stimmung der Ergebung.«[30]

Der spezifisch islamische Monotheismus

Der islamische Gott – ein Gott ohne Teilhaber

Die entscheidende Deformation, der Abfall von der natürlichen Ur-Religion liegt in dem, was der Prophet Muhammad »schirk« nennt: »Gefährtenschaft«, »Teilhaberschaft«, die Allah den Rang als alleinige Gottheit aberkennt. So heißt es denn auch z.B. von Abraham: »Er gehörte nicht zu denen, die [Allah Gefährten] beigesellen (muschrikin).« »Beigeseller« sind sowohl Heiden (vor allem die vorislamischen Altaraber der »dunklen Zeit der Unwissenheit« sind hier gemeint) als auch Juden und Christen. Der »Beigeseller« (muschrik) ist das genaue Gegenteil des Hanifen.[31] Alles, was irgendwie Muhammads radikalem Monotheismus widerspricht, wird subsumiert unter dem Stichwort »(Allah) Gefährten geben«.[32]

Dieser »schirk«, diese »Gefährtenmacherei«, ist nämlich nicht so sehr nur eine numerische Addition, bei der es um das einfache Faktum von Nebengottheiten neben dem höchsten Gott geht. Es ist vielmehr eine Verbindung wirklicher Teilhabe zwischen diesem höchsten Gott und den anderen Göttern, also eine Teilung von Macht, von göttlichen Rechten und Vorrechten, die jeder von diesen für sich beanspruchen kann. Ursprünglich stammt das Wort »schirk« aus dem Bereich von Handel und Sozialrecht, wo es z.B. die Teilung des Erbes, Teilung von Grund und Boden, Geschäftspartnerschaft (Kompagnon, Sozius), Mitbesitz, Mitverantwortung, Assoziation, Teilhabe an der Verwandtschaft durch Heirat usw. bedeuten kann.[33] Dieser Begriff »schirk« ist sehr gut geeignet, um die Hauptsorge der prophetischen Theologie zum Ausdruck zu bringen: nämlich die Wahrung der absoluten Autarkie, Souveränität und Alleinherrschaft des einen Gottes Allah. Nur als »Diener« (ʻabd) darf der Mensch sich ihm nahen.

Nicht nur für den Bereich des Propheten, sondern für den gesamten alten Nahen Osten bestand das geeignetste Mittel, um solche Verbindungen von Teilhaberschaft und Mitverantwortung herzustellen, im Knüpfen von Verwandtschaftsbeziehungen, sei es Vater-Sohn-Beziehung, Heirat oder andere.[34] Wenn z.B. »Vaterschaft« Teilhabe bzw. Teilgeben am gemeinsamen Lebensstrom bedeutet, biologisch auf dem Wege der Zeugung, materiell durch Erbschaft (der Sohn ist gleichsam schon potentieller Miteigentümer), wenn Familie, Sippe, Stamm als Kanäle betrachtet werden, durch die hindurch sich der allen gemeinsame Lebensstrom weiter verbreitet, versteht man, dass Muhammad vehement gegen jeden Versuch zu Felde zog, den höchsten Gott, Allah, in Beziehungen dieser Art zu verwickeln.

Allah ist also auf keinen Fall ein Verwandter (nasab). Die auf »Verwandtschaft« beruhende Idee von »Teilhabe«, Partizipation, wird jetzt – das ist eine Konsequenz des radikalen Monotheismus, die wir kurz darstellen wollen – abgelöst durch den Gedanken vom »Gehorsam«. Der absolut autonome und autarke Gott tut seinen Willen im »Gesetz« (scharia) kund. Diese Willenskundgabe ist die Brücke zwischen Schöpfer und Geschöpf. Das allein gibt jetzt die Orientierung zur Weltbewältigung. Der alte Stammescode ist für die islamische »Gemeinde« (umma) als dem neuen »monotheistischen Stamm« mit den neuen Banden der Religion, nicht mehr nur des Blutes, nicht mehr ausschlaggebend. Die Hoffnung auf ein Paradies als Belohnung für gutes sittliches Verhalten tritt jetzt an die Stelle der Überlebenschancen im »Gedächtnis« der Nachkommen.

Dieser ganze Gedankenkomplex findet seinen angemessenen Ausdruck im koranischen Wort für Religion: »din«. Es meint die Gesamtheit der von Allah gegebenen Vorschriften, die der Mensch zu befolgen hat. Das arabische Verbum »dana« bedeutet »seine Schulden abbezahlen«,[35] »dana li« bedeutet: »gehorchen«. Doch kehren wir zurück zur grundlegenden koranischen Kritik am Partizipationsgedanken.

Wenn der Prophet den »schirk«, die Assoziation, die Teilhabe am gemeinsamen Lebensstrom bekämpfen wollte, musste er gegenüber jeder Art von Religion stärkste Kritik üben, die solche anthropologischen Vorstellungsmodelle in sich aufnahm. In der Tat kämpft der Koran immer wieder gegen den Gebrauch solcher Verstehensmuster. Er übt im Einzelnen Kritik an Versuchen, Allah in Verbindung zu bringen mit Töchtern, Frauen, Söhnen. Wir werden dafür im Folgenden einige Beispiele anführen, um dann die theologischen Implikationen dieser anthropologischen Analyse aufzuzeigen.

Wenn Muhammad in seiner Kritik von »Töchtern« Allahs spricht, bezieht er sich auf die in Sure 53,19f. genannten weiblichen Gottheiten: Allat, Al-'Uzza und Manat, die damals in Arabien in sehr hohem Ansehen standen. In unserem Zusammenhang ist von besonderem Interesse, wie Muhammad Allah von diesen drei Mitgöttinen befreit. In Sure 16,57–59 heißt es: »Sie geben Allah – gelobt sei er – Töchter, während sie selbst haben, was sie wünschen (nämlich Söhne). Und wenn einem von ihnen die Kunde von (der Geburt) einer Tochter gebracht wird, so wird sein Gesicht finster. Er verbirgt sich vor den Menschen wegen der schlimmen Nachricht, die er erhalten hat: Soll er sie trotz der Schande behalten oder im Staub verscharren? O wie verachtenswert ist ihr Urteil!«

Der Text macht deutlich, was Töchter in der damaligen Zeit bedeuteten. Darum ist es unwürdig und unbillig, Gott Töchter anzudichten, während die Menschen Söhne bekommen. Das wäre eine ungerechte Verteilung. »Wie sollten euch die Jungen sein und ihm die Mädchen? Das wäre in der Tat eine ungerechte Verteilung« (Sure 53,21f.). So erledigt sich die Frage nach Töchtern Allahs geradezu von selbst: »Es sind nur Namen, die ihr und eure Väter euch ausgedacht habt« (Sure 53,23).

Die Frage nach Frauen, Gemahlinnen Allahs beantwortet der Prophet aus seiner Perspektive so: Allah müsste sie innerhalb seiner eigenen Schöpfung suchen, was seiner unwürdig wäre; zudem ist ein Dasein ohne Gefährtin ja die Bedingung für den Ausschluss der Möglichkeit von Nachkommenschaft; oder umgekehrt argumentiert: Wenn es ausgeschlossen ist, dass Gott Nachkommen hat, braucht man ihm auch keine Frauen zu geben.

Viel gravierender als die beiden eben genannten Fragen ist für Muhammad das Problem der Sohnschaft, weil hier nicht mehr mit dem sozial minderwertigen Status der Töchter argumentiert werden kann, vielmehr der Gedanke einbezogen werden muss, dass zur damaligen Zeit ein Mann ohne Söhne sozusagen ein »toter

Mann« ist, eine »Nicht-Existenz«,[36] insofern nämlich ohne einen Sohn die Erinnerung (dhikr) an den Vater nicht weiter fortlebt. Der Name stirbt aus und das ist gleichbedeutend mit »Tod«.[37] Sohnlos versinkt der Mensch in die totale Vergessenheit.

Ein Mann ohne Sohn ist ein Mensch ohne Schutz und Ansehen, letztlich ein soziales Nichts. Er hat keinen Erben, der sein Werk fortführen kann. Ein solcher Mann hieß zur damaligen Zeit »abtar«, was wörtlich »schwanzlos«, verstümmelt bedeutet. Der Begriff kommt vor in der Sure 108 (»Die Fülle«). Sie lautet: »Wahrlich, wir haben dir die Fülle gegeben. Bete darum zu deinem Herrn und opfere! Wirklich, es ist dein Hasser, der schwanzlos ist.« Ein früher Koran-Kommentator vergleicht einen solchen Mann ohne Nachkommenschaft mit einer entwurzelten oder abgesägten Palme – Muhammads Gegner hatten ihn, weil sohnlos, mit einer solchen unfruchtbaren, verödeten Palme verglichen. Ohne einen männlichen Nachkommen schien der Prophet seinen Gegnern langfristig ungefährlich: »Wenn Muhammad stirbt, ist sein Gedächtnis abgeschnitten … und wir haben unsern Frieden vor ihm.«[38]

Wenn es also von so großer Bedeutung ist, dass der Mann einen Sohn hat, wäre es dann nicht folgerichtig, dem höchsten Gott einen solchen beizugesellen? Der Prophet argumentiert, immer in der Konsequenz seines Grundansatzes, gerade gegenteilig: Der Mensch will und muss Vater sein, weil er einen Sohn nötig hat. Das Faktum des sicheren Todes und Schwachheit überhaupt erfordert Söhne – um sich zu schützen, um einem Leben ohne Andenken (dhikr) zu entkommen. Sohn wird im Islam zum Inbegriff von Schwäche, von Unvollkommenheit im Sein des Vaters. Allah aber ist gerade darum, weil er ohne Schwäche, ohne Not, ohne Tod ist, frei von diesem Muss, Söhne zu haben, und eben darum ist er der einzig wahre Gott. Ohne Erbe, ohne Hilfe, ohne Verwandtschaftsbande, ohne Vorgänger, ohne Nachfolger, ohne aktive und passive Zeugung verdient er einzig und allein (und nicht die Reichen von Mekka) das Prädikat »autark«, »selbstgenügsam«. Das ist die entscheidende Argumentation.

Hier liegt der spezifische, originäre Charakter des koranischen Monotheismus. Sure 10,68 drückt diesen engen Zusammenhang von Sohnlosigkeit und absoluter Autarkie klar und deutlich aus: »(Die Ungläubigen) haben gesagt: ›Allah hat sich Kinder genommen.‹ Lob sei ihm! Er ist sich selbst genug.«[39] Schon die frühen Koran-Kommentatoren deuten den Vers: »Er zeugt nicht und ist nicht gezeugt worden« von Sure 112,3 in eben diesem Sinne: Er, Allah, hat sich keinen Sohn zugelegt, weil der Mensch das nur tut, da er ihn nötig hat; gezeugt wird nur für den Tod, und alles stirbt, um Erbe zu geben; Allah aber stirbt nicht und vererbt nicht.[40]

Alle anderen Meinungen über den einen und einzigen Gott Allah sind »Grenzüberschreitungen«, Übertreibungen, Extravaganzen im Sinne von Sure 4,171: »Ihr Leute der Schrift! Treibt es in eurer Religion nicht zu weit ... und sagt nicht drei ... Gott ist ein Einziger ... Er ist darüber erhaben, ein Kind zu haben.« Ob es sich dabei um Grenzüberschreitungen aus dem Bereich des Heidentums, Judentums oder Christentums handelt, ob die »Beigesellten« Menschen, Engel, Geister oder der Messias sind, ist eine zweitrangige Frage.

Auf der Grundlage vor allem dieser Selbstgenügsamkeit Allahs wird dessen Einzigkeit und Einzigartigkeit proklamiert. Aufgrund dieser absoluten Autarkie ist er der »Ganz Andere«. Der Mensch kann auf diesem Hintergrund nichts als »Diener« (‘abd) sein. Der Koran nennt in Sure 112,2 Allah in dieser exklusiven Einzigkeit »as-samad«. Tabari erklärt diesen schwierigen Ausdruck mit »das, von dem nichts ausgeht«.[41] Paret spricht in seinem Korankommentar diesbezüglich vom Bild des massiven Felsensteins (im Gegensatz zu »hohl, locker, porös«;[42] also wäre Allah wie ein massiver, monolithischer Felsblock, absolut undurchlässig und undurchdringlich, in sich fest geschlossen. Ein Gott also ohne Relationen, weder hinter sich noch vor sich noch neben sich, eben »nicht zeugend und nicht gezeugt«.

Wenn wir rückblickend die Argumentationsweise des Koran und seiner Interpreten hinsichtlich des Gottesbildes betrachten, so stellen wir fest, dass hier nicht abstrakt, in Deduktion aus einem vorgegebenen philosophischen Transzendenzbegriff heraus argumentiert wird, sondern im Rückgriff auf anthropologische und soziologische Erfahrungen und Wertvorstellungen der Zeit. Wir würden natürlich heute auch anthropologisch anders urteilen, z.B. hinsichtlich der Bewertung von Vaterschaft im Horizont von Schwäche, Vererbung, Tod usw. Das aber ändert nichts an der Tatsache, dass der Islam von anthropologischen Argumenten Gebrauch macht, um seine theologische Position zu verdeutlichen, dass anthropologische Verstehensmuster in die theologische Diktion und Vorstellungsweise des Gottesbildes des Koran eingegangen sind, dass Anthropologie also in einem Bedingungsverhältnis hinsichtlich Genese und Denkform von Theologie steht. Wie dieselbe Frage vom biblisch-christlichen Gottes- und Menschenbild her aussehen und beantwortet werden könnte, ob und wie hier Zuordnungen und Bedingtheiten bestehen, können wir im Rahmen unserer Untersuchung nur kurz behandeln.

Der christliche Gott – ein Gott mit Teilhabern

Dass die Anthropologie der Theologie als »Material« dient, mit dessen Hilfe sie sich artikuliert, und die Anthropologie somit zu einem privilegierten Gesprächspartner und hermeneutischen Instrumentarium der Theologie wird, ist unbestritten. Im Falle der Gotteslehre bzw. des Gottesbildes, also der Frage nach Monotheismus und/oder Trinitätslehre, ist dies besonders augenfällig, wenn man etwa die anthropologischen Realitäten bzw. Bilder von »Vater«, »Sohn«, »Liebe« usw. betrachtet.

Wenn der im christlichen Credo formulierte Glaube an den dreieinigen Gott heute so wenig im Mittelpunkt christlicher Frömmigkeit steht, hat dies einen wesentlichen Grund in der Tatsache, dass die Theologie es vorgezogen hat bzw. durch die dogmengeschichtlichen Umstände dazu geführt wurde, die Rolle der Bilder zugunsten abstrakter Begriffe zurückzustellen. Diese Verbegrifflichung der Bilder bzw. der in und hinter ihnen liegenden Erfahrung war wohl ein notwendiger, unausweichlicher Schritt: Wer einen Gegner verstehen bzw. bekämpfen will, muss sich in dessen Verstehenshorizont begeben und mit ihm die gleiche Sprache sprechen – das beste Beispiel ist die sogenannte »Hellenisierung« der Theologie spätestens seit dem vierten Jahrhundert. Heute ergeht wieder der Ruf: »Zurück zu den Bildern«, um z.B. die christliche Frömmigkeit wieder »trinitarisch« zu beleben.[43]

Der christliche, neutestamentliche Monotheismus meint ja nicht eine einfache, in sich ruhende Einheit, sondern eine dynamische, lebendige, relationale Wirklichkeit. Im Mysterium der Trinität wird die Spannung von Identität und Alterität durchgehalten: Die eine zerstört nicht die andere. »Gott ist die Liebe« (1Joh 4,8) heißt auch: Er ist in sich selbst die Polarität der Liebe, die Spannung echter »communio«, des Sich-selbst-Findens in der radikalen Weg-gabe, Hingabe: Mit der Vater-Sohn-Vorstellung ist unmittelbar der Gedanke des Sich-Schenkens und Sich-Empfangens verbunden.

Die Existenz des »Anderen«, die Hinwendung zu ihm, das Sich-ihm-Verdanken, bedeutet nicht Konkurrenz, ist kein Zeichen von Schwäche, nicht Ausdruck fehlender Autarkie und Selbstgenügsamkeit, sondern Zeichen überfließender, sich verströmender Liebe (bonum est diffusivum sui). Indem der Vater sich vorbehaltlos ausspricht (Logos) und dahingibt, verliert er sich nicht, obwohl er nichts von sich und für sich zurückbehält: Er *ist* in dieser Selbsthingabe (Kenose) sein eigenes ganzes Wesen. »Person« gibt es innergöttlich nur *als Relation*! Gott *kann* nicht anders Gott sein als in dieser innergöttlichen Selbstentäußerung und absoluten Selbst-losigkeit. Der Sohn ver-dankt so, in gleicher Weise selbst-los, sein (gleichwesentliches) Gott-Sein ganz diesem Empfangen vom Vater her. Aus beiden geht als ihr »subsistierendes Wir« der gemeinsame »Geist« (Pneuma) hervor, der diese unendliche Differenz zugleich als Wesen der Liebe offen hält und überbrückt. Aus Liebe also verzichtet der Vater von Ewigkeit her darauf, für sich allein Gott zu sein, lässt er sein Gottsein los bis hin zu einer wahrhaft göttlichen Gott-losigkeit (die aus dieser letzten, abgrundtief Geheimnis bleibenden Sicht die Möglichkeit aller innerweltlichen Gott-losigkeit grundlegt, diese aber auch immer schon eingeholt hat).

Die innergöttliche Bewegung der »communio« macht aber auch vor dem Menschen nicht halt: Die Selbstmitteilung des Vaters in Jesus Christus ist des Menschen ganzer Reichtum (vgl. Röm 8,23;

1Kor 1,4–6). Das Neue Testament beschreibt die anthropologische Situation angesichts dieser Selbstmitteilung Gottes in Christus wiederholt mit den Bildern von »Sohnschaft«, »Erben« als Teilhabe, Gemeinschaft. Als ein Beispiel für viele sei zitiert: »Alle, die sich vom Geist Gottes leiten lassen, sind Söhne Gottes. Ihr habt doch nicht den Geist der Knechtschaft empfangen, dass ihr euch wieder fürchten müsst, sondern ihr habt den Geist der Sohnschaft empfangen, in dem wir rufen ›Abba, Vater‹. Der Geist selbst bezeugt unserem Geist, dass wir Kinder Gottes sind. Sind wir aber Kinder, so sind wir auch Erben: Erben Gottes und Miterben Christi« (Röm 8,14–17). Freiheit der Sohnschaft (im Gegensatz zum Sklavendasein) bedeutet Freiheit zur Teilhabe am göttlichen Leben. »Wir sind Genossen [Teilhaber] Christi geworden« (Hebr 3,14), »Teilhaber des Heiligen Geistes« (Hebr 6,4).[44]

Deutlicher können die in dieser Hinsicht abgrundtiefen Unterschiede zwischen islamischem und biblisch-christlichem Gottesbild und Menschenbild nicht artikuliert werden. Die gleichen Bilder aus dem anthropologischen und soziologischen Bereich werden jeweils völlig verschieden auf ihre theologische Aussagequalität hin befragt und verwendet. Christentum und Islam schöpfen in konträrer Art und Weise die Möglichkeiten der anthropologischen Realität als »Basismaterial« des jeweiligen Sprechens von Gott aus. Für den Islam wird der Sohn zum Begriff der Schwäche, der Seinsunvollkommenheit des Vaters. Unter dem Aspekt der absoluten Autarkie und Selbstgenügsamkeit Gottes als des ganz Anderen gilt jegliche Vaterschaft für Gott als Skandal, ja überhaupt ist jegliches Menschsein, weil der Not und dem Tod unterworfen, mit göttlichem Sein schlechthin unvereinbar. Die Herrlichkeit Allahs als des alleinigen und einzig-einsamen Gottes schließt jegliche »Teilhaber« und »Teilhabe« aus.

Auch die Tatsache, dass der Messias Jesus aus der Sicht des Koran nicht stirbt, nicht sterben kann und darf, zeigt in aller Klarheit, dass das Kreuz, der Tod, dieser Pfahl im Fleisch des Menschseins, eine prinzipielle Grenze zwischen Islam und Christentum bildet: »... während sie ihn doch weder erschlugen noch den Kreuzestod erleiden ließen, sondern er erschien ihnen nur gleich [einem Gekreuzigten]« (Sure 4,157). Auch das von Gott dem Abraham abgeforderte und dann nicht vollzogene Isaakopfer ist im Sinne des Koran nur eine Probe für den Glauben des Vaters (Abraham), nicht aber im Sinne des Römerbriefes (8,23) eine Vorausgestalt der dann aber schonungslosen Hingabe des göttlichen Sohnes durch den göttlichen Vater. Christliche Theologie nimmt den Menschen als »Gestalt« (»morphe« im Sinne von Phil 2) eines inkarnatorischen Gottes radikal ernst; darum kann das Christentum letztlich auch nicht im engen Sinn des Wortes eine Buchreligion nach dem Verständnis von Islam und Judentum sein.

In diesem Zusammenhang soll nun von dem »Jesus«-Bild des Islam die Rede sein, obwohl streng genommen diese Thematik aus islamischer Sicht natürlich nicht zum Kapitel »Gottesbild« gehört, da ʻIsa, wie Jesus arabisch heißt, ja nicht auf die Seite Gottes, sondern der Geschöpfe gehört.

Christus Jesus im Koran

Die Wortstatistik

Was zunächst die Quantität der Wortstatistik angeht: Der Name »Jesus«, koranisch-arabisch »ʻIsa«, kommt im Koran in insgesamt 15 Suren vor. 93 Verse sind ihm gewidmet und bilden die Grundlage für die muslimische Christologie bzw. Jesulogie. Sie wurde im Laufe der Zeit aus verschiedenen Traditionen angereichert, so z.B. aus den apokryphen Kindheitsevangelien und aus christlich-mystischer Literatur, und damit ein ganz klein wenig der christlichen Christologie angenähert. Im Prinzip ist die christlich-muslimische Front hinsichtlich der Jesusfrage durch die Jahrhunderte hindurch aber gleich geblieben, sie hat sich eher noch verhärtet.

Die verschiedenen Bezeichnungen Jesu

Die verschiedenen Bezeichnungen für Jesus sind:

(1) al-masih, der »Messias« (siebenmal);

(2) nabi, Prophet (29,30);

(3) rasul, Gesandter (4,157.171; 5,75);

(4) Ibn Maryam, Sohn der Maria (33 Stellen);

(5) »einer von denen, die [Gott] nahe stehen« (min al-mukarribin; 3,45; später erläutert durch die Tatsache der »Himmelfahrt«);

(6) »angesehen« (wadschih) im Diesseits und im Jenseits (3,45);

(7) gesegnet (mubarak; 19,31).

Verkündigung, Empfängnis und Geburt

Die Verkündigung an Maria erinnert stark an die entsprechende Szene im Evangelium. Maria hatte sich in den Tempel zurückgezogen und empfängt den Besuch vom »Gottesgeist« (ruh Allah): »Dann sandten wir unseren Geist zu ihr, der sich ihr als wohlgestalteter Mann vorstellte« (Sure 19,17). Die Tradition sieht hierin den Erzengel Gabriel, der Maryam die wunderbare Geburt Jesu ankündigte; wunderbar darum, weil Maryam Gott Jungfräulichkeit gelobt hatte und dieses Gelübde nicht brechen wollte (vgl. Sure 21,91 und 66,12). »Woher soll mir ein Knabe werden, wo mich kein Mann berührt hat und ich keine Dirne bin?« Der Engel versichert ihr dann, dass dies ein Leichtes für Gott sei, der sie und ihren Sohn zu einem Zeichen (aya) für die Menschen und zu einem Beweis seiner Barmherzigkeit machen wollte (19,21). »So empfing sie ihn und zog sich mit ihm an einen fernen Ort zurück« (19,22).

Hier im Koran sind Verkündigung und Empfängnis nicht deutlich voneinander getrennt. Nach Lk 1,26–38 ist der der Maria erscheinende Engel des Herrn unterschieden von dem Heiligen Geist, der dieses Wunder vollbringt. Der Koran scheint diese beiden Gedanken zu vereinen. Während in Sure 19,17 ein Engel erwähnt wird, der Maryam in Form eines sterblichen Menschen erscheint, gibt es in den beiden anderen Texten, in Sure 66,12 und 21,9, wo Gott den »Geist« erwähnt, keinen Bezug auf den Engel.

Diese Vermischung bzw. Verwechslung von Verkündigung und Empfängnis führte zu dem Missverständnis vom Engel Gabriel als dem Vater Jesu. Tatsächlich war die Empfängnis Jesu das Ergebnis eines Schöpfungsbeschlusses von Seiten Gottes. Jesu Erschaffung geschah nach dem Vorbild der Erschaffung Adams (3,59).

Maryam wird durch die Geburtswehen veranlasst, zu einem Palmstamm zu gehen. Nach der Geburt beruhigt das Kind Maryam in ihrer Furcht vor dem Skandal. Sie zeigt das Kind ihrer Familie. Um deren Vorwürfen zuvorzukommen, spricht Jesus: »Ich bin Gottes Diener. Er hat mir die Schrift gegeben und mich zum Propheten gemacht. Er hat mich zu einem Gesegneten gemacht, wo immer ich bin. Er hat mir aufgetragen zu beten und Almosen zu geben, solange ich lebe, und auch meine Mutter zu pflegen« (Sure 19,16–36).

Der Islam kennt zwar prinzipiell keine Lehre von der Erbsünde, aber hinsichtlich Maryam und ihres Sohnes gibt es ein von Al-Buhari überliefertes Hadith, das besagt, dass es für die beiden ein besonderes Privileg gab: dass sie nämlich im Augenblick der Geburt von vornherein vor jedem Kontakt mit dem Bösen bewahrt wurden: »Jeder neugeborene Adamssohn wird berührt (oder gar bedrängt) durch den Satan, ausgenommen der Sohn Maryams und seine Mutter; dieser Kontakt veranlasst sonst den ersten Schrei des Kindes.«[45]

Die Sendung und die Zeichen Jesu

Jesus ist ein Prophet (nabi; Sure 19,31) und ein Gesandter (rasul; Sure 4,156.159.169; 61,6). Als solcher hat er eine Sendung zu erfüllen gegenüber einem bestimmten Volk. Ihn (und seine Mutter) hat Gott zu einem »Zeichen« gemacht für die Menschen (Sure 19,21 und 23,50) und ihnen »Zuflucht gewährt auf einem ruhigen und erfrischenden Hügel« (Sure 23,50). Koran-Kommentatoren deuten letztere Formulierung geographisch auf Jerusalem oder Damaskus.

Die erwähnte Zeichenhaftigkeit Jesu wird in den wunderbaren Umständen um seine Geburt herum gesehen. Aber er selbst hatte auch »Zeichen« zu vollbringen, nämlich durch Wundertaten seine prophetische Sendung zu beweisen. Zu diesen »Beweisen« (bayyinat) wird u.a. Folgendes gezählt: (1) Er redet schon als Kind in der Krippe (19,30), und zwar mit der Autorität eines erwachsenen Menschen (3,46). (2) Er modellierte Vögel aus Lehm, blies ihnen Leben ein und »es wird mit Gottes Erlaubnis ein Vogel sein« (3,49). (3) Jesus heilte einen blind geborenen Menschen und einen Aussätzigen (5,110). (4) Er erweckte Tote zum Leben (3,49 und 5,110). (5) Er ließ auf Bitten seiner Jünger, die ihren Glauben durch Zeichen bestärken wollten, vom Himmel einen gedeckten Tisch herabkommen, was für diese ein »Fest«, ein »Mahl« und ein »Zeichen« seiner Sendung war (nach vielen Exegeten ein Hinweis auf das Letzte Abendmahl).

Jesus kommt, um die Wahrheit der ihm vorausgegangenen Thora, des jüdischen Gesetzes, zu bekräftigen (Sure 3,50). Die zu ihm selbst gehörende Schrift ist das »indschil«, das Evangelium. Insgesamt steht er aber auch für alle anderen Schriften, über die Gott ihn belehrt hat: »die Schrift, die Weisheit, die Thora, das Evangelium« (3,48).

Der Messias Jesus

Im Koran wird Jesus der Titel »al-masih«, der »Messias«, von Anfang an gegeben. Allerdings entspricht dieser Titel durchaus nicht dem, was das Neue Testament damit meint. Jesus der Messias ist im Koran nur einer in einer langen Reihe von Propheten, die mit Muhammad als ihrem »Siegel« endet. Wie alle anderen Propheten ist er nur ein »gewöhnlicher« Mensch. Der Koran lehnt ja eine Gottessohnschaft des Messias Jesus strikt ab. Er weist die Christen zurück, die »sich ihre Gelehrten und Mönche und den Messias, Maryams Sohn, an Gottes Stelle zu Herren genommen haben« (Sure 9,31). Der radikale Monotheismus des Islam nimmt dem Begriff »Messias« von vornherein jeglichen christlichen Unterton.

Das Wort selbst kommt elfmal[46] im Koran vor, und zwar nur in medinensischen Suren, also relativ spät. Es ist über das Syrische aus dem Hebräischen übernommen worden. In der vorislamischen Zeit war es in Nord- und Südarabien durchaus bekannt. Das hebräische »maschiah« wurde für Könige, Patriarchen und besonders für den erwarteten Heilbringer gebraucht. Die Septuaginta übersetzt es mit »christos«, der (mit Öl) Gesalbte.

Arabische Schriftsteller fanden zwei Wurzeln für das Wort:

(1) das Verbum »masaha«, mit der Hand einreiben, salben; im passiven Sinn ist Jesus der »Gesalbte«, weil er (a) »der Gesegnete« (Sure 19,31), (b) von Geburt an, durch Gabriels Flügel bedeckt, vor Angriffe des Bösen geschützt und (c) wie alle Menschen in Adam gesalbt war, er aber besonders, um später in Maryam eingesenkt zu werden. Im aktiven Sinn ist Jesus der Messias, (a) weil er die Augen Blindgeborener salbte, um sie zu heilen, (b) weil er Kranke mit seinen Händen einrieb, (c) weil er mit heiligem Öl salbte.

(2) Die zweite Wurzel ist das Verbum »saha«, reisen, eine Pilgerfahrt machen, wandern. Bei sufischen Autoren ist Jesus daher auch »das Vorbild der Pilger«, der »Imam der Wanderer«.[47]

Der Diener Gottes

»'abd«, in seiner buchstäblichen Bedeutung zunächst »Knecht«, »Diener« beinhaltend, meint im Zusammenhang theologischer Termini im weiteren Sinne das »Geschöpf«. Der Terminus hat größte Ähnlichkeit mit dem »Gottesknecht« aus Jesaja 53 (das vierte Gottesknechtslied; ebed Jahwe) und mit dem griechischen »doulos«, bezogen auf Jesus, im Philipperbrief, Kapitel 2. In Sure 4,171 werden auch die Engel »'abd« genannt. In allen aus dieser Konsonantenwurzel abgeleiteten Wörtern ist die durchgängige Grundbedeutung die der Anbetung, wobei das nicht nur auf den Kultus im engeren Sinne bezogen ist. Der Koran betont in seinem radikalen Monotheismus immer wieder, dass Jesus nur ein »Diener«, also ein Gott untergeordnetes Geschöpf ist (z.B. Sure 43,59). Das erste Wort, das dieser Jesus in seinem Leben spricht, ist denn auch unmissverständlich: »Ich bin der Diener Gottes« (Sure 19,30).

Unter Hinweis auf Sure 61,6 (»Als Jesus, der Sohn der Maryam, sagte: ›Ihr Kinder Israels! Ich bin von Gott zu euch gesandt ... um einen Gesandten mit einem hochlöblichen Namen zu verkünden, der nach mir kommen wird.‹«) geht die muslimische Tradition fest davon aus, dass Jesus selbst von einem Gesandten gesprochen hat, der nach ihm folgen würde, und den Propheten Muhammad vorausverkündigt hat. In der ganz frühen Textüberlieferung des Codex von Ubbay Ibn Ka'b[48] (aus dem Jahre 649!) ist hier vom »Siegel der Propheten« und der Gesandten die Rede, während in der heute gebräuchlichen sogenannten »Vulgata«-Ausgabe (Uthman) die Formulierung vom »Gesandten« gebraucht wird, der Ahmad heißt bzw. der hochgelobt ist. Jedenfalls hat der Islam an dieser Stelle Ahmad als den Propheten Muhammad identifiziert.

In der rein philologisch ausgerichteten Islamistik ist dabei umstritten, ob der Wortlaut des Korantextes diese Deutung zwingend erfordert. Es geht dabei um die Formulierung »ismuhu ahmadu«, »sein Name ist ahmadu«. Der Konsonantenstamm HMD hat die Grundbedeutung von »loben«, »rühmen« und ist im Koran allgegenwärtig, nicht nur in »muHaMMaD« (= der Gelobte), sondern auch z.B. in al-HaMDu, das Lob usw. »Ahmad« ist die Komparativ- bzw. Elativform und könnte bedeuten »der sehr gerühmte«. Die meisten Kommentatoren bzw. Übersetzer fassen »ahmadu« als Eigenname auf.

Erst in späteren Jahrhunderten hat man Sure 61,6 mit dem im Johannesevangelium angekündigten »Parakleten« in Verbindung gebracht. Einer der frühen Koranübersetzer, der italienische Orientalist Lodovico Marracci, der 1689 eine lateinische Koranübersetzung anfertigte und sie zusammen mit dem arabischen Text und Auszügen aus verschiedenen arabischen Kommentaren 1698 veröffentlichte,[49] führte als erster die Elativform »ahmad« auf das griechische »periklytos« (hoch berühmt) zurück, das nach seiner Ansicht wiederum aus »parakletos« (Beistand, Tröster; Joh 14,16.26) verderbt war. Nach Marracci war die Lesart »periklytos« von einem zum Islam konvertierten Christen erfunden worden, der dadurch seinen Bekenntniswechsel möglichst auch von der vorher anerkannten Heiligen Schrift und ihren Propheten her zu rechtfertigen und zu begründen versuchte.

Nach Meinung bedeutender Korankommentatoren ist der auf den Heiligen Geist bezogene Befund »parakletos«, Beistand, bereits eine Fälschung des authentischen Textes, wo ursprünglich »periklytos« stand, also auf arabisch »Ahmad«. Ahmad aber ist identisch mit Muhammad. Die islamische Tradition legt dem Propheten das Wort in den Mund: »Ich nenne mich auf Erden Muhammad, im Himmel aber Ahmad.«

Ibn Ishaq (erster bedeutender islamischer Geschichtsschreiber aus dem 8. Jahrhundert) zitiert zwar Joh 14,16, um dann auszuführen, dass »biriklutus« in der Sprache Roms »Muhammad« bedeute, aber er bringt diese Gedanken noch nicht in Zusammenhang mit Sure 61,6. Von daher ist fast mit Sicherheit anzunehmen, dass auch Muhammad selbst zwischen beiden Stellen noch keine Beziehung sah.

Jesus – das Wort Gottes

Bezüglich der Exegese der Stellen im Koran, in denen Jesus als Gottes Wort (kalima) beschrieben wird, kann man in der muslimischen Tafsir-Geschichte vier verschiedene Deutungsmöglichkeiten unterscheiden. (1) Jesus ist die Erfüllung des schöpferischen Wortes Gottes, das er im Augenblick der Empfängnis aussprach (Sure 4,171; 3,45). (2) Jesus ist der in Gottes Wort, das frühere Gesandte empfangen und verkündet haben, angekündigte Prophet. (3) Jesus ist darum Wort Gottes, weil er im Namen Gottes spricht und so die Menschen auf den rechten Weg führt. (4) Jesus ist insofern Wort Gottes, als er in seiner Person die »gute Nachricht« ist. Insgesamt gesehen geht es hier also nicht um Kategorien, die den Gedanken des Johannesprologs vom ewigen, selbst Gott seienden Logos nahe stehen, eher schon den Logos-Spekulationen des Philon von Alexandria.

Jesus und der Geist Gottes

Jesus wurde von Gott schon bei der Geburt mit dem heiligen Geist (bi-ruhi l-qudusi) gestärkt (Sure 5,110), später dann auch für die Auseinandersetzung mit den Juden (Sure 2,87.253). Diese Formulierung »wir haben mit heiligem Geist gestärkt« ist aber nicht exklusiv nur für Jesus gebraucht, sondern wird auch auf die Gläubigen insgesamt bezogen, wenn es hier auch statt »heiliger Geist« heißt: »Geist von mir [Gott]« (Sure 58,22). In beiden Fällen ist es aber Gottes Geist, mit dem sowohl Jesus als auch andere Gläubige gestärkt werden. Jesus ist also nicht Geistträger, »Gesalbter«, im privilegierten und herausgehobenen Sinn.

Jesus und die Trinität

In Sure 3,45 heißt es von Jesus: »Er wird im Diesseits und im Jenseits angesehen sein, einer von denen, die [Gott] nahe stehen.« Die Nähe zu Gott ist aber wiederum kein exklusives Privileg Jesu, sondern wird auch von den Engeln ausgesagt (Sure 4,172). Beide gehören zum Bereich des Geschaffenen, zum Bereich der »Diener« Gottes. Wer sagt, der Sohn der Maria, der »masihu«, sei Gott, ist ein Ungläubiger (Sure 5,17). Trinität wird prinzipiell abgelehnt. Wichtig ist dabei jedoch zu erwähnen, dass die Trinitätslehre, die Muhammad damals in Arabien kennen gelernt und verurteilt hatte, nicht die orthodoxe Lehre der Konzilien war, sondern eine christliche Häresie, nach der der Vatergott zusammen mit Maria einen Sohn zeugte, eben diesen Jesus. Ansätze hierzu gab es auch in der altarabischen Götterlehre (weibliche Gottheiten).

Die Kreuzigung Jesu

Zwei Fragen haben die islamische Glaubenstradition beschäftigt:

(1) Ist Jesus wirklich gekreuzigt worden und an diesem Kreuz gestorben?

(2) Wenn er nicht gekreuzigt wurde: Starb er eines natürlichen Todes?

Die erste Frage beantwortet der Koran eindeutig negativ. Gegen die Juden gerichtet, die behaupteten, sie hätten Jesus, den Sohn der Maryam und Gesandten Gottes, getötet, wird festgestellt: »Aber sie haben ihn nicht getötet und nicht gekreuzigt. Vielmehr erschien ihnen [ein anderer] ähnlich ... Und sie haben ihn nicht mit Gewissheit getötet. Nein, Gott hat ihn zu sich erhoben« (Sure 4,157f.). Die Tradition hat hier Ergänzungen angefügt: Jesus wurde durch ein Double ersetzt oder: Simon von Cyrene ist an seiner Stelle gekreuzigt worden. Die Leugnung des Kreuzestodes Jesu liegt ganz auf der theologischen Gesamtlinie des Koran: Grundsätzlich und letzten Endes triumphiert immer der Glaube über den Unglauben. »Wenn man es einmal schwer hat, stellt sich gleich auch Erleichterung ein« (Sure 94,5). Der Kreuzestod eines Propheten hätte den Sieg des Bösen dargestellt. Gott lässt aber seinen Propheten nicht scheitern.

Was die zweite Frage nach dem natürlichen Tod Jesu und seinem Zeitpunkt angeht, so zeigt eine Prüfung der entsprechenden Texte (19,33; 3,55; 39,42, vor allem aber 4,155–157), dass es sich in Sure 19,33, wo Jesus vom Tag seines Todes und vom Tag seiner Auferweckung spricht, um die allgemeine Auferstehung von den Toten handelt. Die spätere Tradition hat gelehrt, dass Jesus am Ende der Zeiten, wenn er wiederkommen wird, den in Sure 19,33 angekündigten natürlichen Tod sterben wird.

Das Wort »abberufen« (tawaffa) meint in der Regel einen gesegneten Tod, die Rückkehr zu Gott zum Letzten Gericht; es steht aber auch für den Vorgang, dass Gott in der Nacht die Seelen der Menschen zu sich ruft und sie am Morgen wieder entlässt (so z.B. in Sure 6,60). Dieses Verbum wird zweimal in Bezug auf Jesus gebraucht, einmal in Sure 5,117 (»nachdem du mich abberufen hattest ...«) und ein andermal in Sure 3,55 (»Als Gott sagte: ›Jesus, ich werde dich abberufen und zu mir erheben ...‹«). Es geht hier um eine Erhöhung des lebenden Jesus zu Gott. In Sure 4,155–157 wird herausgestellt, dass Jesus nicht von den Juden getötet, sondern in den Himmel erhoben wurde. Die Reihenfolge der Ereignisse stellt sich also folgendermaßen dar: scheinbarer Tod, Erhebung in den Himmel, zweite Wiederkunft, natürlicher Tod, allgemeine Auferstehung.

Jesu Wiederkunft

Die einzige Stelle im Koran, die dieses Thema artikuliert, ist Sure 43,61: »Wahrlich, er [Jesus] ist ein Wissen der Stunde. Seid deshalb nicht im Zweifel über sie und folgt mir!«[50] Das bedeutet, durch die Herabkunft Jesu wird das Nahen der Stunde erkannt. Der Tod Jesu ereignet sich dann nach der »Stunde«. Der Ausdruck »im Mannesalter« in Sure 3,46 weist darauf hin, dass Jesus, als er erhöht wurde, noch »jung« war und das Erwachsenenalter noch nicht erreicht hatte.

Die nachkoranische Tradition hat eine Menge Details hinzugefügt. Jesus wird bei seiner zweiten Ankunft auf die weißen Arkaden des östlichen Stadttores von Damaskus herabsteigen; nach einer anderen Überlieferung auf einem Hügel des Heiligen Landes, »Afik« genannt. In seiner Hand trägt er einen Speer, mit dem er den Antichristen töten wird. Er wird zur Zeit des Morgengebetes nach Jerusalem gehen. Der Imam wird versuchen, ihn an seine Stelle zu setzten, doch Jesus wird wie alle anderen Beter hinter ihm stehen und beten, so wie es der Prophet Muhammad angeordnet hat. Dann wird er alle Schweine töten, Synagogen und Kirchen zerstören, alle Christen töten, mit Ausnahme derer, die ihm glauben. Wenn er den falschen Messias getötet hat, werden alle »Völker des Buches« an ihn glauben, und es wird nur noch eine Gemeinde geben: die des Islam. Gerechtigkeit wird herrschen auf der Erde. Der Friede wird vollkommen sein, auch unter den Tieren und zwischen Mensch und Tier. Jesus wird 40 Jahre auf der Erde bleiben und dann sterben. Die Muslime werden ihn in Medina begraben, neben dem Propheten Muhammad, an dem zwischen Abu Bakr und 'Umar freigehaltenen Platz.

Schließlich sei noch erwähnt, dass nach der Lehre der Ahmadiyya-Gruppe Jesus nach seinem Scheintod nach Indien auswanderte, nach Kaschmir, um dort das Evangelium zu verkünden. Er soll dort bis zu seinem 120. Lebensjahr gelebt haben und in Srinagar begraben sein.

Jesus und das Jüngste Gericht

Während seiner »nächtlichen Himmelsreise« (vgl. Sure 17,1) begegnete Muhammad Abraham, Moses und Jesus. Nach der Tradition verkündete Jesus auf die Frage nach der Letzten Stunde: »Mir ist das Wissen anvertraut von dem, was dem Kommen dieser Stunde vorausgeht. Was den Eintritt der Stunde selbst angeht, so kann nur Gott sie festsetzen.« Dieser Satz verdeutlicht ein wenig die oben genannte Bezeichnung Jesu als des »Wissens der Stunde«. Er kennt die Existenz des Gerichts, aber nicht die genaue Zeit; das ist Gott allein vorbehalten. Trotz der Erhebung Jesu zu Gott wird er nicht zusammen mit diesem das Gericht abhalten: Gott allein ist der Richter. Am Tag der allgemeinen Auferstehung wird Jesus Zeuge sein gegen die Christen, die ihn und seine Mutter für göttlich gehalten haben, aber er wird nicht ihr Richter sein.

Mit dieser Beschreibung des wiederkommenden Jesus und seines Gerichts beende ich die Darstellung des islamischen Gottesbildes. Im Folgenden kommt ein anderes Grundelement des Islam zur Sprache, das der Ausgewogenheit und des Gleichgewichts, das ebenfalls in der Regel nicht zu den »gängigen« Vorstellungen eines Christen von dieser Religion gehört. Stattdessen sind Christen schnell mit dem Schlagwort »Fanatismus« und »Extremismus« zur Stelle.

Der Islam als die Religion der Mitte

Gleichgewicht auf allen Ebenen

Für alle Bereiche des Lebens gilt für den Islam das Ideal und das zentrale und alles umfassende und strukturierende Grundprinzip des Gleichgewichts, der Mitte (al-mizan). Im Sinne von Sure 2,143: »Und wir haben euch zu einer in der Mitte (wasat) stehenden Gemeinschaft gemacht«[51] ist der Islam die »Religion der Mitte«. Maududi bezeichnet diese Koranformulierung in seinem einflussreichen Korankommentar als »zu bedeutungsreich, um in einer anderen Sprache dafür ein Äquivalent zu finden«. Er übersetzt mit »Gemeinschaft des mittleren Weges«, die »dem Pfad von Gerechtigkeit und Ausgewogenheit, von Balance und Maß folgt«.[52]

Der bedeutende Korankommentator Al-Baidawi (†1286) schreibt zu dieser Stelle: »Das Wort wasat (Mitte, in der Mitte befindlich) ist ursprünglich eine Bezeichnung für den Ort mit gleichen Seitenflächen. Man hat es dann auf die lobenswerten Charaktereigenschaften übertragen, weil diese mitten zwischen diesen zwei Seiten des Übermaßes und der Übertreibung liegen. So liegt die Freigiebigkeit zwischen der Verschwendung und dem Geiz, und die Kühnheit zwischen der leichtsinnigen Draufgängerei und der Feigheit. Man wendet dieses Wort nun auch auf den Träger solcher Charaktereigenschaften an.«[53] Damit sind wir schon im Bereich des Ethischen angekommen.

Die ethische Mitte zwischen den Extremen

Im Bereich des Ethischen gleicht, wie das obige Zitat zeigt, die Forderung nach der Mitte stark dem griechischen Ideal der »mesotes« in der platonischen und aristotelischen Tugendlehre.[54] Tugend ist die Mitte zwischen den Extremen. In Sure 25,67 ist von Menschen die Rede, »die, wenn sie spenden, weder verschwenderisch noch zurückhaltend sind, sondern die Mitte dazwischen halten«.[55] Ein Gegenteil wäre Maßlosigkeit (saraf): »... und seid nicht verschwenderisch! Gott liebt nicht diejenigen, die nicht maßhalten« (7,31; vgl. auch 5,32).

Auch wenn der Koran immer und immer wieder vom »rechten Weg« spricht, meint er damit konkret den Weg der Mitte. So ist z.B. die in dieser Weise übersetzte häufige Formel »as-sawa' as-sabili« wörtlich genommen »das Mittlere, Gleichmäßige des Weges«, nicht einfach nur der »gerade Weg«.[56]

Auch als »ökumenisches« Grundprinzip ist im Selbstverständnis des Islam diese »Vermittlung« primär wichtig. Im Hinblick auf das

Verhältnis der »Leute des Buches«, also der Juden, Christen und Moslems zueinander formuliert der Koran prinzipiell: »Ihr Leute der Schrift! Kommt her zu einem Wort des Ausgleichs[57] zwischen uns und euch« (3,64).

Wie fundamental wichtig dieses Prinzip des Gleichgewichts für den Moslem ist, zeigt sich grundlegend darin, dass der Koran (57,25[58]) betont, dass neben der Offenbarung des Heiligen Buches auch das »Gleichgewicht« (die Mitte, im Bild der Waage) herabgesandt worden ist. Das koranische Verbum »nazala«, herabsenden, ist terminus technicus für den Offenbarungsvorgang und (neben dem »Eisen«) im Wesentlichen als Beschreibung nur dieses Phänomens gebraucht. Auch dieses Faktum zeigt die herausragende Bedeutung dieses Prinzips. Es wirkt bis in die Einzelheiten des religiösen Alltags hinein, wenn z.B. selbst die Lautstärke des Gebetes betreffend von der ausgewogenen Mitte her bestimmt sein soll: »Sei nicht laut beim Gebet und auch nicht leise. Suche einen Weg dazwischen« (17,110). Die Ausgewogenheit betrifft auch das zeitliche Verhältnis von sakraler und profaner Tätigkeit: Nach einem Hadith des Propheten soll der Moslem sich ein Drittel des Tages der Arbeit widmen, ein anderes Drittel dem Schlaf und der Erholung und das dritte Drittel dem Gebet, der Muße und familiären und gesellschaftlichen Verpflichtungen.

Im »Nahdschu l-balagha« (Pfad der Beredsamkeit), das schiitischen Geist atmet und dem ersten Imam Ali zugeschrieben wird, wird dieser Weg der Mitte als der neue, der Hauptweg bezeichnet: »Das Rechte und das Linke führt in die Irre. Der Weg der Mitte: Er ist der neue Hauptweg; auf ihm bleiben das Buch und die übrigen Propheten.«[59] Dasselbe Werk fordert den Menschen auf: »Schaffe dir selbst ein Gleichgewicht (mizanan) zwischen dir und den anderen!«[60]

Das Gleichgewicht zwischen Esoterik und Exoterik

Die »Zwölfer-Schia« (also die iranische Ausprägung der Schia) versteht sich noch viel grundsätzlicher als die innerislamische Mitte zwischen den – aus ihrer Sicht – Extremen von allzu exoterischlegalistischer Sunna einerseits und den »Batinisten« (batiniyya = Innerlichkeit), den allzu esoterischen »Innerlichkeitsfanatikern« etwa der »Siebener-Schia« (Ismaeliten) andererseits.[61] In der schiitischen Tradition des Mittelalters wird die Balance und das Gleichgewicht auch zwischen dem sogenannten »himmlischen Zeugen«, dem übersinnlichen Führer eines jeden Menschen, also sozusagen seinem höheren Ich in der geistigen Welt einerseits und dem irdischen, niederen Ich andererseits gefordert.[62]

Gleichgewicht als ständiger Prozess und die Gefahr der Desintegration

Aufgrund des hier aus dem Studium der islamischen Tradition heraus erhobenen Befundes ist es nur konsequent, wenn maßgebliche moslemische Autoren der Gegenwart wie z.B. Sayyid Hossein Nasr immer wieder auf die grundlegende Bedeutung dieser Zielvorstellung hinweisen. Für Nasr gründet sich der Islam auf die Idee der Errichtung eines Gleichgewichts innerhalb des einzelnen Menschen wie auch innerhalb der menschlichen Gesellschaft. Dieses Gleichgewicht ist die irdische Spiegelung der göttlichen Gerechtigkeit – das koranische Bild von der »Waage« der Gerechtigkeit steht hier im Hintergrund – und die notwendige Bedingung für Frieden innerhalb der Menschheit. Es ist so die »Ausgangsbasis, von der die Seele ihren Flug zu jenem Frieden hin unternimmt, der – um einen christlichen Begriff zu benutzen – »alles Begreifen übersteigt«.

»Wenn das Christentum das Ziel des geistlichen Lebens und seine eigene Moral als auf den vertikalen Flug hin zu der in Christus verkörperten Vollkommenheit und Idealvorstellung gegründet ansieht, sieht der Islam dieses Ziel in der Erlangung eines äußeren und inneren Gleichgewichts, das die notwendige Grundlage für diesen vertikalen Aufstieg bildet. Gerade die Stabilität der islamischen Gesellschaft über die Jahrhunderte hin, die Unveränderlichkeit der in der Scharia verkörperten islamischen Normen und der zeitlose Charakter der traditionalen islamischen Zivilisation, die die Konsequenz ihres dauernden und unveränderlichen Urbildes ist, sind Spiegelungen sowohl des Ideals des Gleichgewichts als auch seiner

Verwirklichung. Dieses Gleichgewicht, das so deutlich sowohl in den Lehren der Scharia (oder des göttlichen Gesetzes) als auch in den Werken der islamischen Kunst gegenwärtig ist, ist auch untrennbar von dem Namen ›Islam‹, der sich ja auf ›salam‹ oder Frieden bezieht.«[63]

Das Bewahren dieses Gleichgewichts in dieser Welt bedeutet nun aber nicht einfach eine statische und inaktive Passivität, weil Leben von Natur aus Bewegung einschließt. Im Gegenteil: Angesichts der Kontingenz der sich wandelnden Welt, der dahinwelken lassenden Wirkung der Zeit, der Wechselfälle der irdischen Existenz im Gleichgewicht zu bleiben, erfordert beständige und intensive Bemühung. Diese Bemühung ist im Übrigen wesentlich auch mit dem oft so missverstandenen und bewusst falsch gedeuteten Begriff »dschihad« gemeint. Die Gefahr des Verlusts des Gleichgewichts ist für den so »vergesslichen« und triebhaften Menschen ständig gegenwärtig. Ungleichgewicht aber führt, so Nasr, zur Desintegration auf der individuellen Ebene und zum Chaos im Bereich des sozialen Lebens.

Islamischer Dualismus – fehlendes Gleichgewicht an zentraler Stelle?

Auf eine gravierende Störung im Gleichgewichtsdenken des Islam hat Rudolf Steiner im Zuge seiner Darstellung der koranischen Paradies-Vorstellung aufmerksam gemacht.[64] Er spricht diesbezüglich von einem »erschütternden Irrtum« seitens des Propheten Muhammad, der die luziferische Welt zum Paradies uminterpretiert habe. Diese Verwechslung des Luziferisch-Phantastisch-Schwärmerischen mit dem Paradiesischen bzw. mit dem Göttlichen ist also nicht erst eine Signatur der neueren Geisteshaltung, sondern bereits des Islam.

Aus der Sicht Steiners ist das Luziferische, insofern es *einseitig* angestrebt wird, eine der Menschheit abträgliche Macht, die von Muhammad in eine göttlich-gute Macht umgetauft wird. Einer solchen irrtümlichen Praxis liegt, so führt Steiner an anderer Stelle[65] aus, ein fundamentaler Dualismus zugrunde, nämlich der von

Himmel und Hölle – aufgeklärte Philosophen sprechen von Geist und Materie – von Paradies und Hölle, von Gott und Teufel. Das Paradiesische wird fälschlicherweise zusammengebracht mit dem, was als das eigentlich Menschlich-Göttliche anzustreben ist. Das ausschließliche und einseitige Anstreben dieses Paradiesischen ist aber der menschlichen Natur ebenso unangemessen wie das Anstreben des Gegenteils.

Das wahre Wesen des Menschen aber ist gekennzeichnet durch das Bild des *Gleichgewichts* zwischen zwei Mächten: die eine Macht versucht, ihn über die Wirklichkeit hinauszuheben ins Phantastisch-Schwärmerische, in eine falsche Mystik hinein, die andere Macht versucht, ihn hinunterzuziehen ins Materialistische, Nüchterne, Verfestigte, Sklerotische. Der Mensch hat die Aufgabe, ständig das Gleichgewicht zwischen diesen beiden Mächten, dem Luziferischen und dem Ahrimanischen, zu suchen und zu erhalten, die Waage in der *Mitte* zu halten. Beide Mächte sind nicht a priori schlecht, nur in ihrer Einseitigkeit, in ihrer Schräglage und ihrem Übergewicht sind sie gefährlich für den Menschen. Die Mitte aber ist der Ort des Christus-Impulses. Das Streben nach dem Christlichen ist das Streben nach dem Gleichgewicht, nach der Mitte zwischen den Extremen. Die Welt versteht man nur, indem man diese Dreizahl, diese Trinität ins Auge fasst: Luzifer – Christus – Ahriman.

Durch den (an dieser Stelle auch im Islam herrschenden; Anmerkung des Verfassers) Dualismus aber wird letztlich das wirklich Göttliche aus dem Bewusstsein herausgerückt, indem nämlich das Luziferische mit göttlichen Namen belegt wird. Der wahre Christus-Impuls ist immer verbunden mit der Dreizahl, unter welchem Namen auch immer er auftritt. Der wahre Christus-Impuls fehlt immer dort, wo die Zweizahl regiert, welche schönen christlichen Namen man auch immer dabei verwenden mag. Im Bereich der Erkenntnis tendiert man heute dazu, eine Darstellung des Übersinnlichen, das aber nicht hier auf unserer Erde existiert, schon als Schilderung der konkreten geistigen Welt anzusehen und anzuerkennen. In Wahrheit aber findet man, indem man so in ein abstraktes geistiges Reich flüchtet, gerade nicht den Geist, sondern den luziferischen Bereich. Vieles von dem, was man Mystik nennt, ist ein Aufsuchen der Region Luzifers, weil es den Zusammenhang zwischen den geistigen Welten und der Welt, in der wir zwischen Geburt und Tod leben, nicht mehr erkennt.

Islamische Ökologie – Treuhänderschaft für die Schöpfung

In der von der Gesamttendenz her durchaus »ökologisch« zu nennenden Sure 55 (»Der Barmherzige«) spielt das Gleichgewicht ebenfalls eine zentrale Rolle. Mitten zwischen zwei Versgruppen, in denen einerseits (5–7) von Sonne und Mond, Sternen und Bäumen, andererseits (10–12) von der Erde mit ihren Früchten, Getreiden, Kräutern die Rede ist, steht (7–9) das gewichtige Wort von dem Prinzip des »Gleichgewichts« (al-mizan), das Gott aufgestellt hat. Das ursprünglich aus dem Bereich des Handels stammende Bild von der »Ausgewogenheit« der Waage mit der richtigen (gerechten) Gewichtsetzung wird hier übertragen auf den Bereich der Natur. Man darf hier also durchaus vom Prinzip des ökologischen Gleichgewichts (avant la lettre) sprechen, wenn dies auch vom Koran nicht konkretisiert wird.

Auf dem Hintergrund der Hochschätzung des Natürlichen ist es nur konsequent, dass für den Islam die rapid zunehmende Verschlechterung der menschlichen Umwelt eins der deutlichsten Zeichen ist für die Krise westlicher Wissenschaft und Technologie, die den Menschen die Fähigkeit verliehen hat, sich selbst total zu vernichten. Diese Krise ist vor allem eine Krise der Werte. In den Augen muslimischer Weltsicht kann diese Bedrohung unseres Planeten nicht allein durch eine verschärfte ökologische Gesetzgebung abgewendet werden: Das ganze ökologische Ungleichgewicht ist nur das Zeichen einer tieferen Krise, nämlich der geistig-spirituellen, teleologischen Krise der modernen Zivilisation. Sie erfordert eine fundamentale Revision unseres ganzen Lebensstils, unserer selbst gesteckten Ziele, ja unseres gesamten Selbst- und Weltverständnisses.

Die islamische Perspektive ist im Kontext der Umweltdiskussion bislang wenig beachtet worden. Islamische Ethiker sind aber fest davon überzeugt, dass ihre Tradition und ihre Wertvorstellungen heute einen sehr bedeutenden und umfassenden Beitrag zu zentralen ökologischen Grundfragen liefern können. Dieser Beitrag aus islamischem Selbstverständnis sei im Folgenden dargestellt.

Es wird davon ausgegangen, dass die jüdisch-christliche Tradition als die am meisten anthropozentrische im Zuge des Verständnisses bzw. Missverständnisses des biblischen »Herrschaftsauftrags« des Menschen über die Erde (Gen 1,28)[66] wesentlich mitverantwortlich ist für die ökologischen Probleme heute.[67] Oft wird behauptet, dass die monotheistische Weltsicht – im Gegensatz zur pantheistischen, in der die Welt von innen heraus erfahren wird – immer mit der Tendenz verbunden ist, im Angesicht eines weltüberlegen-transzendenten Gottes die Welt, die jetzt von außen betrachtet wird, prinzipiell zu entgöttlichen und sie so als Herrschaftsobjekt verfügbar zu machen. Monotheismus wird mit der Entwertung von Natur gleichgesetzt, die gesamte prophetische Tradition von Abraham bis Muhammad kommt auf die Anklagebank!

Die Frage, ob und inwieweit hierin de facto Wahrheit liegt, ist für den Moslem insofern nicht relevant, als er sich vehement gegen den Versuch wehrt, in diesem Punkt auf eine und dieselbe Ebene mit Judentum und Christentum gestellt zu werden. In dieser Hinsicht versteht sich der Islam als ausdrücklich »anti-klassisch«. Die Entwicklung der Naturwissenschaften in der Blütezeit des islamischen Hochmittelalters versteht der Islam nicht nur als reine Übernahme und Übersetzung griechisch-klassischer Gedanken, sondern durchaus als originäre »Produkte«. Wenn die Wissenschaftsentwicklung im Islam nicht in dieselbe Richtung führte wie im Westen, so aus muslimischer Sicht aus dem »einfachen« Grund, weil die Wissenschaft im Islam immer mit der Wertfrage engstens verbunden war.[68]

Trotz eines auf den ersten Blick sehr ähnlich erscheinenden monotheistischen Vokabulars (Gott, Schöpfung, Mensch, Geschichte, Offenbarung) unterscheidet sich die Sichtweise des Koran erheblich von der der Bibel, was solche Themen betrifft wie die letzte Bestimmung des Menschen oder seine Beziehung zur Natur. Natur und Ethik stehen im Herzen islamischer Weltanschauung. Muslime sagen: Die natürliche Welt mit transzendentaler Offenbarungsethik zu durchdringen ist nach dem Koran die ureigenste Aufgabe des Menschen.[69] Wohl oder Wehe des Menschen ergibt sich wesentlich aus der Fähigkeit bzw. Unfähigkeit, moralische Verantwortung für die natürliche Umwelt zu übernehmen. Das koranische Thema von innerer Nähe von Natur und Ethik ist so zentral, dass selbst ein nichtmuslimischer westlicher Gelehrte christlicher Provenienz, der berühmte Islamforscher Marshall G. Hodgson, islamisches Bewusstsein zusammenfassend als »die Forderung nach persönlicher Verantwortung für die moralische Ordnung der natürlichen Welt«[70] charakterisiert.

Die gegenwärtige Umweltkrise hat, im Selbstverständnis des Islam, die muslimische Weltanschauung zu einer ganz besonders bedeutsamen, ethisch relevanten Tradition werden lassen. Viele Muslime, die früher im Nebel der Moderne blind geworden waren, entdecken heute, auch dank der ökologischen, wenn auch späten Einsicht der früher in dieser Frage so leichtsinnigen abendländischen Kultur, ihre eigenen spirituellen Wurzeln wieder. Es ist kein Zufall, dass muslimische Intellektuelle zu den Ersten gehörten, die ihre Stimmen erhoben gegen den Missbrauch der Natur im Namen von Wissenschaft und Fortschritt. In einer Zeit, in der die gesamte monotheistische ethische Tradition verdächtigt und beschuldigt wird, die derzeitige Umweltkatastrophe herbeigeführt zu haben, behauptet der Islam von sich, eine ebensolche monotheistische Lösung für die großen ökologischen Probleme wirklich zu besitzen. Einige grundlegende ökologische Prinzipien des Islam sollen im Folgenden dargestellt werden.[71]

Grundlegend sind zunächst die beiden Aspekte der Stellvertretung Gottes und der Treuhänderschaft für die Schöpfung. Der Mensch, das Meisterstück der Schöpfung, ist mit all den Fähigkeiten ausgestattet, die für seine wesentliche Aufgabe in der Welt erforderlich sind, nämlich der Erfüllung und Verwirklichung des göttlichen Willens. (1) Zunächst ist der Mensch ein moralisches

Wesen und als solches ist er eine Art kosmische Brücke, über die dieser göttliche Wille in Raum und Zeit eintreten und »wirk-lich« werden kann. (2) Weiterhin ist dem Menschen, begabt mit diskursivem Intellekt ('aql) und der Kraft, Begriffe zu bilden (vgl. Sure 2,31), göttliche Führung zuteil geworden in Form ethischer Imperative – die Offenbarung von Gottes Willen in Form von Vorschriften. Kurz, der Mensch ist die Spitze der Schöpfung, ein gottgestaltiges Wesen, das den Geist Gottes selbst in sich trägt (Sure 32,9) und vor dem sogar die Engel niederfallen müssen. Die Natur aber ist des Menschen Prüfungsfeld. Er ist aufgefordert, ihre »Zeichen« zu lesen. Die Natur ist darum planvoll-ordentlich und erkennbar geschaffen, nicht kapriziös, ohne Ordnung und Gesetzmäßigkeit. Die Schöpfung ist nicht ein sinnloser Akt eines willkürlich handelnden Gottes.

Diese Schöpfung hat der Mensch von Gott in Treuhänderschaft (amana) übernommen. Himmel, Erde und Berge hatten sich geweigert, diese Funktion zu übernehmen (vgl. Sure 33,72). So hat der Mensch in der Natur die zentrale Funktion einer Achse, er ist zugleich Meister und Wächter der Schöpfung. Trotz dieser herausgehobenen Stellung ist der Mensch aber nur der »Stellvertreter« (chalifa) Gottes auf Erden, der »Delegierte«.[72]

Auf diesen beiden Säulen, der Stellvertretung Gottes und der Treuhänderschaft für die Schöpfung, ruht die gesamte islamische Ethik der Ökologie.

Neben diesen beiden Grundelementen sind zur Grundlegung islamischer Umweltethik vor allem die Faktoren »Gleichgewicht« und »Maß« von überragender Bedeutung. Die »Waage«, die »vom Himmel herabgesandt worden ist«, als Bild der Ausgewogenheit und Gerechtigkeit, der Mitte und des Maßes, der Mäßigung und des Gleichgewichts, ist neben dem »Buch« (der Offenbarung) die herausragende Manifestation Gottes. Gottes Vollkommenheit kommt besonders in der Harmonie und »Balance« des Kosmos zum Ausdruck.[73] Sie spiegelt sich auch wieder in der ausgewogenen Proportionalität, die jedem Seienden vom Schöpfer zugeeignet worden ist.[74] Ja, der Koran benennt sogar Gott den Schöpfer speziell mit dieser seiner Eigenschaft. In der arabischen Sprache sind die

Wörter für Maß, Mäßigung, Ausgewogenheit, Gleichgewicht, Harmonie, Gerechtigkeit, semantisch und etymologisch miteinander verwandt (ʻdl). Der Islam versteht sich grundsätzlich als »Religion der Mitte«. Alle Bereiche des profanen und religiösen Lebens (was ja eins ist) müssen von diesem Strukturprinzip durchformt sein.

Aus der Sicht des Moslems stammt diese seine Ethik des Gleichgewichts, der Mitte und des Maßes aus seiner grundsätzlichen Lebensbejahung, seiner positiven, affirmativen Weltsicht. Während andere Weltreligionen wie z.B. Buddhismus und Christentum – so die Sicht des Moslems – betonen, dass ihre Ideale nur in den Grenzen und Räumen spezieller, außergesellschaftlicher, priesterlicher Institutionen wie »Sangha« oder Kirche zu verwirklichen sind, ist der Islam der Meinung, dass Gesellschaft notwendig ist für Moralität und dass die religiösen Pflichten am besten im Rahmen der islamischen »umma« (der »Laien«-Gemeinde), der »Gemeinde der Mitte«, zu erfüllen sind.

Mönchische Lebensformen und übertriebene Askese sind dem Islam der Mitte fremd. »Der Prophet hat seine Schüler von übertriebenen gottesdienstlichen Ritualen, von Zölibat, von übermäßigem Fasten, von Pessimismus und Verdrießlichkeit zurückgehalten. Er ordnete an, das Fasten vor dem Gebet nach Sonnenuntergang zu brechen, ihre Körper sauber zu halten, die Zähne zu putzen, sich zu pflegen und zu parfümieren, die beste Kleidung zu tragen, wenn sie zum Gebet zusammenkommen, zu heiraten, ihre Ruhezeit zu nehmen, zu schlafen, sich durch Sport und Kunst zu erholen.«[75] Sich der Wohltaten Gottes zu erfreuen, aber nicht im Übermaß diesen Freuden zu frönen, dieses Koranwort hat der Muslim ständig auf den Lippen und im Herzen.

Die innerhalb des Gesamtphänomens »Schari'a« (Gesetz, wörtlich »direkter Weg zur Tränke«) wichtigen dynamischen Elemente von »Konsens« (idschma'), Wahl des Besseren (istihsan), Gemeinwohl (istislah) haben insgesamt mäßigenden Einfluss auf die Grundstimmung und Grundhaltung der muslimischen Gesellschaft. Das Prinzip der Symmetrie in der Kunst,[76] die Harmonie von Aktion und Kontemplation im Lebensstil sind für einen Muslim beredter Ausdruck islamischer Ethik der Mitte und des Maßes. Sie könnte und müsste die muslimischen Gesellschaften vor den Übeln eines exzessiven Konsumverhaltens und einer sinnlosen Verschwendung menschlicher und natürlicher Ressourcen nach dem Motto illusorischer Fortschrittsgläubigkeit bewahren.

Außer dem Aspekt von Treuhänderschaft und Gleichgewicht ist die »Sakramentalität« der Erde ein dritter bedeutsamer Faktor islamischer ökologischer Ethik. Diese stellt zunächst die entgegengesetzte christliche Sicht so dar: Die alttestamentliche Schöpfungsgeschichte wird umgewandelt in eine Lehre vom »Fall«. Schöpfung erscheint für den Christen so als »gefallen« und »Natur« wird der »Gnade« gegenübergestellt. »Erlösung« ist dann die Demütigung und Erniedrigung der Natur durch das »Wunderbare«, die Einmischung des Übernatürlichen in die Geschichte. Außerdem ist das nächste und einzige Wesen der physischen Welt, das dieses Wunderbare widerspiegelt, der Mensch, und »Heiliges«, Sakral-Sakramentales, gibt es nur in der von diesem Menschen gemachten Umwelt.

Der Mensch, nicht die Natur, ist nach christlicher Anschauung gottebenbildlich. So konnte die Natur, von Gottes Gegenwart und Gnade entleert, zu Recht ausgebeutet und unterworfen werden. Das Christentum proklamierte nicht nur eine Entgöttlichung (an ihr festzuhalten ist auch für Juden und Muslime wichtig), sondern auch eine Entsakralisierung der Welt. Die entzauberte, säkularisierte Welt ist nun »pro-fan«: unerlöst und bar jeder sakramentalen, symbolischen Zeichenhaftigkeit. Muslimische Gelehrte weisen an dieser Stelle dann oft hin auf den Materialismus von Marx, den Atheismus von Freud und den Nihilismus von Nietzsche.

Auf dem Hintergrund dieser christlichen Kontrastfolie wird die islamische Perspektive dann folgendermaßen entwickelt. Ein transzendenter (monotheistischer) Gott zieht nicht notwendigerweise eine entwertete Schöpfung nach sich. Entgöttlichung, die berechtigt ist, impliziert nicht zwangsläufig eine Entsakralisierung. »Das ganze Universum ist eine Moschee«, so lautet ein Hadith des Propheten. Das Buch der Natur ist wie das Buch der Offenbarung voll von »Zeichen« (ayat). Diese Zeichen zu erkennen und zu entschlüsseln, bildet den zentralen Inhalt von »ibada«, von »Dienst«, was für den Moslem nach dem Koran der Sinn des Lebens schlechthin ist.

Aus islamischer Sicht führt die Entwertung der Natur durch den Menschen letztlich zu seiner eigenen Entwertung und entartet am Ende zu einer Revolte gegen den Schöpfer selbst. Muslime weisen darauf hin, wie in den frühen Tagen des Islam eine umweltbewusste Ethik die gesamte muslimische Gesellschaft durchdrang, und wenden den Blick auf solche Produkte muslimischer Technologie wie die berühmten Bewässerungssysteme, die architektonische Grundstruktur von Städten wie Fez, Sana'a und Isfahan, auf die Künste und Handwerkerprodukte jener Zeit. Der muslimische Respekt vor der Natur ist so tief, dass z.B. ein Forscher wie Sayyid Hussein Nasr darauf aufmerksam macht, dass die technologische Entwicklung im Islam immer dann bewusst gebremst oder sogar abgebrochen wurde, wenn sie zu einer Bedrohung der natürlichen Umwelt wurde.

Für den Islam besteht die Antwort auf die ökologischen Fragen der Gegenwart in der Besinnung auf die Grundlagen seiner Umweltethik, aus denen er die praktischen Schlussfolgerungen zieht auch für die Gesetzgebung in Sachen Umweltverschmutzung, Verstädterung usw. An den Westen richtet er die Forderung, die bisherigen Zielvorstellungen hinsichtlich eines unbegrenzten technologischen Wachstums und eines exzessiven Konsumverhaltens zu revidieren und vor allem seine Grundkonzeption vom Menschen und von der Natur zu korrigieren. Man muss im Übrigen nicht Muslim sein, um von den genannten islamischen Wertvorstellungen zu profitieren.

Mit dem Stichwort »Natur« sind wir bei einem anderen wichtigen Grundelement des Islam angelangt, beim »Lesen im Buch der Natur«.

Lesen im Buch der Natur

Der Doppelsinn von »Zeichen« im Koran

Das Wahrnehmen der Natur, der Schöpfungswirklichkeit, um in ihr und durch sie hindurch Gott durchscheinend werden zu lassen, ist ein zentrales Anliegen des Koran, wenn dieser Aspekt uns auch, wie vieles andere Wichtige in diesem heiligen Buch, weithin unbekannt ist. Die unumstrittene Tatsache, dass der Koran ein und dasselbe Wort, nämlich »aya«, »Zeichen«, sowohl für den geschriebenen Koranvers als auch für die Schöpfungsphänomene in der Natur gebraucht, ist ein allererster, aber deutlicher Hinweis auf die enge Zusammengehörigkeit von Schriftoffenbarung und Naturoffenbarung, von Buch des Wortes und »Buch« der Natur. Da erstere im Selbstverständnis des Islam von allergrößter Bedeutung und immer wieder Gegenstand der theologischen Reflexion gewesen ist, der zweite Aspekt aber bislang nur ein Schattendasein in der Koranauslegung geführt hat, wenden wir uns gezielt und ausführlich dem koranischen Befund bezüglich der Zeichen in der Schöpfung (und auch in der Geschichte und im Inneren des Menschen) zu.[77]

Die Zeichen sind da, auf der Erde und im Menschen. Es fehlt aber offenbar die »Sehkraft«: »Auf der Erde gibt es Zeichen für die, die Gewissheit hegen; und auch in euch selbst. Wollt ihr denn nicht sehen? (51,20f.)« Man sieht offenbar, und man sieht doch nicht. Man sieht nur die facta bruta, aber man sieht sie nicht durchscheinend und hinweisend, be-zeichnend, auf ihren Schöpfer hin, man sieht sie nicht als Offenbarungen.

Offenbar kann auch nicht jeder Mensch sofort, ohne bestimmte Dispositionen, diese Zeichenhaftigkeit erkennen. So nennt der Koran mancherlei Bedingungen, an die eine entsprechende Sichtweise gebunden ist: »Liegen nicht in ihnen Zeichen für alle, die ...« So heißt es oft und dann werden jeweils die einzelnen Voraussetzungen für die Erkenntnis der Zeichenhaftigkeit formuliert, zum Beispiel für diejenigen, die genau beobachten (15,75); für die, die verständig sind (16,12); für die, die nachdenken (16,11); für die, die standhaft und dankbar sind (14,5); für diejenigen, die »an-dächtig« (dhikr) sind (16,13); die hören (16,65); die wissen (30,20–25). Eine gute Zusammenfassung gibt neben Sure 45,3–6 auch Sure 30,20–25:

»(20) Zu seinen Zeichen gehört es, dass er euch aus Erde geschaffen hat. Dann wart ihr auf einmal Menschen, die sich ausbreiten. (21) Zu seinen Zeichen gehört es, dass er euch aus euch selber Gattinnen geschaffen hat, damit ihr bei ihnen ruht. Und er hat bewirkt, dass ihr einander in Liebe und Barmherzigkeit zugetan seid. Darin liegen Zeichen für solche, die nachdenken. (22) Und zu seinen Zeichen gehört die Erschaffung von Himmel und Erde und die Verschiedenartigkeit eurer Sprachen und Farben. Darin liegen Zeichen für die Wissenden. (23) Und zu seinen Zeichen gehört es, dass ihr bei Nacht schlaft und bei Tag danach strebt, dass er euch Gunst erweist. Darin liegen Zeichen für solche, die hören. (24) Und zu seinen Zeichen gehört es, dass er euch den Blitz sehen lässt, in Furcht und in Verlangen. Und er lässt vom Himmel Wasser herabkommen und belebt damit die Erde, nachdem sie abgestorben war. Darin liegen Zeichen für solche, die Verstand haben. (25) Und zu seinen Zeichen gehört es, dass Himmel und Erde durch seinen Logos aufgerichtet sind.«

Zusammenfassend kann man also sagen: Es gibt sowohl intellektuelle als auch ethische Voraussetzungen für das Erkennen und »Lesen« der Zeichen als solche.

Was unter »Zeichen« zu verstehen ist und welche Funktion sie innerhalb des Glaubens innehaben, wird deutlich aus Sure 41,39: »Unter den Zeichen dieses: Du siehst die Erde unfruchtbar und verwüstet. Wenn wir aber Regen auf sie herabkommen lassen, kommt sie in Bewegung und wächst. Derjenige, der der Erde Leben gibt, kann auch den Toten Leben geben. Er hat Macht über alle Dinge.« Das bedeutet: Die Vorgänge und Möglichkeiten in der Natur, innerhalb der sinnlichen Welt, lassen rückschließen auf Vorgänge und Möglichkeiten im Übersinnlichen. Es geht hier um eine Art Analogieschluss. Man kann diese Zeichen aber auch »ins Grab legen«, wie Totes ansehen, sie so verfälschen und pervertieren, wie aus derselben Sure, Vers 40, hervorgeht. Davon werden wir noch ausführlicher sprechen (vgl. S. 69ff.).

Ziel und Sinn der Zeichen ist es unter anderem, »Umkehr« zu bewirken, dem Leben derer, die die Zeichen Gottes leugnen, eine andere Ausrichtung zu geben: »Wir haben verschiedene Zeichen dargelegt, damit sie vielleicht umkehren« (46,27). Wer sie ablehnt, verneint, dem werden die ihm an sich gegebenen Fähigkeiten des Sehens, Hörens und des Herzens (also alle sinnlichen, intellektuellen und ästhetisch-künstlerischen Potenzen) nichts nützen, wenn und weil er die Zeichen Gottes verleugnet. Voraussetzung für eine sinnvolle, effektive Entwicklung und den Gebrauch der menschlichen Fähigkeiten ist also die Anerkennung der Zeichen Gottes. Das Schauen auf die Schöpfungsphänomene müsste eigentlich wie von selbst zum Glauben führen, wie die Frage hinsichtlich der Ungläubigen in Sure 88,17–20 ausdrückt: »Schauen sie denn nicht auf die Kamele, wie sie geschaffen sind, und auf den Himmel, wie er hochgehoben wurde, und auf die Berge, wie sie fest gegründet wurden, und auf die Erde, wie sie ausgebreitet ist?« Die ganze Schöpfung lobt Allah, »aber ihr versteht ihr Loblied nicht« (17,44).

Die Menschen können aus der Schöpfung heraus darum den göttlichen Logos, Gottes ratio, die zugleich der Welten Sinn ist, erkennen, weil eben dieser göttliche Logos in die Schöpfung hineingelegt worden ist, wie eine genaue Analyse von Sure 13,2 zeigt: »Gott ist es, der die Himmel, ohne dass ihr Stützen seht, emporgehoben und sich daraufhin auf den Thron gesetzt hat. Und er hat die Sonne und den Mond in Dienst gestellt, jedes läuft auf eine bestimmte Frist.« Dann folgt der Versteil, auf den es hier ankommt und den wir in Paraphrase so übersetzen: »Er plant, bereitet vor, organisiert, führt durch, ›dirigiert‹ (so Paret) den Logos (yudabbiru l-amra). Er legt im Einzelnen die Zeichen dar (yufassilu l-ayati[78]).« Das arabische Wort »amr« bedeutet nicht nur »Befehl«, sondern »Wort«, »Logos«. Selbst der sonst theologisch sehr zurückhaltende und »rein philologisch« vorgehende Islamforscher Rudi Paret deutet amr als »eine Art kosmologische Hypostase«,[79] als eine »Wesenheit kosmologischer Art«[80] und übersetzt zutreffend mit Logos. Denn dieser griechische Schlüsselbegriff, der so viele Bedeutungsnuancen in sich trägt, ist auch nach unserer Meinung bestens geeignet, um das hier Gemeinte zutreffend und umfassend wiederzugeben.

Die Logoskeime sind vom Schöpfer in die Schöpfungswirklichkeit hineingelegt. So ist Gottes ewiger Logos der Sinn der Welt. Die Sinnstruktur, die den Kosmos durchwaltet, seine logos-gefügte Ordnung, kann darum vom geist-, d.h. logosbegabten Menschen erkannt werden, weil sie in ihn hineingelegt worden ist. Erkennen bedeutet in diesem Sinne ein Nachvollziehen des Schöpfungsprozesses. Der letzte Versteil deutet dann diese Begegnung mit der Natur als Begegnung mit »eurem Herrn«, die vielleicht Überzeugungskraft gewinnt: »Vielleicht lasst ihr euch durch die(se) Begegnung mit eurem Herrn überzeugen.«

Sure 3,190f. betont, dass in der Schöpfung Zeichen für diejenigen sind, »die darin mit dem Herzen verweilend meditieren«, was dann in das Gebet mündet: »Herr, Du hast die Schöpfung nicht umsonst [batilan, vergebens] erschaffen.« Anschauende Meditation, an der das Innerste des Menschen beteiligt ist, verleiht also der Schöpfung auch Sinn, was an anderer Stelle als »Rühmen der Schöpfung« (im Sinne eines genitivus subjectivus) bezeichnet wird (2,116).

Was nun das Verhältnis von Wortoffenbarung und Schöpfungsoffenbarung angeht, so findet sich im Koran zumindest eine Stelle, an der darüber zwar kurz, aber eindeutig reflektiert wird. In der Sure 45 mit dem Titel »Die Knienden« (vor der Schöpfung?) heißt es in Vers 2: »Es kam herunter das Buch von Allah, dem Starken und Weisen.« In den Versen 3 bis 5 wird dann gesagt, dass für die Gläubigen und Überzeugten in der Schöpfung Zeichen liegen. Unmittelbar danach heißt es in Vers 6: »Jene Zeichen Allahs verlesen wir dir der Wahrheit entsprechend (bi l-haqqi).« Dieser Vers nimmt Rückbezug (»jene«, tilka) auf die vorher genannten Schöpfungszeichen und gleichzeitig weist er voraus auf das jetzt einsetzende »(Ver)lesen« dieser Zeichen unter dem Aspekt, was sie in ihrer ganzen Wahrheit und Tiefe bedeuten. Der Koran will als Text hier also als »Lesehilfe« für die sich noch in Unsicherheit und Unklarheit Befindlichen verstanden werden, eine Lesehilfe, die die wahre Deutung, das richtige Lesen in der Natur garantiert. Es wird jedoch nicht behauptet, dies sei die einzige Funktion des Koran.[81]

In der Sure 41 (mit dem Titel »Fussilat« = »auseinandergesetzt wird«, chronologisch gesehen die 61. Sure aus der späten mekkanischen Periode) wird die Thematik der zwei Arten von »Zeichen« (aya) behandelt, die in der Welt auf Gott hinweisen und zu ihm hinführen können, wenn der Mensch angemessen mit ihnen umgeht. Diese zwei Arten von Zeichen sind: (1) die »Zeichen«, Verse, des Buches Koran (Verse 1–8), und (2) die Zeichen des »Buches« der Schöpfung (ab Vers 9). Für beide wird im Koran dasselbe Wort gebraucht, nämlich »aya«, was schon von daher auf die engste Zusammengehörigkeit beider »Phänomene« hinweist.

Am Gerichtstag werden alle Sinnesorgane des Menschen Rechenschaft ablegen müssen darüber, wie sie im Leben tätig waren: Sehsinn, Gehörsinn, ja besonders auch der Haut-Sinn (der auch eine »Sprache« spricht, wie der Koran ausdrücklich sagt) werden Zeugnis ablegen. Die »Leugnung« der Zeichen Gottes wird bestraft (Verse 19–28).

Hinsichtlich der angemessenen bzw. unangemessenen Wahrnehmung der Schöpfungszeichen, der Schöpfungswirklichkeit, wird dann festgestellt, dass Gott diejenigen nicht verborgen bleiben, »die unsere Zeichen [nicht in lebendiger Weise, sondern] wie Totes angeschaut und gedacht haben« (Vers 40: alladhina yulhiduna fi ayatina). Es geht hier um ein Grundprinzip in der Methode der Behandlung, d.h. der Anschauung, des Denkens, des Verstehens vom Buch des Wortes und vom Buch der Natur, denn beides beinhaltet ja das Wort »Zeichen«.

Der Schlüsselbegriff ist hier die Verbalform »yulhiduna«. Die Grundform »lahada« bedeutet nach Auskunft des »Wörterbuches der klassischen arabischen Sprache« im Arabien des 7. Jahrhunderts als Grundbild: für jemanden an der Seite der Grabstätte eine Nische anbringen, in die dann der Tote gelegt wird. Für diese Wortbedeutung gibt es einen überwältigenden Textbefund in der arabischen Literatur.[82] Im Gericht bleibt also nicht verborgen, wer die Schöpfungswirklichkeit und auch den Koran wie ein Totes behandelt und bereits zu Grabe getragen hat.

Positiv ausgedrückt lautet dann das hermeneutische Grundprinzip für den Menschen: Schau die Natur der Schöpfungswirklichkeit an wie ein Lebendig-Organisches, nicht wie ein erstarrt Totes. Die Wahrnehmung der Welt und das entsprechende Denken muss lebendig-organisch sein.

Entsprechendes gilt aber auch für das geschriebene Wort des Buches Koran. Auch dieser fällt ja unter die in Sure 40,41 erwähnten Zeichen. Das bedeutet: Auch das Wort, auch der Text (hier der Koran), muss mit derselben lebendig-organischen Methode gelesen und verstanden werden. Man überinterpretiert diese Koranstelle nicht, sondern gibt genau ihre letzte Sinnrichtung wieder, wenn man hier von einem »Goetheanismus avant la lettre« spricht. Goetheanistisches Schauen und Denken gegenüber der Schöpfungswirklichkeit der Natur und dem geoffenbarten Wort ist genau das, was hier im Koran tendenziell und grundlegend gefordert wird.

Ein organisches Wesen z.B. ist nur in seinem Werden, in seiner Entwicklung zu verstehen, weil der Organismus vom Inneren heraus sich stets umbildet, verwandelt, Metamorphosen bildet. In diesem Sinne ist Goethes Wort, das dabei Gedanken Schellings aufgreift, zu verstehen: »Die Vernunft ist auf das Werdende, der Verstand auf das Gewordene angewiesen.«[83] So gesehen fordert der Koran die Vernunft, nicht nur den Verstand, für die Erkenntnis der Natur. Goethe nennt das Vermögen, durch das wir die Natur des Organischen begreifen, die »anschauende Urteilskraft«. Sie ist hier gefordert.

Von daher gesehen ist es auch nicht mehr so verwunderlich und überraschend, dass das zeitlich allererste Wort des Koran,[84] der Offenbarung an den Propheten Muhammad, lautet: »Lies!« Lies (auch) im Buch der Natur! Das Schauen und Betrachten und immer tiefer eindringende Verstehen der Natur ist der Anfang, zumindest aber auch der mit dem Lesen im Buch des Koran gleichzeitige und gleich wichtige, dieses Koran-Lesen begleitende und auch fördernde Weg islamischer Frömmigkeit. Und nach dieser Aufforderung schwieg ja auch die Stimme Allahs für lange Zeit. Der Prophet hatte mit dieser Aufgabe offenbar zunächst genug zu tun!

Man könnte sagen: Diese anspruchsvolle »Naturfrömmigkeit« im besten Sinne, die nicht nur eine Sache des Gefühls, sondern des anschauenden Denkens ist, ist eine Art Propädeutik, eine Übung für die Annäherung an die weitere Offenbarung im Koran. Naturbetrachtung »à la Goethe« als Grundelement muslimischen Glaubens: Pädagogisch-didaktisch wäre das eine angemessene Möglichkeit einer Einführung in den Islam. Aber dies ist nicht nur eine erste Stufe, die irgendwann überwunden ist, sondern bleibende, weil zum Wesen gehörende Aufgabe; in diesem Sinn ist sie mehr als nur Propädeutik, sondern die »Sache selbst«.

Goethe hatte insofern durchaus Recht, er hat den Nagel auf den Kopf getroffen, wenn er im »West-östlichen Divan« die Pfauenfeder im Koran begrüßt: Die Pfauenfeder, hier als Symbol und Inbegriff für Natur in ihrer Schönheit insgesamt, ist »willkommen an dem heil'gen Platz«. Sie gehört in den Koran hinein. Beide gehören, auch in diesem poetischen Bild, engstens zusammen.

Aber auch das Lesen im Buch des *Wortes*, nicht nur im Buch der *Natur*, erfordert, wie schon angedeutet, eine solche lebendig-organische hermeneutische Methode in Bezug auf das Textverständnis. Lebendiges Verstehen heißt: Den Korantext nicht als Wort-Leichnam betrachten, als toten Buchstaben, sondern als etwas, was hinsichtlich seines immer tieferen Verstehens noch der Entwicklung und des Fortschritts fähig ist. Der im erstarrten Buchstaben vielleicht eingefrorene, verhärtete, eigentlich aber aus spirituellen Erfahrungsdimensionen stammende Inhalt müsste also durch das lebendige Verstehen und Erkennen des lesenden Menschen wieder »flüssig« gemacht, auf seine Ursprünge hin gelebt und erforscht werden. Bemerkenswerterweise bezeichnet besonders der schiitische Islam diese Art der die Tiefendimensionen des Korans berücksichtigenden Exegese mit dem terminus technicus »ta'wil«, was wörtlich so viel heißt wie: etwas oder jemanden auf seine Ursprungswirklichkeit zurückführen, im schiitischen Sinne auf das Übersinnlich-Geistige, Göttliche (ghaib)!

Am Ende der hier untersuchten Sure 41 wird dann die Thematik noch einmal aufgegriffen und universal ausgeweitet. In dem berühmten und so oft zitierten Vers 53 heißt es: »Wir werden sie sehen lassen unsere Zeichen in den Welthorizonten und in ihren Ichen selbst, solange, bis es ihnen deutlich wird, dass es die Wahrheit ist …«[85] Das bedeutet: Vom Innersten des Ich bis hin zu den äußersten Welthorizonten gibt es diese »Zeichen«. Gott lässt sie uns sehen. Und das wird nicht nur als einmaliger, kurzer Prozess hingestellt, sondern in zeitlicher Erstreckung: »solange, bis …« Erst wenn die Menschen in diesem Prozess des Anschauens und Urteilens die deutliche, klare, sichere Erfahrung machen: Das (und damit auch ER) ist die Wahrheit der Wirklichkeit, erst dann ist dieser Prozess an sein Ziel gekommen, erst dann hat er den vom Schöpfer in diesen Prozess gelegten Sinn erfüllt.

Weil das offenbar ein mühseliger Weg ist, auf dem auch Abirrungen auf Seitenwege möglich sind, wird anschließend klar die Möglichkeit vor Augen geführt, dass die Begegnung mit diesen Zeichen nicht zwingend ist und sie nicht einfach, den Menschen überwältigend, durchsichtig, theophan und zur »Offenbarung« des Schöpfers werden. Der Mensch kann, aber er muss nicht unter allen Bedingungen in diesen Zeichen seinem Herrn begegnen (Vers 54: »Sie sind im Zweifel darüber, ihrem Herrn zu begegnen«).

Bei der Betrachtung dieser islamischen Perspektiven zum Verhältnis vom »Buch der Natur« zum »Buch der Offenbarung« wird man erinnert an die Aussagen Rudolf Steiners vom »Lesen im Buch der Natur« als dem »Schibboleth«, dem Erkennungszeichen der »Anthroposophie«. Im Ursprung der menschlichen Erdenentwicklung, vor dem »Fall«, konnten die Menschen, so Steiner, noch in diesem Buch lesen. Aber nach dem Fall war diese Fähigkeit verloren gegangen. Da hat Gott sich der Menschen erbarmt, ihnen die Bibel gegeben bzw. generell das »Buch der Offenbarung«, damit sie nicht ganz vom Göttlich-Geistigen wegkommen. Steiner weist in diesem Zusammenhang auf den mittelalterlichen Theologen Raimundus de Sabunda[86] hin, der gelehrt habe, das »Buch der Offenbarung« sei für den sündigen Menschen da, weil er nicht verstehe, im »Buch der Natur« zu lesen; die Menschen müssten aber wieder dazu gebracht werden, diese Fähigkeit zurückzugewinnen, wiederum in dem »Buch der Natur« geistig lesen zu können, »die geistigen Hintergründe der

Natur zu finden, nachdem Gott die Offenbarung für die Zwischenzeit gegeben hat«.[87] Haben wir hier, bei aller Unterschiedlichkeit, in der Grundtendenz ein gemeinsames »Schibboleth« von Islam und Anthroposophie?

Die Idee vom »Buch der Natur« und der »Rechtleitung von innen« in der modernen Koranexegese

Gott offenbart sich im Kosmos und im Menschen. So lautet auch die Essenz der Gottesidee bei den modernen Korankommentatoren. Die Gesetze der Natur, des »Werkes Gottes«, sind die im Buch der Natur niedergelegten göttlichen Worte. Gottes Gesetze für den Menschen, das »Wort Gottes«, sind die im Koran ihren Ausdruck findenden göttlichen Worte. Werk und Wort Gottes aber entsprechen einander. »Ohne Zweifel stammten die Vorschriften dieses Buches [des Koran] aus der Anweisung von Gottes Buch, nämlich dem Buch der Natur. Und ohne Zweifel bestätigen diese Vorschriften die Vorgänge in der Natur.«[88] Der Autor dieser Formulierung legt dem Schöpfer folgende Anrede an den Menschen in den Mund: »Sei dir bewusst, dass ich Gott bin. Du solltest Gottes Abbild (mazhar) sein, eine Inkarnation der göttlichen Eigenschaften im Kleinen. Hör und sieh, wie ich es tue (›so machten wir ihn hörend, sehend‹, Sure 76,2). Ich hauche dir meinen Geist ein (›und ich hauchte ihm von meinem Geist ein‹, Sure 15,29 und 38,72). Das ist so, weil ich will, dass du so bist wie ich ..., mächtig und mild; du sollst nach meinem Willen Macht und Herrschaft besitzen ... Ich bin der große Schöpfer; in ähnlicher Weise erwarte ich von dir große Schöpfungen und Erfindungen.«[89]

Bei dieser Konstitution des Menschen ist es dann nicht mehr so überraschend, dass Gott einen beträchtlichen Teil seiner »Rechtleitung«, Führung, durch das Medium der menschlichen Natur vollzieht. Der in Mekka geborene Abu'l-Kalam Azad (1888–1958) schreibt dazu in seinem viel gelesenen Werk »Tardschuman al-Qur'an« (1930) unter Hinweis auf Sure 10,35 (»Sag: Gibt es unter euren ›Teilhabern‹ einen, der zur Wahrheit führt? Sag: Gott führt der Wahrheit zu!«): »Da in diesem Vers beide Begriffe vorkommen, Führung (hidaya) und Wahrheit (haqq), denken die Kommentatoren, dass mit hidaya die ›Rechtleitung durch Offenbarung‹ und mit haqq die ›Religion der Wahrheit‹ gemeint ist ... Es ist [aber] klar, dass die angesprochenen Personen Heiden darstellten, die absolut jede Offenbarung und auch ihre Äußerung ablehnten. Mit anderen Worten: Unter der Voraussetzung, dass mit hidaya die Rechtleitung der Offenbarung gemeint ist, was für eine schlüssige Überzeugungskraft könnte sie gehabt haben? ... Es geht hier jedenfalls um eine Glaubenssache, der die Angesprochenen nicht negativ gegenüberstanden und gegenüberstehen konnten ... Darum ist mit hidayat nicht die Rechtleitung, Führung der Offenbarung gemeint, sondern die der Intuition, der Sinneswahrnehmung und des Verstandes, und mit haqq nicht die Religion der Wahrheit, sondern buchstäblich der wahre und richtige Lebensweg. Immer und immer wieder erläutert der Koran die Wahrheit, dass die göttliche Führung den Geschöpfen nicht nur ein Leben gemäß ihren Bedürfnissen zuteilt, sondern sie ebenso auch mit den natürlichen Mitteln für die Führung auf dem Weg des Lebens ausstattet.«[90]

Azad unterscheidet denn auch, in Anlehnung an den Reformer Muhammad Abduh, vier Stufen der Rechtleitung des Menschen: durch Instinkt, durch die Sinne, durch die Vernunft, durch Offenbarung und Propheten. Jede der ersten drei Stufen bedarf einer höheren zu ihrer Verbesserung. So vervollkommnet auch die Offenbarung die von der Vernunft gebotene Rechtleitung.

Einerseits, so betont der pakistanische Korankommentator Parwez, ist die Vernunft Dienerin der Offenbarung, andererseits scheint sich die Offenbarung gelegentlich mit einer geringeren Rolle zufrieden geben oder sogar der menschlichen Natur den Vorrang einräumen zu müssen: »Der Koran nennt Offenbarung (oder seine Träger) nadhir. Indhar meint ›warnen, aufwecken‹ ... Darum nennt der Koran sich selbst Tadhkira (vgl. Sure 73,19). Tadhkir meint: an etwas Vergessenes erinnern ... So ist Offenbarung im Grunde ein Sprachrohr der edelsten Intentionen der Seele und zeigt die reinsten Impulse der Natur.«[91] Am Anfang wurde der Mensch einfach durch seine eigene reine Natur »rechtgeleitet«

und bedurfte nicht der Offenbarung, bis er in Irrtum fiel.[92] »Offenbarung ist nur Vernunft, die mehr in der Tiefe wirkt.«[93] All diese Darlegungen bezüglich des inneren, naturhaften Verständnisses von »Rechtleitung« bestätigen meine eigenen, unten (siehe S. 77ff.) dargelegten differenzierten Textanalysen dieses zentralen koranischen Topos.

Der Mensch – Brückenbauer zum Göttlichen

Der Mensch – die »zehnte Hierarchie«?

Die besondere Berufung und Qualität des Menschen spiegelt sich im Koran in unüberbietbarer Weise in jener Szene – im Koran mehrfach berichtet –, wo die Engel von Gott aufgefordert werden, vor dem Menschen in der Gestalt des Adam niederzufallen. In der Version von Sure 2 (Verse 30–34) beginnt diese Darstellung mit der Ankündigung Gottes gegenüber der Welt der Engel: »Ich werde auf der Erde einen Nachfolger einsetzen.« Die Engel wenden ein: »Willst du auf ihr jemand einsetzen, der auf ihr Unheil anrichtet und Blut vergießt, wo wir dir lobsingen und deine Heiligkeit preisen?« Gott antwortet: »Ich weiß, was ihr nicht wisst.« Gott lehrte dann Adam alle Namen der Dinge. Die Engel können der Aufforderung Gottes, die Dinge beim Namen zu nennen, nicht folgen. Sie kennen sie nicht. Adam aber besitzt diese Fähigkeit. So fordert er die Engel auf: »Werft euch vor Adam nieder!« Und sie warfen sich alle nieder, außer Iblis. Der weigerte sich. Er war hochmütig und gehörte zu den Ungläubigen.

Der Ausdruck »Nachfolger« (chalifa) kommt, bezogen auf den Menschen, im Koran an vielen Stellen vor.[94] Gewöhnlich werden diese Stellen unbesehen und vorschnell mit »Stellvertreter Gottes« übersetzt. Dabei wird meist übersehen, dass an fast allen entsprechenden Stellen überhaupt nicht inhaltlich genauer präzisiert wird, wessen Stellvertreter bzw. Nachfolger der Mensch sein soll, weder durch den ausdrücklichen Zusatz »Gottes« noch durch ein angehängtes Suffix eines Personalpronomens der dritten Person (»sein« oder »ihr« oder andere Pronomina).

Es gibt also keinen Grund, von vornherein eine interpretative Vorentscheidung in Richtung auf »Stellvertreter Gottes« zu fällen. (Bei dieser Gewohnheit spielt offenbar untergründig die biblisch-christliche Vorstellung vom sogenannten »Herrschaftsauftrag« Gottes an den Menschen in der Schöpfungsgeschichte mit.) In dem eben genannten Zusammenhang von Sure 2,30–34 ist es vielmehr nahe liegender, auf die Frage: »Wessen Nachfolger?« zu antworten: »Nachfolger der Engel!« Denn diese Qualifizierung entspricht viel besser, wenn nicht als einzig sinnvolle Möglichkeit von Interpretation überhaupt, dem Gesamtkontext. Gott spricht zu den Engeln. Und er stellt eben diesen Engeln und keinem anderen den »Nachfolger« vor: ihren Nachfolger![95] In diesem Sinne könnte man dann auch, richtig verstanden, im Sinne des Koran vom Menschen als von der »zehnten Hierarchie« sprechen.

Auf dem Hintergrund dieses Befundes bekommen die Ausführungen Rudolf Frielings in seinem Buch »Christentum und Islam« neues Gewicht, wenn er von den Engeln als den »älteren Brüdern« des Menschen spricht. »Sie haben ihre Entwicklung durchlaufen in lang vergangenen Welt-Zuständen, als die werdende Erde noch nicht ihre jetzige derb materielle Beschaffenheit erlangt hatte, sondern noch eine feine, mehr ätherische Daseinsweise besaß. Das Geister-Reich der Menschen wäre eine zehnte Hierarchie, unterhalb der Engel.« Dieser im Fleisch verkörperte Mensch kann sich in seiner Leiblichkeit wie in einer Isolierzelle von der oberen Welt emanzipieren und so auf der Erde Blutvergießen und Zerstörung anrichten.

Darum verstehen die Engel auch nicht recht, warum sich Gott auf solch ein Risiko einlässt und was er an diesem Menschen so großartig findet. Ist doch der Engel aus Feuer, der Mensch aber nur aus Ton und Schlamm gemacht! Aber diese Engel kennen nicht das eigentliche Geheimnis des Menschen. »Ich weiß, was ihr nicht wisst!« Gott allein weiß, »dass diese Emanzipation des Menschen vom ursprünglich Göttlichen … andererseits die Möglichkeit bietet, dass sich freie Geistwesen entwickeln, die zunächst auf eine tragische Weise ›frei von Gott‹ werden, um dann gerade aus ihrer Entfremdung heraus im vollen Sinne ›frei für Gott‹ werden zu können – mit der Gnadenhilfe durch den Christus.«[96]

»Rechtleitung« als freie und aktive Entwicklung der individuellen Wesensidee

Der Grundgedanke vom Menschen als freiem Geistwesen ist auch impliziert im zentralen koranischen Begriff »huda«, was durchgängig mit »Rechtleitung« übersetzt wird. In dieser Übersetzung ist die Vorstellung enthalten, es gebe den aktiven, auf den richtigen Weg führenden Gott auf der einen, den passiven, nur geführten Menschen auf der anderen Seite. Eine genauere Analyse des koranischen Befundes wird diese einseitige, bestenfalls holzschnittartige Darstellung durchaus relativieren.

Eine lückenlose Auflistung aller Stellen, in denen der Begriff »Rechtleitung« oder »rechtgeleitet« vorkommt, hat A. Th. Khoury in seinem großen Korankommentar gebracht,[97] wir brauchen dies hier nicht zu wiederholen. Statt dessen beschäftigen wir uns mit den Stellen, an denen wir eine andere Vorstellung als die eben genannte ausgedrückt fanden.

In Sure 20,50 heißt es: »Unser Herr, der jedem Ding seine je ureigene Wesensnatur in der Schöpfungsordnung (chalqahu) gegeben hat. Und dann die richtige Lebensführung (thumma huda).« Hier liegt die Vorstellung zugrunde, die wir auch im Zusammenhang der »fitra« fanden, dass jeder Mensch, in bestimmter Weise alles Seiende, vom Schöpfer seine je individuelle »Sendung« erhalten habe, die seine Wesensidee selbst und als solche ist. Das wird auch hier zunächst in Erinnerung gerufen. Dann wird im zweiten Satz aus dieser Tatsache die Konsequenz gezogen: »und dann« folgt, daraus wie von selbst resultierend, die »huda«, die richtige Lebensführung. Das bedeutet: Der Mensch leitet sich selbst recht, wenn er sich gemäß der Naturordnung, in diesem Fall der Idee seiner individuellen Wesensnatur, verhält. Es geht hier also nicht um etwas von Allah künstlich und äußerlich Herangetragenes, dem ich im reinen Gehorsam, im Opfer der Vernunft, blind folgen muss. Es geht eher, um mit Goethe zu sprechen, um »geprägte Form, die lebend sich entwickelt«.

In Sure 2,38f. spricht Allah zu Adam, als es noch keinen Koran und sonst noch keine Propheten gab, dass später eine »Rechtleitung« auf ihn kommen werde; dabei handelt es sich offenbar um eine »Rechtleitung« durch »Zeichen«, weil als Gegensatz zur Rechtleitung ausdrücklich das Missachten der Zeichen angeführt wird. Die Menschen müssen bei dieser indirekten Rechtleitung durch Zeichen sehr aktiv sein und schon eigene Fähigkeiten entwickelt haben, wie wir im Zusammenhang des Themas »Zeichen« dargestellt haben. Der Mensch muss seinen Weg selbst finden, indem er sich »richtig«, das heißt im Sinne des im Zeichen Erkannten, leiten lässt. Auch A. Th. Khoury gesteht zu, dass »Rechtleitung« auch »die allgemeine Führung Gottes durch die Zeichen der Schöpfung« bedeutet.[98]

»Rechtleitung« überwältigt also den Menschen nicht gegen oder ohne seinen Willen, sondern sie ist (nur) Wegweiser, Impuls, Angebot. Sie bedeutet nicht, dass der Mensch sich einfach an die Hand nehmen und ans Ziel ziehen lässt. Das wird z.B. aus Sure 41,17 deutlich, wo vom störrischen Volk der Thamud die Rede ist: »Wir wollten sie rechtleiten, aber sie zogen die Blindheit [des Herzens] der Rechtleitung vor.« Das bedeutet: Gott führt uns in dem Sinne, dass er uns deutlich und eindeutig den Weg zeigt, aber ob wir diesem Weg folgen, ob wir uns leiten lassen, das ist unsere Sache. Rechtleiten, Führen, versteht sich also mehr im Sinne von »Zeigen« eines Weges. Ein deutliches Beispiel dafür ist z.B. Sure 90,10–18, in der Gott dem Menschen zwei Wege zur Wahl anbietet, einen steilen der Nächstenliebe und einen anderen, also wohl leichten, der inhaltlich im Einzelnen nicht beschrieben wird, von dem es aber heißt, dass auf ihm »an unsere Zeichen« nicht geglaubt wird.

In Sure 6,56 wird »Rechtgeleitetsein« gleichgesetzt mit »nicht den Ungläubigen folgen«; d.h. wer nicht der »Neigung« der Ungläubigen folgt, sondern (innen gesteuert!) aus eigener Aktivität den richtigen Weg geht, der wird »Rechtgeleiteter« genannt.

Das »Folgen« der Rechtleitung wird denn auch im Koran immer wieder betont. Aber gerade die Betonung des Folgens setzt ja zunächst einmal eine gewisse Distanz zum »Wegweisenden« voraus. Der Zusammenhang zwischen beiden Vorgängen, Wegweisen und Folgen, ist nicht vom Gesetz einer Automatik beherrscht. Es wäre also sinnvoller zu übersetzen: »Wer der Wegweisung folgt ... der gehört zur Gruppe der ›Rechtgeleiteten‹.«

Auch an der frühesten Stelle, an der im Koran dieser Begriff vorkommt, in der Sure 68, wird klar, dass es um eigene Aktivität geht: Der Herr kennt genau denjenigen, der von seinem Weg abgeht, und denjenigen, der rechtgeleitet ist. Wer also bewusst und willentlich auf seinem Weg bleibt, der heißt »rechtgeleitet«. Wenn A. Th. Khoury schreibt: »Nur die Gläubigen und die Gottesfürchtigen, d.h. diejenigen, die den Glauben haben und das rechte Handeln pflegen, werden von Gott rechtgeleitet«, dann bedeutet diese Formulierung doch letztlich, dass »von Gott rechtgeleitet« nur ein anderer bildlicher Ausdruck ist für »sie kommen (selbst!) ans rechte Ziel«. Auch die Zusammenstellung von Sure 2,5 zeigt intensive eigene Aktivität an: Von Rechtleitung wird bei denen gesprochen, die »Hindernisse beiseite räumen« (muflihuna; falaha bedeutet »spalten«, z.B. einen Baum, der als Hindernis im Wege liegt), die Wege eröffnen, die also höchsten Einsatz aufbieten. Die Übersetzung bei Paret und Khoury mit »wohlergehen« kann sich höchstens auf die Folge dieses Bemühens beziehen.

Dass »Rechtleitung« die Freiheit der Wahl nicht ausschließt, zeigt das Beispiel von Sure 7,146: »Ich werde diejenigen, die auf der Erde ohne Wahrheit die Hochmütigen spielen, von meinen Zeichen abwenden. Wenn sie auch jedes Zeichen sehen, so glauben sie nicht daran. Wenn sie den rechten Weg, der zur Reife führt (ruschdi), sehen, nehmen sie ihn sich nicht zum Weg. Wenn sie aber den Weg der Verirrung sehen, nehmen sie ihn sich zum Weg. Das ist so, weil sie unsere Zeichen für Lüge erklärt und nicht auf sie geachtet haben.«

Man kann also den Weg(weiser) sehen, aber trotzdem ihm nicht folgen. Der Grund dafür ist: Die Zeichen werden nicht beachtet, wobei Gott durchaus als mit im Spiel gedacht wird, insofern er es ist, der dieses Defizit mitverursacht. Der Hochmut des Menschen aber ist dem vorangegangen. Seine Arroganz besteht in diesem Zusammenhang wohl darin, dass er sich mit der Zeit selbst für »Gott« hält, weil und insofern er die Zeichen »lesen« kann. Sure 96,7 (wo von der Selbstherrlichkeit des Menschen die Rede ist) zeigt diesen Begründungszusammenhang deutlich auf. Diese Anmaßung aber entspricht durchaus nicht der »Wahrheit der Wirklichkeit«, wie Vers 146 der Sure 7 aufzeigt.

Ichstärkung als Ziel islamischer Religiosität – Muhammad Iqbals Koranauslegung

Die Stärkung des sich durch die Begegnung mit dem Göttlichen selbst »rechtleitenden« freien Ich war denn auch das zentrale Thema jenes Mannes, von dem Hermann Hesse gesagt hat, dass er drei Reichen des Geistes angehört habe: der Welt Indiens, der Welt des Islam und der Welt des abendländischen Denkens: »ein Moslem indischer Abstammung, geschult am Koran, am Vedanta und an der persisch-arabischen Mystik, aber auch stark berührt von der Problematik westlicher Philosophie und mit Bergson und Nietzsche vertraut«.[99] Muhammad Iqbal, 1877 in Sialkot an den Vorbergen des Himalaja im nördlichen Pandschab geboren, lebte später vorwiegend in Lahore. Schon früh entwickelten sich seine poetischen, philosophischen und auch wirtschaftswissenschaftlichen Talente. 1905 erhält er ein Stipendium für Cambridge in England, wo er Jura und Philosophie studierte. Danach geht er nach Deutschland, unter anderem nach Heidelberg und München.

Als er dann 1908 aus Europa in seine Heimat zurückkehrte, besaß er eine neue Weltsicht, die, wie er sagt, weder westlich noch östlich war. Er kam zu der Überzeugung, dass so, wie dem einseitig materiellen Fortschritt des Westens die ethische und spirituelle Komponente fehle, die Religiosität des Ostens eine hohle, nichtssagende, leblose Kraft sei. Die Dimension des Geistes müsse von beiden Seiten neu entdeckt und erobert werden. Ein Teil des Wissens und der Technologie des Westens sei zwar wertvoll und der Osten könne von ihm lernen, um dadurch Armut und Elend zu verringern; aber der Osten dürfe nicht den Fehler wiederholen, materielle Stärke als Selbstzweck anzubeten. Nur eine religiöse Form und Grundhaltung kann, so Iqbal, die Menschheit retten, aber diese Form erfordert eine grundlegende Überprüfung und Erneuerung.

Iqbal widmete sich fortan nicht mehr überwiegend der Kunst, Literatur und Philosophie, sondern steckte all seine Kräfte in eine Verjüngung der dahindämmernden Muslimgemeinschaft. Territorialer und rassistischer Nationalismus war nach seiner Ansicht dem Geist des Islam von Grund auf fremd. Er hatte seinen Ursprung im Westen. Es wäre ein verhängnisvoller Rückschritt gewesen, wenn die islamische Umma versucht hätte, ihre Frustrationen dadurch zu überwinden, dass sie ihr globales Zusammengehörigkeitsgefühl ersetzt hätte durch aggressive Nationalismen westlichen Typs.

Iqbal begriff den Islam als eine universale Religion, die die gesamte Menschheit als Einheit ansah. Der Islam der damaligen Zeit war aber engstirnig, starr und unbeweglich geworden. Iqbal fasste Leben als in ständiger Entwicklung begriffen und als dynamisch auf. Er kam zu dem Resultat, dass ein versteinerter religiöser Dogmatismus keine religiöse Form bilden könnte, die zu einer Selbstverwirklichung von Individuen und Gemeinschaften zu führen in der Lage wäre.

In Aufnahme von Gedanken Bergsons, der erfolgreich einen mechanistischen Materialismus und alle Versuche bekämpft hatte, schöpferisches Leben in die Zwangsjacke einer deterministischen Logik zu stecken, für den Leben nicht gemäß ewigkeitlich im Weltengeist vorherbestimmter Pläne aktiv war, läuft Iqbal Sturm gegen die orthodoxe muslimische Vorstellung von »Schicksal« (taqdir) im Sinne einer ewigen Prädestination allen kosmischen Geschehens bis in das kleinste Detail hinein.

Iqbal begriff Gott oder das »kosmische Selbst« primär als Schöpfer, als das Kreative schlechthin. Das menschliche Ego oder Selbst sah er vornehmlich als potentiell schöpferisches Wesen auf den verschiedenen Bewusstseinsstufen. »Für mich ist dem Koran nichts fremder als der Gedanke, dass das Universum die zeitliche Ausarbeitung eines vorkonzipierten Planes ist … Nach dem Koran ist das Universum ständigem Wachstum ausgesetzt. Es ist ein in Entstehung begriffenes Universum, nicht ein schon fertiges Produkt, das vor Zeiten die Hand seines Schöpfers verließ und nun wie eine tote Masse von Materie ausgebreitet im Raum liegt, für die die Zeit nichts tut und folglich nichts bedeutet.«[100] Diese Sätze sind ein Zitat aus den berühmten »Sechs Vorlesungen über die Neugestaltung des religiösen Denkens im Koran« von 1930, deren Grundgedanken im Folgenden entfaltet werden sollen.

Iqbal war zweifellos der gebildetste Geist, den die muslimische Moderne hervorgebracht hat. Zu Beginn der ersten Vorlesung spricht er vom verstandesmäßigen Wissen und von religiöser Erfahrung. Der Mensch als vernunftbegabtes Geschöpf kann sich nicht mit Glauben zufrieden geben, er muss auch rationale Gründe suchen, um mit diesem Glauben in Übereinstimmung zu sein. Die Versöhnung der Gegensätze der Erfahrung ist eine unaufgebbare Notwendigkeit für den Menschen, der religiös und rational zugleich ist. Denken und Glauben – Iqbal spricht hier mit einem Bergson nahen Begriff auch von »Intuition« – bedürfen einander zur wechselseitigen Verjüngung.

Im Vergleich zu den früheren Religionen fordert der Islam die grundlegende Übereinstimmung, Konformität, von Vernunft und Offenbarung. Während Platon die sinnliche Wahrnehmung als Erkenntnisquelle gering schätzte, ist Iqbals Sicht »integrativ«: Sinneswahrnehmung, Intellekt, Intuition sind alle verschiedene Weisen des Begreifens ein und derselben Wirklichkeit. Seine Auffassung ist für ihn zweifelsfrei koranisch, nicht nur wenn er die Vernunft als Stütze von Offenbarung und Glauben aufruft, sondern auch, wenn er Hörsinn und Sehsinn als die wertvollsten göttlichen Geschenke betrachtet und sie für rechenschaftspflichtig vor Gott erklärt. Iqbal beschuldigt die frühen muslimischen Scholastiker, den Geist des Korans unter der Verzauberung durch griechische Spekulationen verloren zu haben.

Iqbal hat eine organische Auffassung von der Lebenswirklichkeit, in der der Himmel die Erde umfasst, in der Intuition und Glauben mit der universalen Vernunft versöhnt sind, in der Wissenschaft aufhört, in einem Antagonismus zur Religion zu stehen, in der das Unendliche das Endliche durchdringt und beseelt. Seine Weltsicht zielt auf »universale Integration«. Iqbal stützt sich für diese seine Auffassung auf jene Koranverse, in denen die Sinne, die Vernunft, die Intuition, die alle aus dem entspringen, was der Koran »Herz« (fu'ad) nennt, gültige, legitime Wege der Annäherung an die letzte Wirklichkeit bereitstellen: »Er [Gott] hat alles, was er erschaffen hat, gut gemacht; er hat den Menschen zuerst aus Lehm geschaffen und dann seine Nachkommenschaft aus Lebenskeimen, aus trübem Wasser gestaltet; dann hat er ihn geformt und ihm seinen Geist eingehaucht. Er gab euch Gehör, Gesicht und Herz (fu'ad; Plural: af'idat). Wie wenig dankbar seid ihr« (Sure 32,7–9). Indem er Rumi zitiert, bestimmt er dieses »Herz« als eine Art von Intuition oder Einsicht, die sich von den Strahlen einer übersinnlichen Sonne nährt und uns in Kontakt bringt mit jenen Aspekten der Wirklichkeit, die Sinne und Verstand überragen.

Iqbals Gottesbegriff ist ein Pendant zu seiner Sicht des Wesens der »letzten Wirklichkeit« (ultimate reality), weil er Gott mit dieser Wirklichkeit identifiziert. Doch ist er weder Monist noch Pantheist, sondern Theist. Nicht nur Gott ist real und wirklich, sondern die von Gott geschaffenen Iche, Egos, sind ebenso real und nehmen teil an dem Wesen und an dem Schaffensdrang des kosmischen Schöpfers. Gott ist das vollkommene ICH. Für alle geschaffenen Individuen ist die Ichheit, die Individualität, ein Ziel, das erst schrittweise verwirklicht werden muss.

Seinen Gottesbegriff leitet Iqbal aus dem Koran ab, wo Gott sowohl immanent wie transzendent dargestellt wird, sowohl persönlich wie überpersönlich. Es gibt, so Iqbal, Verse im Koran, die auf den ersten Blick einer pantheistischen Gottessicht Vorschub leisten; der seiner Neigung nach pantheistische Sufismus hat ein prächtiges Gebäude auf diesen Fundamenten errichtet. Im Koran heißt es z.B.: »Er ist der Anfang und das Ende. Er ist sichtbar-äußerlich (zahir) und verborgen-innerlich (batin)« (Sure 57,3). Und in der berühmten Licht-Sure 24 (Al-nur) heißt es, dass Gott »das Licht der Himmel und der Erde ist« (Vers 35).

Dieses Bild wird dann weiter ausgeführt: Sein Licht ist einer Nische zu vergleichen mit einer Lampe darin. Die Lampe wiederum ist in einem Glas, als ob es ein funkelnder Stern wäre. Das Licht brennt von einem Öl, das von einem Baum stammt, der weder im Osten noch im Westen ist. Iqbal betont, dass dieses Bild den Gedanken vermitteln will, dass Gott eine geistige Wirklichkeit ist, die keine räumliche Ausdehnung hat, aber dennoch keine vage, unbestimmte, unbegrenzt-unendliche Wirklichkeit, die als ichlos-unpersönliches Wesen alle Realität durchdringt. Die eingefasste Lampe in der Nische deutet auf Gott als ein ICH hin. Die Unendlichkeit dieses ICH ist nicht räumlich gemeint, sondern besteht in den unbegrenzten inneren Möglichkeiten seines Schöpfertums, von dem das uns bekannte Universum nur ein Teil-Ausdruck ist.

Was die sogenannte »Allwissenheit« Gottes angeht, so ist sie nicht zu verstehen im Sinne eines unmittelbaren Bewusstseins des gesamten geschichtlichen Universums von Vergangenheit, Gegenwart und Zukunft, verstanden als eine Ordnung jeweils spezifischer Ereignisse in einem ewigen, immer gegenwärtigen »Jetzt«. Das würde letztlich bedeuten, dass das Universum »geschlossen« ist, eine festgelegte Zukunft, eine prädeterminierte, unveränderliche Ordnung bestimmter Ereignisse, die wie ein Über-Schicksal ein für allemal die Richtung von Gottes schöpferischer Aktivität bestimmt hat.

Was das Problem des freien Willens des Menschen angeht, so ist Iqbal der Meinung, dass die »orthodoxe« islamische Theologie nicht imstande ist, Gottes unendliche Freiheit und sein Vorherwissen zu vereinen und zu versöhnen mit der menschlichen Freiheit. Er löst dieses Problem, indem er eben dieses Vorherwissen Gottes leugnet und indem er Gott den menschlichen Individuen, die an seiner schöpferischen Aktivität Anteil haben sollen, Freiheit gewähren lässt. Er gesteht ein, dass die Existenz von Egos, die mit der Kraft spontanen und darum nicht vorauszuberechnenden Handelns begabt sind, in gewissem Sinne eine Einschränkung der Freiheit des alles umfassenden ICH Gottes ist, aber diese Einschränkung ist Gott nicht von außen auferlegt. Sie entspringt Gottes ureigener Freiheit selbst, aus der heraus er endliche, begrenzte Egos als Teilhaber an seinem Leben, seiner Macht, seiner Freiheit gewollt und gewählt hat.

Aus diesem Gottes- und Menschenbild ergibt sich dann wie von selbst Iqbals Sicht vom Paradies und vom Leben nach dem Tod. In Entsprechung zu seiner Auffassung von Leben als ständiger kreativer Aktivität ist seine Vision vom Leben nach dem Tod nicht ein Paradies, wo alle bislang unerfüllten Sehnsüchte und Wünsche ewige Erfüllung finden. Vielmehr ist der Lohn für das Leben ein höheres Leben mit höheren Aktivitäten und tieferen Möglichkeiten. Aber auch auf dieser paradiesischen Stufe muss das Ich Widerstand vorfinden und überwinden. Schmerz in einem bestimmten Sinne ist also ein ewig dauerndes Element von Leben. Darum hat Iqbal auch erstaunliche, auf den ersten Blick befremdliche, in gewisser Hinsicht aber auch erheiternde Gedichte zum Lob Satans geschrieben, der Personifizierung des Bösen und des Widerstands.

Iqbals Paradies ist weder das Paradies, aus dem Adam und Eva aufgrund von Ungehorsam vertrieben wurden, noch die Vision von der Erfüllung unerfüllter Wünsche. Die koranische Erzählung des »Sündenfalls« deutet er denn auch so: »Die koranische Erzählung vom Fall hat nichts zu tun mit dem ersten Erscheinen des Menschen auf diesem Planeten. Ihr Zweck ist vielmehr, die Erhebung des Menschen aus einem primitiv-ursprünglichen Zustand instinktiven Strebens zu dem bewussten Besitz eines freien Selbst, das des Zweifels und Ungehorsams fähig ist, anzuzeigen. Der Fall meint nicht irgendeine moralische Bosheit. Er ist der Übergang des Menschen von simplem Bewusstsein zu dem ersten Aufblitzen von Selbst-Bewusstsein, eine Art Erwachen aus dem Traum der Natur mit einem Pochen persönlicher Ursächlichkeit im eigenen Sein.«[101] Leben ist auf allen Stufen der Entwicklung eine ständige Offenbarung der unendlichen Möglichkeiten der Existenz.

Für Iqbal ist die Geburt des Islam generell die Geburt des »induktiven Intellekts«. Leben kann nicht immer am Gängelband geführt werden. Der Mensch muss, um volles Selbstbewusstsein zu erreichen, am Ende auf seine eigenen Bestände zurückgeworfen werden. Dazu gehört die Forderung nach Abschaffung des Priestertums und des erblichen Königtums im Islam, der dauernde Appell an Vernunft und Erfahrung im Koran, auch der Nachdruck, den der Koran auf Natur und Geschichte als Quellen menschlicher

Erkenntnis legt. Alle persönliche Autorität, die einen übernatürlichen Ursprung für sich behauptet, ist in der Geschichte der Menschen zu einem Ende gekommen.

Aufgrund dieser Grundeinstellungen, wie sie als Resümee der »Sechs Vorlesungen« hier dargelegt wurden, ist es nur allzu verständlich, dass sich Iqbal besonders auch um die verstärkte Betätigung des Prinzips des »idschtihad« (außer Koran, Sunna und Konsens eine der vier religiösen Erkenntnisquellen), der persönlichen Erkenntnisbemühung, der freien Forschung in den Quellen des Gesetzes, kümmert. Er wollte ein großes Buch darüber schreiben – der Titel stand schon fest: »Islam as I understand it« –, leider ist es nie geschrieben worden.

Im Zentrum des Denkens Iqbals stand, wie wir zu Beginn bereits andeuteten, das Ich (persisch »chudi« – Iqbal hat sehr vieles in Persisch geschrieben). Dieses gilt es im Leben zu entfalten. Es ist dieses freie, selbstverantwortliche Ich als unsterbliche Substanz, als innerstes Geheimnis des Lebens gemeint, wenn der Koran von dem »amana«, dem anvertrauten Gut spricht, das Engel und Himmel und Berge abgelehnt hatten zu übernehmen, das der Mensch aber trotz seiner Schwachheit und seiner Mängel auf sich nahm (Sure 33,72). Darum müssen die Engel vor dem Menschen niederknien. Der Mensch ist sein eigener Schicksalsstern. »Schreib dein Geschick mit deiner eignen Feder – frei ließ die Feder Gottes deine Stirn!« Göttliche Freiheit und menschliche Freiheit stehen aber nicht in Gegensatz zueinander, sondern: »Je näher sich das Selbst dem allerfreiesten Selbst, nämlich Gott, nähert … desto mehr verwirklicht es seine immer mehr wachsende Freiheit.«[102]

Am Schluss dieser Bemerkungen zu einem der größten islamischen Denker soll ein Zitat stehen aus jener berühmten Rede vor der All India Muslim League in Allahabad vom 30. Dezember 1930,[103] in der Iqbal übrigens zum ersten Mal den Gedanken an einen muslimischen Mehrheitsstaat auf indischem Boden geäußert hat – 1947 wurde diese Vision als »Pakistan« politische Wirklichkeit. Uns interessieren hier aber besonders Iqbals Ausführungen zum Verhältnis von Religion und Politik, ganz allgemein gesprochen: von Geist und Materie.

»Der Islam spaltet nicht die Einheit des Menschen in eine unversöhnliche Zweiheit von Geist und Materie. Im Islam sind Gott und das Universum, Geist und Materie, Kirche und Staat organisch miteinander verbunden. Der Mensch ist nicht Bürger einer profanen Welt, die man im Interesse einer irgendwo anders gelegenen Welt des Geistes aufgeben müsse. Für den Islam ist die Materie Geist, der sich in Raum und Zeit verwirklicht.«

Manche Leser werden Iqbals Ideen insgesamt nur schwer mit dem Koran in Zusammenklang bringen können, oder vielleicht besser gesagt: mit dem, was sie bisher für islamisch bzw. koranisch gehalten haben. Es gibt aber keinen unverdächtigeren Zeugen für Iqbals authentische Koranauslegung als seinen Landsmann Maulana Maududi, der später die »fundamentalistische« Bewegung »Dschamaat-i Islami« gegründet hat. Maududi, mit dem Iqbal in seiner letzten Lebensphase über Probleme der Koraninterpretation gearbeitet hat, sagt von Iqbal: Was immer er gedacht habe, sei aus dem Denken des Koran entsprungen, und er habe keinen Gelehrten gesehen, der so im Koran versunken gewesen sei und durch ihn gehandelt habe wie Muhammad Iqbal.[104]

Der Mensch: schwach und vergesslich

Bei aller Qualifikation des Menschen als eines freien Ich-Wesens konstatiert der Koran gleichzeitig: Gott hat den Menschen »schwach« geschaffen (4,28). So steht es in fast allen Übersetzungen. Kann man konkreter benennen, was diese Schwachheit im Einzelnen bedeutet? Das aus dem arabischen Konsonantenstamm sich ergebende Grundbild ist das eines Ganzen, dessen einzelne Teile, Glieder, Organe zueinander nicht mehr in dem angemessenen Verhältnis stehen. Auf den Menschen hin angewendet: Die Ordnung der Wesensglieder (physischer Leib, Seele, Ich usw.) des Menschen ist gestört. Das Gleichgewicht des einen und ganzen Menschen, von dem der Koran so oft und bedeutungsvoll spricht, stimmt nicht mehr.[105]

Der Koran beschreibt die Psyche des Menschen u.a. folgendermaßen: In der Not ruft er zu Gott; ist die Not aber vorüber, vergisst er ihn wieder sehr schnell (10,12; 39,8.49). »Vergessen« ist die herausragendste negative Erscheinungsform seiner Grundschwäche. Behoben wird das Vergessen immer wieder durch Ermahnung und Erinnerung von außen, vor allem und wesentlich durch die in der Menschheitsgeschichte in jeder Epoche auftretenden Propheten. Der angesehene frühe Koraninterpret Ibn Abbas führt die Etymologie des arabischen Wortes für »Mensch«, insan, sogar zurück auf den Konsonantenstamm »nsyn«: nasiya = vergessen, nasyan = vergesslich. Der Mensch ist also per definitionem der »Vergessliche« schlechthin.

Weiterhin wird der Mensch als »ungerechter Unterdrücker« bezeichnet (zalum, 14,34; 33,72). Er hat es oft »zu eilig«, stürzt sich kopfüber und vorschnell in kritische Situationen ('adschul, 17,11). Er ist ängstlich, kleinmütig, ungeduldig (halu', 70,19). Er ist darauf aus, über fast alles zu diskutieren (18,54), und ausgesprochen streitsüchtig (36,77; 16,4).

Bezüglich der körperlichen Seite des Menschen ist besonders Sure 23,12ff. von Wichtigkeit, wo eine detaillierte Beschreibung der Entwicklung des Fötus gegeben wird. Der Grundstoff des menschlichen Körpers ist Lehm; dann folgt das Sperma (nutfa), das sich im Uterus einnistet, der Embryo ('alaq), der Fötus (mudgha); dann die Ausdifferenzierung in Fleisch und Knochen. Schließlich entsteht dann das »andere [neue] Geschöpf«. Diese Formulierung deutet Fakhr al-Din al-Razi so: »Als der Mensch leblose Materie war, machte Gott ihn zu einem lebendigen Wesen; als er stumm war, machte er ihn redend; als er taub war, hörend; als er blind war, sehend. Gott hat in ihn, innen und außen, in all seine Gliedmaßen und Organe, eine wunderbare Natur und eine bewundernswerte Weisheit hineingelegt, die angemessen darzustellen unmöglich ist.«[106]

Größe und Elend des Menschen

Grundsätzlich beschreibt der Koran, darin Pascal gleichend, den Menschen in Gegensätzen von Größe und Elend: »Wir haben den Menschen in bester Form (taqwim) geschaffen. Dann haben wir ihn in die tiefsten Tiefen herunterkommen lassen« (95,4f.). Al-Razi stellt fest, dass das Wort »taqwim« (= Konstitution, Gestalt, Form) sich sowohl auf die äußere Gestalt beziehen kann, auf die ausbalancierte Ganzheit der Teile, als auch auf die innere Konstitution, auf Intellekt, Verstand, Kultur, Eloquenz in ihren jeweils vollkommensten Erscheinungsformen. Er zitiert Ibn Abbas, der Vers 5 verglichen hat mit Sure 22,5: »Einige von euch werden in das erbärmlichste Alter gebracht.« So sind, nach Al-Razi, »die Gedanken verwirrt; Hörsinn, Sehsinn und Verstand werden schwächer; die Kräfte schwinden; der Mensch wird unfähig, gute Taten zu vollbringen.«

Dieser doppelte Aspekt des Menschen wird auch deutlich in Sure 2, wo die Engel den Beschluss Gottes kommentieren, den Menschen auf der Erde als »Nachfolger« einzusetzen. Diese Stelle hat den Manar-Kommentar zu einer interessanten anthropologischen Perspektive veranlasst, die eine gewisse Ähnlichkeit mit auf Herder zurückgehenden und in Deutschland im 19. Jahrhundert entwickelten Ideen hat: Im Gegensatz zu den Tieren, die sofort aus ihrem Instinkt heraus wissen, was für sie nützlich, was schädlich ist, erlangt der Mensch nur schrittweise Erkenntnisse von seiner Umwelt. Aber sein Fortschritt hat keine Grenzen, und in dieser Hinsicht steht er höher als die Engel, deren Erkenntnis und Handlungsmöglichkeiten begrenzt sind.

Das erinnert an Al-Razis Gedanken, dass der Mensch, im Gegensatz zu den Engeln und den untermenschlichen Lebewesen, keine festgelegte Funktion (wazifa mu'ayyana) hat. So wurde der Mensch befähigt, ein Wissen zu erreichen, das ihm eine beträchtliche Macht über die Natur gab, die ständig wächst. Wir lesen im »Manar«: »Er hat Erfindungen gemacht, Entdeckungen, Innovationen, um die Gestalt der Erde zu verändern.[107] Er hat unkultiviertes Land kultiviert; er hat durch Kreuzungen Arten entstehen lassen, die es bis dahin noch nicht gab, zum Beispiel die Mandarine (yusuf effendi), die ›Gott durch die Hand des Menschen erschaffen hat‹.« In dieser Perspektive ist der Mensch, ohne Beleidigung der Engel, wahrlich der »Stellvertreter« (Gottes), trotz all seiner Schwächen.

Mikrokosmos Mensch und Makrokosmos – wie oben, so unten

Das Thema der Entsprechung von Mikrokosmos Mensch und dem Makrokosmos im Sinne der zentralen hermetischen Maxime »wie oben, so unten« sei hier nur kurz am Beispiel der Beschreibung des Einflusses des Makrokosmos, konkret: der Planeten, auf die früheste Entwicklung des Mikrokosmos Mensch dargestellt, wie sie sich bei den von Basra ausgehenden sogenannten »Lauteren Brüdern« (ichwan as-safa') um das Jahr 1000 findet. Dies war eine esoterische Gruppe von »Freidenkern«, die Philosophie und Wissenschaft in der Hoffnung pflegten, eine Art ethisch-spirituelle Gemeinschaft bilden zu können, in der die Eliten des heterogenen islamischen Reiches einen Zufluchtsort vor den Auseinandersetzungen finden sollten, die unter den religiösen Gruppierungen, Nationalitäten und islamischen »Sekten« innerhalb der einen »umma« stattfanden. Ihr bekanntestes Werk ist eine Enzyklopädie, genannt »Briefe der Lauteren Brüder«, in der die Entstehung des individuellen Menschen folgendermaßen beschrieben wird:

Im ersten Monat nach der Empfängnis wird das Sperma unter dem Einfluss des Saturn, dessen Eigentümlichkeit es ist, Materie zu gestalten, in die Gebärmutter platziert. Im zweiten Monat, unter dem Einfluss der geistigen Kräfte Jupiters, wird innerhalb des Embryos Wärme erzeugt, die in ihm das Gleichgewicht der Säfte bewirkt. Im dritten Monat erhält der jetzt kräftig in Bewegung geratene Embryo unter dem Einfluss des Mars einen extremen Wärmestoß, der ihn in den Fötus umwandelt. Im vierten Monat übernimmt die Sonne die Entwicklung: Ihre geistigen Kräfte üben einen verstärkten Einfluss auf den Fötus aus; die Lebenskräfte werden in ihm lebendig, er erhält das Leben gewährende Seelenprinzip. Im fünften Monat wird unter dem Einfluss der Venus die Struktur des Leibes vollendet, sein Bau ist nun perfekt: Augen, Nase, Mund und Ohren erhalten ihre Form. Im sechsten Monat veranlassen dem Merkur zuzuschreibende neue geistige Kräfte den Fötus, Arme und Beine zu bewegen. Er kann Mund und Augenlider öffnen. Mal schläft er, mal ist er wach. Mit dem siebten Monat beginnt der Einfluss des Mondes: der Fötus nimmt zu an Gewicht, Fleisch, Fett. Seine Gelenke werden fester, seine Bewegungen kräftiger. Er fühlt sich beengt und versucht herauszukommen. Wenn ihm das gelingt, wird er überlebensfähig geboren. Wenn er aber bis zum achten Monat im Mutterschoß verbleibt, wird er schwerer, gerät unter den wachsenden Einfluss von Kälte, kann seinen Schlaf nicht besiegen und hat wenig Bewegung. Bevor dann die Geburt stattfindet, verlangsamt sich das Wachstum, die Bewegung wird schwerfälliger. Gelegentlich findet eine Totgeburt statt. Dies geschieht darum, weil der Fötus noch einmal unter den Einfluss des Saturn gerät. Im neunten Monat aber gewinnt Jupiter wieder die Oberherrschaft. Das Temperament wird ausgeglichen, der Lebensgeist wird stärker, die Tätigkeiten der animalischen Seele werden im Leib sichtbar. So verläuft die Entstehung des Menschen nach den Vorstellungen der »Lauteren Brüder«.[108]

Der Einfluss außerirdischer kosmischer Kräfte auf das menschliche Wesen wird aber, und zwar im Koran selber, auch noch in einem anderen Bereich verdeutlicht, den wir, als zweites Beispiel, im Folgenden darstellen.

Eisen vom Himmel als Stärkung für den Menschen – Michaelisches im Koran?

Mit dem Terminus technicus für den qualifizierten Vorgang der Offenbarung bzw. Hinabsendung von Seiten Gottes, »nazala«, werden im Koran exklusiv drei Ereignisse bzw. Gegenstände belegt: das Buch des Koran, das »Gleichgewicht« und – das Eisen.

Der erste Vorgang ist selbstverständlich; von dem zweiten war bereits ausführlich die Rede. Aber was bedeutet es, dass ausdrücklich und nachdrücklich auch vom »Eisen« als einer Offenbarung Gottes die Rede ist? Der Kontext des entsprechenden Koranverses gibt erste Hinweise. »Wir haben unsere Gesandten mit den klaren Zeichen gesandt, und mit ihnen das Buch und das Gleichgewicht … Wir haben das Eisen herabkommen lassen. In ihm ist feste Stärke und vielerlei Nutzen für die Menschen« (Sure »Das Eisen« = Sure 57, Vers 25).[109] Mit zu berücksichtigen ist hierbei auch die Tatsache, dass der sogenannte »Schwarze Stein« in der Ka'ba in

Mekka, die Mitte des Heiligtums, aus Meteoreisen besteht, also aus kosmischem Eisen. Im Koran wird die Wirkung des Eisens ausdrücklich mit der »Stärkung« des Menschen in Verbindung gebracht. Das Eisen gibt ihm wieder Festigkeit.

Nun bemerkt schon Henry Corbin aus seiner unumstrittenen Kompetenz heraus, dass es hier nicht heißt: »ist geschaffen worden«, sondern: »ist herabgesandt worden« im Sinne eines qualifizierten Offenbarungsvorgangs aus der übersinnlichen Welt. »Es handelt sich also nicht um Eisen als Metall von dieser Welt; es handelt sich um eine Quelle (oder um ein Symbol) einer unbesiegbaren Kraft, die nicht zur irdischen Schöpfung gehört, sondern die mittels des Dienstes der Engel vom Himmel herabsteigt.«[110]

Im Horizont dieser Wirklichkeiten von vermittelndem Engelsdienst und Kraftverleihung gibt dann Rudolf Steiner in einem größeren Zusammenhang eine plausible Deutung dieser zunächst geheimnisvollen Andeutungen, und zwar in einer »Michaeli-Imagination«, dem Vortrag vom 5. Oktober 1923,[111] dessen wichtigste Gedanken wir im Folgenden vorstellen.

Wenn in der Hochsommerzeit die Meteorsteine in mächtigen Schwärmen herabfallen, wenn also das kosmische Eisen auf die Erde herabfällt, dann ist darin als eine ungeheuer starke heilende Kraft die »Waffe der Götter gegen Ahriman« enthalten. Ahriman versuchte nämlich, die im Hochsommer in ihrem Innern in den Kosmos hinein »leuchtenden« Menschen zu umzingeln und sie in das Traumhaft-Unterbewusste hinabzuziehen, damit sie so zu einer schnellen Beute für ihn würden. Dieser grandiose kosmische Vorgang des Herabfallens mächtiger Meteorsteine hat nun sein mikrokosmisches Gegenbild in Vorgängen des menschlichen Blutes. Dieses wird »auf Anregungen des Geistig-Seelischen hin durchschossen, durchstrahlt von demjenigen, was als Eisen in das Blut hineinstrahlt, was Angst, Furcht, Hass bekämpfend sich als Eisen in das Blut eingliedert«.

Was da als Meteorwirkung im Inneren des Menschen als Durchstrahlung mit dem Eisen geschieht, ist eine »Entängstigung«. Dieser innere Sternschnuppenfall ist besonders bedeutsam, wenn der Herbst herannaht und das Michaelifest gefeiert wird. Dieses Michaelifest muss zu einem Entängstigungsfest werden, zu einem »Fest innerer Initiative und innerer Kraft«. Der Mensch wird dann in Bewusstheit Herr des äußeren, sonst nur aus der Natur heraus ablaufenden Meteorisierungsprozesses, wenn er an diesem Michaelifest erlebt, wie in ihm alles das wachsen soll, was sich gegen Bequemlichkeit, gegen Ängstlichkeit, hin zur freien Initiative, hin zum starken Wollen entwickelt. Der Mensch muss nur die Macht des Eisens in der materiellen Kultur vergeistigen zur Macht des Michael-Eisens, des Michael-Schwertes, das ihm dann gegenüber dem bloßen Naturbewusstsein sein Selbstbewusstsein gibt. Von hier aus könnte dann auch die andächtige Verehrung des Meteoreisensteins der Ka'ba von Mekka eine neue, geistige Bedeutung erlangen.

Der Abstieg des Menschen aus der göttlichen Welt

Eine höchst bemerkenswerte Perspektive des islamischen Menschenbildes bietet der renommierte, in West und Ost gleicherweise beheimatete Gelehrte Sayyid Hussein Nasr. Für ihn ist der Mensch der Brückenbauer zwischen Himmel und Erde, ein »übernatürlich natürliches Wesen«;[112] er kann die »Grenze aufheben, die zwischen dem Natürlichen und dem Übernatürlichen in den meisten Schulen der offiziellen christlichen Theologie gezogen ... wurde«. Jedes Menschenwesen hat »seinen eigenen Archetypus und eine Wirklichkeit *in divinis* [in der göttlichen Welt; W.M.] als eine ihm selbst gegebene Möglichkeit, die einmalig ist«. Es gibt Daseinsstufen, die dem Erscheinen des Menschen auf Erden vorangehen.

»Die Genesis des Menschen vollzog sich ... in vielen Stufen: Zuerst in der Gottheit selbst, sodass es einen ungeschaffenen ›Aspekt‹ des Menschen gibt ... Als Nächstes wird der Mensch auf der kosmischen Ebene, dem himmlischen Paradies der Bibel, geschaffen, wo er entsprechend seinem paradiesischen Zustand mit einem Lichtleib umkleidet ist. Dann steigt er auf die Ebene des irdischen Paradieses herab und erhält einen weiteren Leib von ätherischer und unvergänglicher Natur. Schließlich wird er in der physischen Welt mit einem Leib geboren, der vergänglich ist, aber in den feinen und leuchtenden Leibern der früheren Stufen der

Elaboration des Menschen und in seiner Genesis vor seinem Erscheinen auf Erden urständet.«

Das Erscheinen des Menschen auf Erden ist »das Ergebnis eines Herniedersteigens, nicht eines Aufsteigens«. »Aus seiner Sicht als Wesen, das nicht nur irdische, horizontale Ursachen, sondern auch den Himmel und die vertikale Dimension des Daseins und vertikale Ursachenketten kennt, ist der Affe nicht etwas, was der Mensch einst war und nicht mehr ist, sondern etwas, was er aufgrund dessen, was er ist und immer war, niemals sein konnte.« Wenn man den menschlichen Mikrokosmos überhaupt verstehen will, »muss man zunächst die dreifache Natur des Menschen berücksichtigen, der aus Geist, Seele und Leib besteht – dem klassischen Pneuma, Psyche und Hyle oder spiritus, anima und corpus der griechisch-alexandrinischen wie der christlichen westlichen Tradition ... Diese dreifache Gliederung ist freilich eine Vereinfachung einer komplexeren Situation ...«

Diese Nähe zum sogenannten »trichotomischen« Menschenbild des Neuen Testaments und der frühen Christenheit (Origenes u.a.) ist erstaunlich. Ebenso erstaunlich ist aber auch die Vorstellung von einem »höheren Ich« in jenem Bereich des Islam, den man die »islamische Hermetik« nennen könnte.

Hermes/Idris und das »höhere Ich« des Menschen in der islamischen Hermetik

Es ist hier nicht der Ort, das Phänomen der Hermetik umfassend darzustellen. Nur der arabisch-islamischen Hermetik seien hier einige Bemerkungen gewidmet. Diese ganze Strömung wartet noch auf eine umfassende Aufarbeitung.[113] Ich möchte zunächst die Gestalt des Hermes/Idris vorstellen und dann die islamische Hermetik noch etwas näher charakterisieren.

Schon sehr früh in der Gründungsphase der islamischen Religion hat man sich offenbar für die unter dem Namen und der Autorität des Hermes bzw. des Idris überlieferte esoterische Tradition interessiert.[114] Das berühmteste, aber durchaus nicht einzige dieses Faktum bezeugende Dokument[115] ist die sogenannte »Tabula Smaragdina«, deren älteste uns erhaltene Version in arabischer Sprache vorliegt. Diese »Hermetik« wurde aber nicht nur einfach äußerlich von christlich-ägyptischen bzw. syrisch-mesopotamisch-sabäischen Kreisen übernommen, sondern innerlich assimiliert und angeeignet. De facto diente sie dadurch als wichtiges Glied der lebendigen »goldenen Kette«, die den esoterischen Islam mit den ältesten Weisheitsquellen der Menschheit verband.

Eines der deutlichsten Zeichen für diese Kontinuität ist die Tatsache, dass auch und gerade der exoterische und sogenannte »offizielle« Islam durch die Verleihung des Prophetentitels an Hermes/Idris ihn für immer in die religiöse Geschichte dieser Weltreligion integrierte, so wie er es auch zum Beispiel mit Noah und Moses machte. Der Name »Hermes« taucht zwar nirgendwo im Koran auf, aber schon sehr früh haben die islamischen Historiker und Koranexegeten eine Identität von Hermes und dem koranischen »Idris« konstatiert.

Idris wird im Koran selbst nur zweimal erwähnt. In Sure 19,56f. heißt es von ihm: »Und gedenke in der Schrift des Idris! Er war ein Wahrhaftiger [und ein] Prophet (siddiqan nabiyan). Und wir haben ihn an einen hohen Ort erhoben (rafa'nahu makanan 'aliyan).« Sure 21,85f. bemerkt: »Und [wir haben Wissen und Einsicht gegeben] Ismael und Idris und Dhu l-Kifl. Alle gehörten zu denen, die geduldig sind. Und wir ließen sie in unsere Barmherzigkeit gehen. Und sie gehören zu den Rechtschaffenen.«

Bestimmte Traditionsstränge bringen Idris auch in Verbindung mit dem biblischen Henoch (vgl. 1Mo 5,18–24). Ägyptisch-hellenistische Überlieferung verbindet sich also mit jüdisch-haggadischer Literatur; beide verschmelzen allmählich und geben der Gestalt des Hermes/Idris hoch bedeutsame Konturen. Eine bemerkenswerte Perspektive bietet außerdem die Tatsache, dass man in der iranischen Tradition, genauer: im »Buch der Könige« des Firdausi, in Idris auch die Gestalt des Königs Hushang gesehen hat, des Enkels des ersten Menschen auf Erden und Inaugurator der menschlichen Zivilisation – in letzterem Punkt zeigt sich überdeutlich die Nähe zum ägyptischen Thot/Hermes.

Islamische Dokumente bezeichnen Hermes/Idris als den »dreimal Weisen« (al-muthallath bi al-hikma), denn es gab drei Hermes-Gestalten. Der *erste* lebte noch vor Noah, zu Beginn der Menschheitsgeschichte. Er hatte durch göttliche Inspiration die Wissenschaft des Schreibens, der Astronomie, der Architektur empfangen. Er baute die Pyramiden, in denen er auf steinernen Tafeln die Geheimnisse seines Wissens im Wesentlichen der Nachwelt überlieferte und sie so vor der Zerstörung durch die Sintflut bewahrte.

Der *zweite* Hermes/Idris lebte nach der Flut in Babylonien als Lehrer der Medizin, als Philosoph, als Mathematiker; als solcher hat er auch Pythagoras in die Wissenschaft eingeweiht.

Der *dritte* Hermes/Idris hat endlich die Rolle der ersten beiden als Inaugurator der ägyptischen Zivilisation wieder aufgegriffen; er war der Meister in den okkulten Wissenschaften und der erste Lehrer der Alchimie. Die koranische Gestalt des Idris/Henoch ist am ehesten mit dem ersten Hermes, dem »Großen«, zu identifizieren. Die wichtigsten islamischen Dokumente betonen sein Privileg, dass er nämlich lebendig und bei vollem Bewusstsein ins Paradies eintreten konnte, das er nicht mehr verließ. In diesem Punkte finden wir Elemente wieder, die die jüdische Haggada und apokryphe Schriften auf Henoch bezogen.

Die Konvergenz und das Zusammenwachsen dieser verschiedenen Überlieferungen in der Figur des Idris hatte bedeutsame Auswirkungen. Es wurde dadurch (erstens) eine Aussöhnung zwischen vergangenen »heidnischen« (also beispielsweise ägyptischen und sabäisch-harraneischen), iranisch-mazdeischen und jüdisch-christlichen Elementen einerseits und islamischer Lehre andererseits in die Wege geleitet. Weiterhin werden dadurch die »hermetischen« Wissenschaften in den Bereich der religiösen Offenbarung integriert. Und schließlich (drittens) wird dadurch der Gestalt des Idris als eines nicht Toten, sondern immer Lebendigen und Gegenwärtigen, eine geheimnisvolle, hoch bedeutsame Rolle als Menschheitsführer zugewiesen.

Ein *erstes Hauptkennzeichen* des Idris/Hermes ist, wie schon angedeutet, seine Funktion als *Menschheits-Zivilisator*: Idris als der selbst durch die göttliche Welt initiierte *Initiator des Wissens*. Frühe Korankommentatoren leiten seinen Namen von der arabischen Wurzel DRS ab. Sie bedeutet: prüfen, vertiefen, studieren. Dadurch wird signalisiert, dass Idris nicht wie die übrigen »Propheten« (nabi, rasul) als Übermittler von göttlichen Gesetzen, sondern von Wissen und »Technologie« gilt, eines Wissens allerdings, das er sich nicht selbst durch persönliches Forschen und Experimentieren angeeignet, sondern »von oben« empfangen hat. Religiöse Botschaft und Wissenschaften gehören unter dieser Perspektive eng zusammen. Die einzelnen Wissenschaften sind Teil der umfassenden göttlichen Weisheit, der Theo-Sophia. Richtig verstanden und angewendet werden sie zu Führern auf dem Weg zur Erkenntnis des Göttlichen.

Konkreter gesprochen wirkt Idris/Hermes auf folgenden Gebieten: (1) Als Initiator von Urbanisierung, von profaner und vor allem sakraler Architektur, gestaltet Idris/Hermes der Erste, der »Große«, die *Erde* in ihren *räumlichen* Koordinaten. (2) Als Begründer der Astronomie und Mathematik verschafft er den Menschen den Zugang zu den Botschaften vom »Himmel«, was mehr die *zeitlichen* Koordinaten betrifft. (3) Als Mediziner, Pharmakologe und Philosoph wendet dann der zweite Hermes diese Prinzipien an auf den menschlichen Mikrokosmos, dessen innere Funktionen und dessen Zusammenhang mit dem Makrokosmos er durchschaubar macht. (4) Die Summe all dieser Erkenntnisse wird dann noch einmal durch den »dritten« Hermes in einer alles umgreifenden Total-Wissenschaft wieder aufgenommen: in der Alchimie, wo irdische Elemente mit der Hilfe himmlischer Kräfte durch Vermittlung des Menschen transformiert werden. Aus der Einsicht in die innersten Zusammenhänge des Kosmos wird so das »Resümee« gezogen.

Insgesamt geht es hier allerdings durchaus nicht um die Beherrschung der Natur im Sinne der modernen Naturwissenschaften, sondern um eine »Einweihung« in die Mysterien göttlichen Wissens und göttlicher Weisheit.

Ein *zweites Hauptkennzeichen* der Idris/Hermes-Gestalt ist ihre Unbestimmtheit und Unbestimmbarkeit. Sie lässt sich nicht gegenständlich-starr, objektiv hinstellen und beschreiben nach dem Motto: Das ist sie und nichts anderes. Die prophetischen Gestalten des Koran gehen überhaupt schon mehr in die Richtung von allgemeinen Archetypen, Stereotypen einer jeweils bestimmten und besonderen religiösen Grundhaltung bzw. moralischen Qualität. In den Berichten über Idris fallen besonders seine Verbindungen mit der himmlischen Welt auf, nicht aber irdische Ereignisse. Schon zu Lebzeiten hatte er Zugang zu der »oberen« Welt, zum »Paradies«.

Die Unbestimmtheit der islamischen Idrisgestalt ist eng verknüpft mit ihrer Vielgestaltigkeit. Sie vereinigt nicht nur, wie oben angedeutet, wichtige Elemente heidnischer, jüdisch-christlicher, iranischer und islamischer Provenienz in sich, sondern ist auch selbst »dreifacher« Hermes/Idris. Idris ist nicht gestorben, sondern ist lebendig-gegenwärtig. Er kann so in unterschiedlichen Momenten der Geschichte unter verschiedenen Gestalten immer wieder neu erscheinen. Dieses Privileg des Nichtsterbens teilt er im Übrigen mit Ilyas-Elias, mit ʿIsa-Jesus, mit der geheimnisvollen koranischen Gestalt des Chadir. Während aber diese drei Gestalten eine ganz bestimmte, konkrete Funktion haben – Jesus wird am Zeitenende wiederkommen, um die Götzen anbetenden Mächte und das Böse zu besiegen, Elias und Chadir haben die Funktion von Einweihenden, die irdischen »Gottesfreunden« Erkenntnis vermitteln –, hat Idris keine konkrete, genau definierbare menschheitsgeschichtliche Funktion. Er bleibt in der vierten himmlischen Sphäre, wo ihm nach der Überlieferung Muhammad bei seiner nächtlichen mystischen »Himmelsreise« durch die sieben Himmel von Jerusalem aus begegnet ist. – Idris war in diese Sphäre versetzt worden als Zeichen der Dankbarkeit von einem Engel, für den Idris bei Gott erfolgreich Fürbitte eingelegt hatte.

Idris ist und bleibt nicht gebunden an Raum und Zeit. In dieser Unbestimmtheit und Unschärfe stimmt die islamische Idris-Sicht mit der Kennzeichnung innerhalb des »Corpus Hermeticum« selbst überein. Dort wird er einmal als Gott, ein andermal als Weiser, gelegentlich sogar als »Schüler« (des Nus) dargestellt.

Ein *dritter*, entscheidender Punkt muss hier noch hinzugefügt werden. Arabisch-islamische Quellen betonen mit Nachdruck, dass Idris/Hermes Gedichte verfasst hat, und zwar in arabischer, hebräischer und syrischer Sprache. Diese polyglotte Eigenschaft ist ein weiterer Ausdruck für die zeitlich-räumliche Unbestimmtheit. Idris/Hermes gehört eben nicht exklusiv zu irgendeinem bestimmten Prophetenzyklus in der Abfolge der Geschichte. Er gehört ebenso zum mosaischen (hebräisch) wie zum christlichen (syrisch) und muslimischen (arabisch) Zyklus. Er steht damit über und jenseits »konfessioneller« Abgrenzungen und historischer Chronologie. In sufisch-esoterischen muslimischen Kreisen, aber nicht nur dort, hatten diese drei Sprachen aber noch eine tiefere, »vertikale« Bedeutung. Das Syrische galt als Sprache der Engel und wurde auch in den Formeln der heiligen Magie gebraucht. Das Arabische galt als die Sprache, die Adam und Eva im Paradies benutzt hatten. Das aus dem Arabischen abgeleitete Hebräische war die Sprache, die die Menschen nach dem »Fall« auf der Erde gebrauchten. Das bedeutet: Idris/Hermes sprach die Sprachen des Himmels, der Erde und des Menschen im ursprünglichen Zustand.

Diese dreifache Dimension der Botschaft von Idris/Hermes findet sich auch in einem der bedeutsamsten Dokumente der okkulten Wissenschaft arabisch-islamischer Provenienz wieder, nämlich in dem einem gewissen Pseudo-Madschriti zugeschriebenen Werk mit dem Titel »Das Ziel des Weisen« (Ghayat al-hakim). In ihm erwähnen viele theurgische Texte Hermes, der bald seine »vollkommene Natur« (das »höhere Ich«) anruft, bald selbst angerufen wird, als sei er selbst die »vollkommene Natur« des betend Anrufenden. Es ist das überragende Verdienst von Henry Corbin, die diesbezüglich zentralen Texte einer tiefgründigen Analyse und Interpretation unterzogen zu haben: Die »vollkommene Natur« ist das »höhere Ich« bzw. der jeweils persönliche »Engel«. Hermes war auf der Suche nach seinem »höheren Ich«. Indem er es findet, erlangt er selbst diese »vollkommene Natur«.

Idris/Hermes ist in diesem Sinne letztlich und zutiefst der jeder individuellen Seele zuinnerst einwohnende »Prophet«, aber ein »innerlicher Prophet«, die Botschaft des »göttlichen« höheren Ich an den irdischen Menschen, an das sozusagen »niedere Ich«, in dem es »erscheint«, um es zu führen und zu vervollkommnen.

Hermes-Idris war zwar auch ein Prophet, rangierte aber doch

nicht in der Kategorie der Gesetzgeber-Propheten, denen Gott durch Vermittlung eines Engels, in indirekter Offenbarung (wahi) einen Text übergab, sondern er war gekommen, um die Menschen durch *unmittelbare*, direkte Inspiration (ilham) einzuweihen.

Die ersten »hermetisierenden« Muslime waren Schiiten, z.B. Nussairis und Drusen. Dank des Hermes-Idris konnte denn auch die *hellenistische* Tradition im Islam schon ein Bürgerrecht beanspruchen, während die Logik und Metaphysik des Aristoteles noch *nicht* zugelassen waren. So sahen z.B. die wegen ihres Heidentums von der Ausrottung bedrohten Sabäer von Harran im Prophetentum von Hermes-Idris ein unverhofftes Mittel der offiziellen Anerkennung als monotheistischer Kult seitens des muslimischen Staates. Sie kündigten den Muslimen an, dass Hermes als ihr erwarteter Mahdi wiederkommen würde.

Im Gegenzug erwachte eine Bewegung mit dem Ziel, die Infiltration des Islam durch den Hermetismus abzuwenden. Man hatte zwar seine »Technologie« übernommen, z.B. sogenannte Astrolabien, mit denen man die täglichen fünf Gebetszeiten genau berechnen konnte. Auch die Destillationsanlagen der Alchimisten und astrologische Talismane wurden überall benutzt. Aber viele muslimische Denker (Al-Kindi, Avicenna) verwarfen Astrologie, Alchimie und Talisman-Magie, weil sie für sie mit der göttlichen Transzendenz unvereinbar waren.

Durch Dhu'l Nun Misri (†859), den ägyptischen Alchimisten und Mystiker, wird der Hermetismus bei den Sufis bekannt, die dann als Erste dem ohnmächtigen Verstand ('aql) den Geist (ruh) gegenüberstellten, der nach ihrer Meinung allein fähig sei, Gott in der Erfahrung zu »schmecken«.

Den stärksten Widerstand, jedenfalls auf Seiten der islamischen Orthodoxie, rief der hermetische Begriff der »Eingießung« (hulul) hervor, der Eingießung des göttlichen Wesens in den Leib des »Heiligen« durch die Kraft des Gebetes (Theurgie). Der *Aufstieg* des Geistes in den Himmel bei der Einweihung durch Hermes dispensiert nämlich vom Glauben an den *Abstieg* eines Engel-Boten, um dem Propheten den Offenbarungstext zu übermitteln. Die islamische *Mystik* dagegen lässt eine direkte Inspiration, die dem prophetischen Zustand überlegen ist, z.B. dank der koranischen Gestalt des Al-Chidr (Al-Chadir), des geistlichen Führers des Moses (vgl. Sure 18,60–82), durchaus zu.

Von den mittelalterlichen islamischen Philosophen hat sich ganz besonders Shihabuddin Yahya Suhrawardi (1153–1191) auf Hermes berufen. Suhrawardi ist der Begründer der Schule der »Weisheit der Erleuchtung« (hikmat al-'ishraq). Der Begriff und das Phänomen »Weisheit« (entsprechend dem griechischen »sophia«) ist für ihn, im Gegensatz zur »Philosophie«, von sakraler Herkunft und Qualität. Sie ist stark an Platon und an die Hermetik angelehnt, was klar aus der Einleitung seines Hauptwerkes »Weisheit der Erleuchtung« hervorgeht: »Bei der von mir dargelegten Wissenschaft von den Lichtern und allem, was sich darauf gründet, helfen mir alle, die den Weg Gottes beschritten. Es ist die Erfahrung [wörtlich: der »Geschmack«, sapientia] des Führers und Hauptes der Weisheit, Platos ... und ebenso der großen Weisen, die vor ihm waren seit der Zeit des Vaters der Weisen, Hermes ... Die Worte der Frühen sind symbolisch verschlüsselt und wurden nie widerlegt ... Glaube auch nicht, dass die Weisheit nur in dieser kurzen Periode existiert hat. Nein, die Welt ist nie ohne Weisheit gewesen ... Der erste Lehrer Aristoteles ist zwar von großer Bedeutung und hohem Rang ..., dennoch darf man seine Verehrung nicht übertreiben, indem man seine Lehrer schmäht, unter denen sich ja Mittler und Gesetzgeber wie Agathodaimon, Hermes und Asklepios befinden.«[116]

Unter den frühen originalen Werken der großen arabischen Hermetiker sind vor allem zu nennen: (1) Pseudo-Balinus (mit Apollonius von Tyana identifiziert) aus dem frühen 9. Jahrhundert mit seinem einflussreichen Werk »Buch vom Geheimnis der Schöpfung und von dem Vorgehen der Natur«, das mit der eben genannten »Smaragdenen Tafel« schließt; (2) Pseudo-Dschabirs (Gebers) um 850 entstandenes Werk »Das böse Geschick«; (3) Ibn Wahshiyas »Die nabatäische Landwirtschaft«, entstanden um 900; (4) Pseudo-Madschritis (des »Madriders«) »Das Ziel des Weisen« (Untertitel der lateinischen Übersetzung: »Picatrix«), entstanden um 1050; in diesem Werk wird, wie bereits angedeutet, der koranische Idris mit

Hermes Trismegistos in Verbindung gebracht. Die koranische, auf Idris bezogene Aussage: »Wir haben ihn erhöht an einen sehr hohen Ort« (Sure 19,57) wird auf einen nicht näher bezeichneten »ersten Weisen« bezogen, unter dem wohl Hermes zu verstehen ist, und dieser Koranvers als Bestätigung seines den Kosmos umfassenden Wissens interpretiert. (In Vers 56 wurde Idris als »Wahrheitsträger par excellence« bezeichnet – somit ist sinngemäß, auch nach Paret, »siddiq« zu übersetzen.)

Bis in welche Tiefendimensionen die Menschenkunde dieser islamischen Hermetik vordringen kann, zeigt exemplarisch die interpretierende Beschäftigung mit dem berühmten Hadith des Propheten: »Wer sich selbst erkennt, erkennt seinen Herrn«.[117] Es war in der islamischen Tradition Ausgangspunkt tief schürfender Reflexionen über ein geistiges Phänomen, das heute auch unter dem Stichwort »höheres Ich« oder »wahres Ich« thematisiert wird. Höhepunkte dieser Reflexion finden sich bei muslimischen Theologen im Iran des zwölften und dreizehnten Jahrhunderts, wobei für das Phänomen folgende Namen auftauchen: persönlicher Engel, vollkommene Natur (at-tiba' at-tamm), persönlicher Meister, übersinnlicher Führer (shaikh al-ghaib), himmlischer Zwilling, Zeuge (shahid), himmlischer Zeuge (shahid fi s-sama'), Doppel(gänger), himmlischer Gefährte, Waage des Übersinnlichen (mizan al-ghaib), Sonne des Herzens.[118]

Nach dieser Vorstellung ist das »himmlische Ich« der eigentliche »Herr« (rabb) des Menschen. Schon der eben genannte hoch bedeutsame islamische »Theosoph« Yahya Suhrawardi Maqtul hatte gelehrt: Wenn die Seele, nach ihrer Existenz in der Engelwelt, den Leib betritt, wird sie in zwei Teile geteilt; einer bleibt im Himmel, ein anderer tritt in den Körper ein. Letzterer sucht dann wieder seine Vereinigung mit der anderen Hälfte. Erst nach dieser Wiedervereinigung mit dem himmlischen Urbild ist die Seele wieder vollkommen und der Mensch wieder ganz er selbst.[119] Zwischen beiden Wesen besteht das Verhältnis der wechselseitigen Ursächlichkeit: Einerseits »erzeugt«, verursacht das höhere himmlische Ich das irdische Ich, andererseits ist es die entscheidende Aufgabe des irdischen Ich, im Laufe des Lebens das wahre, himmlische Ich aus sich heraus zu »zeugen«. In diesem Sinne ist die schon in der frühen islamischen Mystik (z.B. bei Al-Halladsch) anzutreffende Aussage zu verstehen, dass »ich die Mutter meines Vaters bin«.

Schließlich sei nur noch kurz angedeutet, dass diese Lehre auch eine *Sophiologie* impliziert; denn die »vollkommene Natur«, das »himmlische Ich«, ist zutiefst identisch mit der »sophia« (persisch-mazdeistisch »Daena«) als Person. Nicht Maria-Maryam, sondern die Prophetentochter Fatima ist, vor allem in der Schia, Ausgangspunkt einer solchen Sophiologie (in der Schia »fatimiya« genannt).[120] Doch das wäre ein anderes, neues Kapitel.

Soziale Aspekte des islamischen Menschenbildes

Die Beziehung von Frau und Mann in metaphysischer und sozialer Sicht

Das Verhältnis des Einen zum Vielen, von Einheit und Dualität bzw. Mannigfaltigkeit, von Schöpfer und Schöpfung ist eine Grundfrage allen philosophischen und theologischen Bemühens auch im Islam, speziell, aber nicht nur, in seiner traditionalen und esoterischen Dimension.[121] Von höchster metaphysischer Warte aus gesehen ist, in Relation zur göttlichen Einheit und aus ihrer Perspektive, jede Vielheit prinzipiell Verhüllung und Schleier des Einen; und von der Perspektive der göttlichen »Substanz« her ist, aristotelisch gesprochen, alles andere nur »Akzidenz«, Abspiegelung des Einen im Spiegel des Vielen, das wir die Welt nennen bzw. die vielen Welten, die das Eine zugleich verhüllen und offenbaren.

Aus der Perspektive der Schöpfung aber ist die Polarisierung bzw. Dualität, die sich in der Differenzierung des Mikrokosmos Mensch in Frau und Mann ausdrückt, alles andere als ein »Akzidenz«. Sie ist vielmehr tiefster Grundzug dessen, was menschliche Natur überhaupt konstituiert. Aus diesem Grund bezieht sich

Gott im Koran ausdrücklich immer wieder auf seine Erschaffung des Menschen in zwei Gestalten, Frau und Mann.[122] Er selbst ist der Schöpfer von Frau und Mann; darum muss alles, was aus dieser Geschlechterdifferenzierung resultiert, auf seine Weisheit und Vorsehung bezogen und darf nicht als zufällig Hinzukommendes und Unwesentliches angesehen werden.

Trotzdem aber bleibt die Bedeutung der androgynen Realität,[123] in der der Mensch uranfänglich (»paradiesisch«[124]) lebte, auch in den Tiefen des Seins der jetzt als Frau und Mann differenzierten Menschen bestehen. Die androgynische Wirklichkeit spiegelt sich nach-paradiesisch sowohl in der Frau wie im Mann, was wiederum die Ursache ist für das Empfinden der Komplementarität einerseits und der Rivalität andererseits, die das Verhältnis zwischen den Geschlechtern de facto charakterisieren.

Wenn Gott also die Menschheit als Paare geschaffen hat, muss es, bei aller Gleichheit im Menschsein, auch Differenzen der Geschlechter geben, die nicht im Namen einer modischen Gleichmacherei ignoriert werden dürfen. Diese Differenzen sind nicht nur biologischer, auch nicht nur psychischer oder spiritueller Natur, sondern haben ihre Wurzeln letztlich im göttlichen Wesen selbst. Gott selbst ist sowohl der Absolute als auch der Unendliche. Absolutheit (Größe, Kraft, biblisch gesprochen: kabod/doxa als »Herrlichkeit«) spiegelt sich mehr im Männlichen direkt wider, während die andere Wesenseigenschaft des Göttlichen, nämlich seine Unendlichkeit und Schönheit, sich besonders im Weiblichen manifestiert.[125]

Die menschliche Sexualität (Geschlechtlichkeit), die alles andere als ein Akzidenz des Menschen ist, spiegelt also Prinzipien wider, die letztlich von überweltlicher Bedeutung sind. Darum ist die Sexualität nicht ohne Grund der einzige Weg, auf dem Menschen, die nicht begabt sind mit spiritueller Schau, durch ihre Sinnlichkeit das »Unendliche« erfahren können, wenn auch nur für einen kurzen Augenblick. Dass die Sexualität so tiefe Spuren in der weiblichen und männlichen Psyche hinterlässt und sie so tief und nachhaltig erschüttert, hängt ebenfalls damit zusammen.[126]

Da aber nun Gott der Eine und der Mensch ein theomorphes

(gottähnliches) Seiendes ist,[127] das im Verständnis des Islam Gottes Namen und Eigenschaften spiegelt, spiegelt es auch den Einen und sehnt sich nach der Rückkehr zu diesem Einen. Von daher gibt es letztlich zugleich Ergänzung und Rivalität zwischen den Geschlechtern, Vereinigung und Polarisierung. Das Weibliche ist zugleich Maria und Eva: Maria, insofern sie, speziell in den sogenannten Abrahamsreligionen, das göttliche Erbarmen symbolisiert, aber auch die Seligkeit, die aus diesem Erbarmen erfließt; Eva, insofern sie den Mann verführt und von spiritueller Innerlichkeit ablenkt und ihn in die Äußerlichkeit hinein zerstreut, wenn auch Eva im Islam nicht die Ursache ist für den Verlust von Eden.

Das Weibliche ist zugleich die Quelle der Begierde und der Schauplatz der anschauenden Betrachtung des Göttlichen in seinem unerschaffenen Aspekt. Entsprechend ist das Männliche zugleich Symbol des Herrn und Schöpfers und das Seiende, das, nachdem es das Bewusstsein seiner seinsmäßigen Abhängigkeit von seinem Herrn verloren hat, versucht, als Usurpator die Rolle des Herrn und Schöpfers selbst zu übernehmen, obwohl es doch immer ein sterbliches, vergängliches Wesen bleibt.

Die Verhüllung der kosmischen Offenbarung, der »hidschab« (Schleier) im Sinne islamischer Metaphysik, begründet die bleibende Ambivalenz im Verhältnis der Geschlechter zueinander. Aber die tiefe metaphysische Beziehung zwischen ihnen ist von solcher Art, dass es beides zugleich gibt: die Neigung zur Vereinigung mit dem entgegengesetzten Geschlecht, was letztlich das Bedürfnis bedeutet, den Bewusstseinsstand der seligen Vereinigung wiederzugewinnen, den der androgyne Urahn der Menschheit im Paradies noch besaß, und die Rivalität zwischen den Geschlechtern, die daraus resultiert, dass jedes menschliche Sein auch ein totales Abbild des ursprünglichen Menschen ist.

Was nun die Bewertung der Sexualität angeht, so betont der Islam im Gegensatz zum Christentum zunächst und vor allem deren positiven Aspekt als Mittel zur Vervollkommnung des Menschen und, auf ihrer höchsten Stufe, als Symbol der Vereinigung mit dem Göttlichen, wobei natürlich vorausgesetzt wird, dass die sexuellen Beziehungen sich leiten lassen von den Wegweisungen des göttlichen Gesetzes. Für den Menschen der »fitra«, den »Menschen als solchen«,[128] ist die Liebe zwischen Frau und Mann untrennbar von der Liebe zu Gott und führt auf ihrer höchsten Stufe zu ihm.

Es gibt ein berühmtes Hadith des Propheten Muhammad: Von den Dingen dieser Welt liebte er über alles (1) die Frauen, (2) das Parfüm und (3) das Gebet. In unserem Zusammenhang deutet dieser überraschende Gedanke auf die positive Sicht von Sexualität im Islam, auf die Beziehung der spirituellen Natur der Weiblichkeit zum Gebet, welches ja für den Menschen der direkteste Zugang zum Göttlichen ist, und auf die subtilste sinnliche Erfahrung, nämlich den Gebrauch der Geruchsfähigkeit. Der große mittelalterliche Gelehrte Ibn Arabi aus Andalusien hat im letzten Kapitel seines Werkes »Ringsteine der Weisheit« dieses Hadith zum zentralen Gegenstand seiner Betrachtungen über den Propheten Muhammad gemacht.[129]

Aufgrund der positiven Rolle, die im Islam der Sexualität zugeschrieben wird, beherrscht das Thema »Liebe« als verwirklichte Erkenntnis (Gnosis) die gesamte Spiritualität: Gott erscheint als der Geliebte und die Frau ist insofern von besonderer Kostbarkeit, als sie das Realsymbol ist für Innerlichkeit, für das »innere Paradies«, das vor dem Mann jetzt verborgen ist, weil dieser das »Auge des Herzens« verloren hat.[130] Der »Fall« des Mannes in den Zustand der Trennung und des Vergessens hat eine Veräußerlichung und eine Umkehrung in der Betrachtung der weiblichen Schönheit mit sich gebracht, die an sich dem Mann helfen kann, wieder zum Zentrum zurückzukehren, und die jene Seligkeit mit sich bringt, die zu suchen er sich mit allen Kräften bemüht, bewusst oder unbewusst. Die physische Lust der sexuellen Vereinigung spiegelt noch etwas wider von ihrem paradiesischen Urbild.

Ibn Arabi beschreibt die Schau Gottes in der Frau als die höchstmögliche Form von Kontemplation überhaupt: »Es ist niemals möglich, Gott getrennt von Materie zu schauen. Gott ist nämlich in seinem Wesen (dhat) von Ewigkeit her sich selbst genug (ghani). Da das Göttliche unter diesem Aspekt, des Wesens nämlich, unzugänglich ist und es seine Schau[131] nur im Stofflichen gibt, ist die Schau Gottes in den Frauen die vollständigste und vollkommenste, und die eheliche Vereinigung ist die großartigste ...«[132] »Daher liebte der Prophet – gelobt sei er – die Frauen wegen der vollkommensten Schau[131] Gottes in ihnen.«

Der biographische Anstoß (nicht die innere Ursache) zu dieser »Theologie des Weiblichen«, zu dieser Tendenz, das Göttliche durch das Medium weiblicher Schönheit zu erkennen, mag in der Tatsache gesehen werden, dass Ibn Arabi in Andalusien von einer bedeutenden mystischen Führerin erzogen worden ist, einer gewissen Fatima von Cordoba, die trotz ihres Alters von 95 Jahren noch schön und frisch wie ein junges Mädchen war, offenbar durch die göttliche Liebe völlig verwandelt. Die Frau generell enthüllt für Ibn Arabi auch das Geheimnis des barmherzigen Gottes. Er weist ebenso darauf hin, dass, grammatikalisch gesehen, das Wort »dhat« für »Wesen« femininer Natur ist, und entnimmt daraus verschiedene Möglichkeiten, dieses weibliche Element in Gott zu entdecken.

Die Komplementarität und Ergänzungsfähigkeit der beiden Geschlechter ist für den traditionalen Islam auch ein sehr bedeutsames Instrument zur Ermöglichung, Aufrechterhaltung oder Wiederherstellung des Gleichgewichts, der Mitte, worauf die muslimische Spiritualität insgesamt entscheidend aufbaut. Der Islam legt Wert auf eine soziale Ordnung, in der z.B. in der Familie eine größtmögliche Stabilität herrschen soll, ein Maximum an Bindung von Mann und Frau an eine familiäre Struktur. Bei aller Betonung von Heirat und Ehe als einer religiösen Pflicht wird die Ehe – wohlgemerkt – nicht als Sakrament gesehen, da ja vom metaphysischen Standpunkt des Islam betrachtet der eheliche Akt schon in sich selbst ein heiliger Akt ist, der nicht noch zusätzlich eines anderen Sakramentes bedürfte, um geheiligt zu sein.

Der Islam tendiert innerhalb dieser Gesamtkonzeption sehr stark zu einer Verdeutlichung der Unterschiede und zu einer Differenzierung der beiden menschlichen »Typen«. Sozialstruktur und Kleidungsweisen innerhalb des islamischen Lebens helfen dabei, männliche Typen zu schaffen, die sehr männlich sind, und feminine, die sehr feminin sind. Sexuelle Abartigkeiten und Perversionen sind Schritte weg von geistlicher Vervollkommnung. Auch der Verlust von Männlichkeit bzw. Weiblichkeit und die Neigung zu einem neutralen Typus beinhalten den unwiderruflichen Verlust der Vollkommenheit des »ursprünglichen Menschen«, der weiblich und männlich zugleich war.

Die geschlechtsneutrale Person ist nur noch eine Parodie dieses Ursprungs. Es gibt Hadithe des Propheten, in denen die Tatsache, dass Männer sich kleiden und verhalten wie Frauen und umgekehrt, als ein untrügliches Zeichen dafür anzusehen ist, dass diese Welt ihrem Untergang und Ende entgegengeht. Die islamischen Prinzipien bezüglich sexueller Reinheit, Geschlechtertrennung in vielen Bereichen des täglichen Lebens, Verhüllung weiblicher Reize vor Fremden, klare Aufteilung der sozialen und familiären Aufgaben, muss man, um sie tief genug zu verstehen, allesamt letztlich auf die oben genannten metaphysischen Prinzipien zurückführen.

Der Koran gibt dem Mann innerhalb der sozialen Ordnung eine gewisse Vorrangstellung vor der Frau. Aber diese Verantwortung des Mannes ist ihm übergeben im Rahmen der Grundbestimmung des Menschen überhaupt, nämlich der »Stellvertreter« Gottes auf Erden zu sein (chalifatu l-llahi) mit allen darin implizierten ethischen Normen. Man wird in diesem Zusammenhang an den Epheserbrief im Neuen Testament erinnert, wo das Verhältnis von Mann und Frau zwar auch, wie im Koran, im Sinne einer Überordnung des Mannes gesehen wird, wo es aber sofort und unmissverständlich mit dem Verhältnis von Christus zur Kirche verglichen wird, bei dem zwar Christus auch das »Haupt« ist, aber das Grundverhältnis ausdrücklich das der »Hingabe« ist. »Islam« heißt nichts anderes als diese Hingabe. Im Übrigen ging der Aufstand des weiblichen Geschlechts gegen die Männer nicht der Revolte des Mannes gegen den »Himmel« voran, sondern erfolgte in seinem Kielwasser.

Die Gleichberechtigung der Frau

Während unter dem Umajaden-Kalifat in Spanien (ab 756) die Frau Freiheit und Achtung genießt, voll und ganz am kulturellen und gesellschaftlichen Leben teilnehmen kann, der Mann sich der »Dame« unterwirft, um ihre Gunst zu erlangen, während islamische Dichter und Troubadoure die europäischen Christen die ritterliche Liebe und den Respekt vor der Frau lehren, zu dieser selben Zeit wird in einer anderen Gegend der Welt, aber auch unter islamischer Herrschaft, nämlich der der Abbasiden-Kalifen in Bagdad, die eigentliche islamische Lehre über die Gleichheit der Frau verfälscht und missbraucht: Unter dem Einfluss frisch konvertierter Moslems zerfallen dort im luxushaften gesellschaftlichen Treiben die Sitten. »Tausendundeine Nacht« wird gelebt. Die Stellung der Frau gleicht in vielem der einer Sklavin. Wenn wir heute im Westen despektierlich über die Rolle der Frau im Islam sprechen, so haben wir das letztere Beispiel (oder andere vergleichbare), nicht das erste im Kopf. Was im islamischen »Al-Andalus« möglich war, war die originäre Möglichkeit des Koran selbst.

Wir müssen uns vor Augen halten, dass sich die Lehre des Koran und die »Sunna«, das Beispiel, des Propheten Muhammad damals an eine in bestimmtem Sinne primitive Bevölkerung richtete, deren tief sitzende Sitten und Bräuche nicht über Nacht zu ändern waren. Es wurde zwar die Polygamie, wenn auch unter schwersten Konditionen, die letztlich der Forderung nach der Einehe gleichkamen, erlaubt, die Scheidungspraxis gebilligt, aber in Geist und Buchstabe brachte der Koran der Frau gegenüber den vorislamischen Verhältnissen eine unübersehbar bessere Position. Gewiss, wo sich der männlich-patriarchalische Egoismus mit aller Macht durchsetzen wollte, fand er dann schließlich im Koran eine Formulierung, die sich solange »interpretieren« ließ, bis die gewünschte Bedeutung herauskam.

Heute scheint die Frau in der islamischen Gesellschaft eine Stellung innezuhaben, die, gemessen an den Prinzipien der westlichen Zivilisation, schockierend ist. Sie ist aber ebenso an den koranischen Prinzipien gemessen schockierend; denn die moslemische Frau hat in der Gegenwart bei Weitem nicht die Stellung inne, die ihr nach dem Koran eigentlich gebührt. Davon soll nun die Rede sein.

Zunächst ist festzustellen: Der Koran wendet sich an die Frauen wie an die Männer und behandelt sie »in beinahe gleicher Weise«.[133] Außerdem ist vorweg zu sagen: Die islamische Scharia übt prinzipiell eine Schutzfunktion aus. Unter diesen Voraussetzungen liefert nun die islamische Gesetzgebung präzise Definitionen der Rechte der Frau und ist sehr besorgt um ihre Sicherheit. Die Ehefrauen wohlwollend, gerecht und gut zu behandeln, gebieten Koran und Sunna. Die heiligen Rechte der Frau beinhalten besonders: prinzipielle Gleichheit vor dem Gesetz, Recht auf persönliches Eigentum, erbrechtliche Aufwertung.

In Bezug auf das Letztere halten islamische Rechtsgelehrte den Tatbestand, dass männliche Erben das Doppelte erhalten, nicht für eine Diskriminierung der Frau; denn es ist ja Aufgabe des Mannes, die Bedürfnisse der ganzen Familie zu befriedigen. Die Frau andererseits hat das Recht auf eigenständige Führung und Verwaltung ihrer Güter. Symptomatisch für diese juristische Aufwertung der Frau gegenüber vorislamischen Verhältnissen ist z.B. die Tatsache, dass Abu Hanifa, einer der bedeutendsten klassischen muslimischen Juristen, verfügte, dass in jeder Stadt eine muslimische Frau als Richterin einzusetzen war, die unter anderem offiziell die Aufgabe hatte, die Beachtung der Rechte der Frau zu überwachen.[134]

Aus westlicher Sicht ist es nur sehr schwer vorstellbar – und man wird darin durch die gegenwärtigen Verhältnisse in vielen islamischen Gesellschaften gestützt und bestätigt –, dass in einem Rechtssystem, das Polygamie und Scheidung zumindest auf den ersten Blick sehr einseitig auf den Mann bezogen erlaubt, die Rechte der Frauen mehr als abstrakte Theorien oder Illusionen sein können. Hierzu sind drei Gesichtspunkte zu beachten. Zunächst ist es eine Besonderheit der islamischen Denkweise, dass die Ehe, wenn sie auch als intime Verbindung und »fester Bund« (mithaq ghaliz, Sure 4,21) angesehen wird, letztlich und eigentlich eine strikt juristische Handlung, ein Vertrag ist, nicht, wie im christlichen Bereich, ein heiliges, endgültiges »Sakrament«. Unter dem besonderen Eindruck dieses Aspektes erlebt der westliche Mensch, dazu noch mehr gefühlsbedingt als rational, wohl seine Abneigung gegenüber der Polygamie, die in seinen Augen die Frau entwürdigt. Eine zweite Besonderheit islamischer Denkweise ist die pragmatisch-realistische, ganz und gar nicht idealisierende und überfordernde Sicht der wahren menschlichen Natur. Drittens befiehlt der Koran ein moralisch anständiges Verhalten, das im sexuellen Bereich aber nur innerhalb der Ehe realisiert werden kann.

Diese drei Besonderheiten sind bei der Beurteilung der islamischen Praxis immer im Auge zu behalten. Zudem hat die islamische Gesetzgebung (vgl. Sure 4,3) die mögliche Polygamie immer sehr restriktiv behandelt und an äußerst rigorose Bedingungen geknüpft. Ein Mann kann bis zu vier Frauen haben, unter der Bedingung, dass er alle vier absolut gleich behandelt, auf sozialer, menschlicher, sexueller Ebene. Letztlich ist dadurch die Einehe als Ideal angezielt. Viele Moslems sind der Auffassung, dass eine gesetzlich klar geregelte Polygamie ein moralisch besseres Familienleben gewährleistet als eine nicht eingehaltene Monogamie, die (nur allzu oft und allzu offensichtlich) Lüge und Ehebruch impliziert und fördert.

Was die Scheidung betrifft, so kann man sagen, dass der Koran sich auch hier weigert, dem Menschen mehr und größere Tugenden zuzuschreiben, als er, realistisch gesehen, wirklich besitzt. Die Ehe ist, wie wir bereits sahen, wesentlich ein Vertrag, der aufgelöst werden kann, wenn die Bedingungen und Bestimmungen nicht mehr erfüllt und gegeben sind. Die Scheidungsgründe dürfen aber nicht geringfügig, nicht oberflächlich sein, denn eingegangene Verpflichtungen sind im Sinne des Koran generell streng zu erfüllen. Die Scheidung gilt auch im Islam als eine soziale Wunde. Es gibt auch eine Art von Schlichtungsverfahren, um die Scheidung zu verhindern. Auch der Frau ist es unter bestimmten Umständen möglich, die Scheidung zu fordern. Auf jeden Fall hat sie Anrecht auf materielle Entschädigung. Die Sure »Entlassung« (65,1–7) hat das Verfahren bis in Details hinein geregelt.

Von allem Lebendigen, auch vom Menschen, hat Gott anfangs ein Paar erschaffen. Die Frau ist in diesem Sinne eher eine »Zwillingshälfte« des Mannes bzw. des einen androgynen Menschen denn eine Kreation aus der Rippe Adams. Beide sind somit von ein und derselben Substanz. Auch weiß der Koran nichts von der Verführerin Eva. Die Frau wird im Koran als Typus und Muster (mathal) an Vollkommenheit und Glauben (Sure 66,11–12) angesehen, etwa in der Gestalt der Asiya, der Frau eines Pharaos, und der Maryam, der Mutter Isas (Jesu).[135]

Auf religiösem Gebiet, als Gläubige, haben Männer und Frauen dieselben Verpflichtungen. Sie sind also gleichberechtigt bzw. gleichverpflichtet, bleiben aber verschieden voneinander. Gleichheit wird auf der geistigen Ebene, Unterschiedlichkeit auf der körperlichen gesehen. Die Männer, so sagt der Koran (Sure 4,34; vgl. auch 2,228), haben aber einen bestimmten Vorrang (daradscha) vor den Frauen, insofern sie von ihrem Vermögen Ausgaben gemacht haben. Das bezieht sich wohl auf die Tatsache, dass nach dem Gesetz allein der Mann für die Befriedigung der Bedürfnisse des Ehepaares bzw. der ganzen Familie zuständig ist. Die Gattin muss in dieser Hinsicht mit dem zufrieden sein, was der Mann ihr anbieten kann.[136] Zu erwähnen ist hier noch, dass das Tragen des Schleiers, das aus der Sicht des westlichen Menschen eine Beeinträchtigung und damit eine gewisse Minderwertigkeit der Frau beinhaltet, nicht speziell islamischen Ursprungs ist, sondern schon lange vor dem Islam im mittleren Orient Sitte war: Eine Frau, die ihr Gesicht zeigte, stand dadurch im Ruf, sittenlos zu sein. Der Prophet empfahl den Frauen nur, sich zurückhaltend zu benehmen und Kopf und Hals mit einem Tuch zu bedecken.

Es sind also, insgesamt gesehen, nicht so sehr die Bestimmungen des Scharia-Gesetzes zu verurteilen als vielmehr die Traditionen und Sitten, denen Moslems de facto, aus welchen Gründen auch immer, anhängen. Um es noch einmal zu betonen: Nichts im Koran legitimiert die gegenwärtige Stellung der Frau in der muslimischen Welt. Wenn wir ihre Stellung im Koran einerseits mit der der vorislamischen Frau vergleichen, andererseits mit der der heutigen islamischen Frau, so »stellen wir im ersten Fall fest, dass die neue Religion ihr ernst zu nehmende Verbesserungen gebracht hat und dass im zweiten Fall die Männer sich vom liberalen Geist der Religion entfernt haben, um einen geistlosen Formalismus zu praktizieren und damit im Namen der Religion, der sie auf den Buchstaben folgen, Schändungen begehen, die von derselben Religion scharf verurteilt werden«.[137] Aus einer Gesellschaft, die Frauen verachtet, können nicht solche Worte kommen wie: »Das Paradies findet sich unter den Füßen der Mütter«, oder: »Der Beste von euch ist derjenige, welcher am besten zu seiner Frau ist«. Das aber sind Worte des Propheten Muhammad.

Die feministischen Bewegungen innerhalb des Islam müssen zwar gegenüber den westlichen Verhältnissen einen beträchtlichen Rückstand aufholen, aber ihre Aufgabe wird durch die Tatsache erleichtert, dass sie nicht gegen eine von *Männern* aufgestellte Gesetzgebung kämpfen müssen, durch die diese ihnen gewisse »Privilegien« gewähren oder auch verweigern können. Das Recht der muslimischen Frau auf gesellschaftliche Gleichberechtigung, auf persönliches Privateigentum, auf Respekt und Sicherheit in der Ehe, auf materielle Entschädigung im Scheidungsfall, auf die Erfüllung rein fraulicher Bedürfnisse ist für sie dadurch sichergestellt, dass das *göttliche* Gesetz es ihnen gewährt. Es liegt »nur« an ihnen selbst, den Männern die Anerkennung dieser ihrer Rechte im Alltag abzufordern, indem sie sich auf den Koran berufen.

Sexualität und Geburtenkontrolle

Im Islam – so sieht er sich jedenfalls selbst – herrscht gegenüber dem Bereich der Sexualität im Vergleich zur traditionellen jüdisch-christlichen Einstellung eine sehr große Offenheit. Innerhalb des Rahmens der Ehe wird sexuelle Lust vollauf bejaht. Eheliche Angelegenheiten werden grundsätzlich in einem mehr realistischen Stil geordnet.

Der Islam verurteilt auch nicht die Frau als Verführerin des Mannes im Paradies. Das moralische Dilemma »sex for creation or recreation« kennt er nicht. Der in einigen Regionen der Erde, vor allem in Westafrika ausgeübte Brauch der Beschneidung der weiblichen Klitoris ist weder aus dem Koran noch aus der Sunna des Propheten zu begründen. In Ländern wie Algerien, Marokko, Libyen, Tunesien, in Pakistan, in China und in den islamischen Ländern der ehemaligen Sowjetunion ist diese Praxis überhaupt nicht bekannt. Aus den übrigen arabischen Ländern gibt es Berichte über vereinzelte regionale Bräuche dieser Art. In Ägypten ist die Klitoridektomie seit Beginn der fünfziger Jahre gesetzlich untersagt.

Was die Stellung des Islam zu den verschiedenen Methoden der Geburtenkontrolle und Empfängnisverhütung betrifft, so ist im Einzelnen aus der islamischen Sicht dazu Folgendes zu bemerken: Der vor dem Samenerguss unterbrochene Geschlechtsverkehr (coitus interruptus), arabisch »'azl«, ist vom Propheten nicht für verboten (haram) erklärt worden. Nach Dschalal-ad-din As-Suyuti (Ägypten, 15. Jahrhundert) waren zu Lebzeiten des Propheten vor allem zwei empfängnisverhütende Mittel üblich: (1) coitus interruptus und (2) Geschlechtsverkehr mit einer stillenden Frau (al-ghail). Zur Praktizierung des Ersteren war nur die Zustimmung der Frau erforderlich. Was den Geschlechtsverkehr mit einer stillenden Frau angeht, der in einem beschränkten Maß eine sichere Empfängnisverhütung beinhaltet, so wurde diese Praxis gelegentlich auch als »heimliche Kindestötung« bezeichnet, weil, wenn es doch zu einer Schwangerschaft kommt, das Kind an der Mutterbrust der mütterlichen Versorgung entzogen wird.

Grundsätzlich gilt, dass die gegenseitige sexuelle Befriedigung der Ehepartner nicht auf dem Altar der Empfängnisverhütung geopfert werden sollte. Was konkret die Benutzung von Kondomen und Spermiziden betrifft, so werden diese Mittel nicht einfach als verfeinerte und verbesserte »al-'azl« angesehen, sondern hier kommt man zu differenzierenden Beurteilungen: Kondome z.B. bringen ein »fremdes« Element in den Geschlechtsverkehr hinein, das die gegenseitige Befriedigung beeinträchtigen kann. Die sogenannten »Antibabypillen« wiederum sind zwar relativ sicher, bringen aber gesundheitliche Risiken mit sich.

Das Problem der Abtreibung

Prinzipiell verbietet der Islam die Tötung menschlichen Lebens, ausgenommen im Fall der Selbstverteidigung oder in Fällen eines »auferlegten« Angriffs, nämlich im Krieg. Kindestötung wird ausdrücklich verurteilt, aus welchen subjektiven »Gründen« auch immer sie geschehen mag. Die erste, entscheidende Frage lautet hier: Wann beginnt Leben? In welchem Stadium ihrer embryonalen Entwicklung nimmt die Zygote, d.h. die bei der Befruchtung aus der Verschmelzung der beiden Kerne der männlichen und der weiblichen Keimzelle entstehende Ursprungszelle, die Eigenschaften eines menschlichen Wesens an, sodass eine Abtreibung einem vorsätzlichen Mord gleichkommt? Diese Frage ist darum nicht leicht zu beantworten, weil aus der Sicht islamischer Ethik Informationen aus der wissenschaftlichen Biologie über die fötale Entwicklung die Urteilsbildung hinsichtlich der Kriterien, die eine Abtreibung vom Stigma eines Mordes befreien sollen, gewaltig beeinflusst haben, Der Koran selbst (Sure 23,12–14) drückt sich in der Frage nach dem Beginn menschlichen Lebens so aus:

»Wahrlich, wir erschufen den Menschen aus reinstem Ton. Dann setzten wir ihn als Samentropfen an sichere Stätte. Dann bildeten wir aus dem Samentropfen eine Keimzelle; dann aus der Keimzelle einen embryonischen Klumpen; dann schufen wir innerhalb von diesem Knochen; dann umkleideten wir diese mit Fleisch; dann brachten wir dies alles ins Sein als eine neue [wörtlich: andere[138]] Schöpfung; gepriesen sei darum Allah, der beste Schöpfer.«

Wichtig ist hier der Hinweis, dass das eigentliche neue (andere) menschliche Sein erst nach einem vorangegangenen physischen Wachstumsprozess ins Leben gerufen wird. Die Diskussion über den islamischen Begriff von »Leben« darf sich nicht auf die organischen Phänomene allein beschränken; denn der Koran spricht oft von Seele (nafs) und Geist (ruh), wenn es um Lebewesen geht. »Nafs« hat im Koran fünf verschiedene Bedeutungen (Selbst oder Person, Gott, Götter, Dschinn, Seele), von denen in diesem Zusammenhang die von »Seele« von entscheidender Bedeutung ist. »Ruh« wird gebraucht in den fünf Bedeutungen: Lebensodem, Erkenntnis, Jesus als Gottes »ruh«, Engel, Gabriel, wobei die erste hier interessiert.

Der koranische Befund insgesamt zeigt jedenfalls, dass »Leben« nicht allein ein organisches Sein ist, das ausschließlich in physiochemischen Kategorien und Molekularstrukturen zu beschreiben wäre. Viele Korankommentatoren haben sich darum der Kardinalfrage von »nafs« und »ruh« gewidmet und versucht, eine Definition von Leben zu geben mit Hilfe des Todesverständnisses. Konsens besteht diesbezüglich darin: Im Tod wird »ruh« bleibend und vollständig vom Leib getrennt, wobei der Geist als solcher nicht stirbt; nur die »nafs« wird vom Tod ausgelöscht, die körperlichen Funktionen kommen zum Stillstand.

Der Geist (ruh) wird innerhalb des Entstehungsprozesses des Organismus in dem Augenblick in die Seele »eingehaucht«, in dem Gott, wie aus dem oben zitierten Koranvers aus Sure 23 deutlich wurde, »dies alles ins Sein bringt als eine neue, andere Schöpfung«. Diese Sicht bringt es mit sich, dass eine präzise Bestimmung des Zeitpunktes der Entstehung des »eigentlich menschlichen« Lebens nicht möglich ist. Folgt daraus auch, dass es einer Muslimin erlaubt ist, eine Schwangerschaft abzubrechen, insofern sie das Stadium noch nicht erreicht hat, in dem – wie eben geschildert – der »Geist« eingehaucht wird und »ein anderes Geschöpf« entsteht?

Was den Aspekt einer »medizinischen Indikation« angeht, so ist es einhellige Meinung muslimischer Rechtsgelehrten, dass ein Abortus erlaubt ist, wenn das Leben der Mutter durch die Schwangerschaft gefährdet ist; denn – so die muslimische Argumentation – es ist besser, ein Leben zu retten als zwei zu zerstören. Im Falle, dass das Leben der Mutter nicht bedroht ist, gehen die Meinungen auseinander. Einige Rechtsgelehrte (vor allem aus der hanafitischen Schule) erlauben den Abortus innerhalb der ersten vier Monate, indem sie sich auf ein Propheten-Hadith berufen, das besagt, dass der »Geist« 120 Tage nach der Befruchtung in den Fötus eingehaucht wird. Andere Rechtsgelehrte bestreiten die Echtheit dieses Hadith. Ein muslimischer Experte in diesen Fragen, Mahmud Zayid, hat den status quo der Meinungsbildung wie folgt zusammengefasst:

»In Bezug auf die Abtreibungsfrage machen sowohl klassische wie moderne Autoren eine Unterscheidung zwischen zwei Schwangerschaftsstufen, die durch das Ende des vierten Monats (120 Tage) voneinander getrennt sind. Alle sind gemeinsam der Ansicht, dass in der zweiten Phase keine Abtreibung stattfinden sollte ... Lobende Anerkennung muss der Konferenz von Rabat gelten, weil sie die erste klare und ganz humane Definition einer entschuldigenden Begründung für einen Schwangerschaftsabbruch gegeben hat: ›äußerste persönliche Notlage, um das Leben der

Mutter zu retten, oder im Falle, dass es für das Leben des Fötus keine Hoffnung mehr gibt‹. Ohne einen solchen Entschuldigungsgrund ist der Schwangerschaftsabbruch nach den ersten vier Monaten verboten.«[139]

Muslimische Gelehrte haben hinsichtlich der erwähnten Definition eine genauere Erläuterung dessen vermisst, was hier »äußerste persönliche Notlage« (extreme personal necessity) bedeutet: Kann man das verstehen als absolute Freiheit für Frauen im Gebrauch ihres eigenen Körpers? Kann dem Fötus der Status eines Besitztums der Frau zuerkannt werden, über den sie beliebig verfügen kann? Auf jeden Fall darf nicht der jeweilige Stand der physischen Fötusentwicklung als Rechtfertigung für Abtreibung gelten, sondern eine bestimmte, dem wachsenden Individuum zuerkannte Wertestruktur soll hier das Kriterium liefern. Der entscheidende Zeitpunkt liegt aus muslimischer Sicht in dem Moment, wo »Seele« und »Geist« mit dem Leib zu einem Ganzen integriert werden.[140]

Nachtodliches Geschehen – Zum Thema »Paradies« und »Reinkarnation«

Die Sinnlichkeit des Paradieses als Bild für Übersinnliches

Zu den im Koran ausführlich behandelten Fragen aus dem größeren Bereich der Eschatologie (der Lehre von den sogenannten »letzten Dingen«), die fast immer nur klischeehaft wiedergegeben werden, gehört besonders die nach dem Paradies als »Ort« der Belohnung für die Getreuen. Die koranische Paradiesbeschreibung wird in der Regel, oft dazu mit einem gewissen Augenzwinkern, als lüstern-sinnlich (ab)qualifiziert und dies dazu mit einer bestimmten exzessiven Veranlagung des Propheten Muhammad in Verbindung gebracht. Wer so schreibt, beweist damit nur zu deutlich, dass er nicht willens oder fähig ist, den Text des Koran genau zu lesen, geschweige denn sich mit dem arabischen Text auseinanderzusetzen, was aber in vielen Fällen unumgänglich ist. Denn wer den Korantext hinsichtlich der Paradies-Thematik Wort für Wort studiert, wird den für die Hermeneutik solcher Aussagen fundamental und grundsätzlich wichtigen, in seiner Bedeutung kaum zu überschätzenden Hinweis etwa in Sure 19,61 finden, wo die Rede ist von den »Gärten von Eden, die der Schöpfer seinen Anbetern im Bereich des Übersinnlichen versprochen hat«.

Die entscheidende Formulierung ist hier »bi l-ghaibi«, was so viel bedeutet wie »im Übersinnlichen«, in einem den Sinnen verborgenen Bereich, also in einer nicht materiellen, einer geistigen Dimension. Der Koran reflektiert und thematisiert hier also ein fundamentales hermeneutisches Verstehensprinzip, das nicht nur an dieser Stelle, sondern durchgängig und generell gilt: Die Aussagen über das Paradies, so sinnlich sie sprachlich formuliert sind, sind nur, aber notwendigerweise, sinnliche Bilder, Aussageformen, um eine übersinnliche Wirklichkeit zu bezeichnen. Und was hätte es für einen Wüstenbewohner der damaligen Zeit Angemesseneres an Bildern gegeben als die vorliegenden? Es ist hier letztlich kein plattes, von rauschhafter Sinnlichkeit geprägtes Paradies gemeint.

Ähnliches, nämlich auch das »bi l-ghaibi«, wird in Sure 32,17 ausgesagt. Zudem wird die Bildhaftigkeit und Gleichnishaftigkeit der Aussagen vom Garten Eden im Koran ausdrücklich als solche konstatiert, wenn Beschreibungen eingeleitet werden mit: »Das Paradies gleicht …« (mathalu l-dschannati), beispielsweise in Sure 13,35: »Mit dem Paradiesesgarten verhält es sich *wie* mit …«, ähnlich auch in Sure 47,15. Diese Formulierung erinnert sofort an eine ähnliche Diktion im Neuen Testament hinsichtlich der Gleichnisse Jesu (das aramäisch/hebräische Wort für »Gleichnis« entspricht denn auch in seinem Konsonantenstamm dem arabisch-koranischen). Im Sufitum ist diese Deutung der koranischen Paradiesbeschreibungen immer präsent gewesen; darum hat A. Th. Khoury Recht, wenn er von den islamischen Mystikern schreibt, für diese seien die Schilderungen des Gartens Eden »nur eine Hilfe, um die geistigen und geistlichen Wonnen zu beschreiben. Das Wesentliche bestehe aber in der Begegnung mit Gott«.[141] Im Übrigen ist darauf hinzuweisen, dass die sinnenhafte, angeblich so »ausgefallene« Paradiesbeschreibung nicht ein Privileg des Koran ist: Auch z.B. in der »benachbarten« christlich-syrischen Theologie des 4. Jahrhunderts wird der »Garten Eden« ähnlich sinnlich dargestellt.[142]

Der Gedanke der Reinkarnation bei islamischen Randgruppen

Ob und wenn ja in welcher Ausprägung der Gedanke von Reinkarnation (arabisch: tanasuch) in der Geschichte des Islam eine Rolle gespielt hat, diese Frage wurde bislang in der Islamwissenschaft nur ganz am Rande gestellt und behandelt. Dabei wurde als Resultat konstatiert: »Seine Rolle im Islam mag abseitig sein, aber sie ist nicht unerheblich.«[143] Diese Feststellung, dass der Reinkarnationsgedanke eine erhebliche Rolle im Islam spielt, ist überraschend. Nun sind es im Wesentlichen sogenannte »Randgruppen«, die von dieser Idee der Wiederverkörperung geprägt sind. Speziell im Bereich der Schiiten, genauer gesagt: der »Siebener-Schia« bzw. »Ismaeliten« und deren Sondergruppen, findet sich diese Idee.[144] Dabei wird aber betont, dass im Koran selbst die Wiederverkörperung nicht gelehrt wird.

Systematisch ausgebildet ist die Reinkarnationslehre bei den Drusen und den Nussairis, bei denen sie nicht nur am Rande erwähnt wird, sondern eine für die ganze Glaubensrichtung wichtige Rolle spielt. Was die Nussairis (in Syrien, Irak, Ägypten) betrifft, so ist ihre Gotteslehre emanatistisch, mit sieben Stufenwelten nach oben und sieben nach unten. Die »kleine Lichtwelt« der gefallenen Wesen, die sich in Körpern und Gräbern aufhalten, wird durch die aus der Gottheit emanierten Gestirne zum Himmel zurückgeführt. Daneben existiert die »kleine Finsterniswelt«, das sind die verdammten Seelen des erloschenen Lichts, in Tiere und Frauen verwandelt, in materielle Körper gebannt. Ganz unten befindet sich die »große Welt der Finsternis«, die der »großen Welt des Lichtes« feindlich gesinnt und von bösen Geistern bevölkert ist. Letztere sinken in vielen Metamorphosen durch menschliche Leichname, erwürgte Tiere bis hin zur leblosen Materie als Mineralien, Metalle herab. Jede Seele durchwandert insgesamt sieben Stationen, wird öfter in der Welt wiedergeboren und hat dadurch Aussicht auf *Läuterung.*[145] Danach, nach vollbrachtem Aufstieg, wird sie dann endgültig als Himmelsstern leuchten. Wenn ein Mensch gesündigt hat, muss er in die Welt zurückkehren, und zwar als sunnitischer Muslim, als Jude oder als Christ (die Ungläubigen, die den ersten Imam Ali überhaupt nicht erkannt haben, werden Kamele, Maultiere, Esel, Hunde). Hier wird also der Reinkarnationsgedanke in engsten Zusammenhang gebracht mit der Deutung der Existenz der verschiedenen Weltreligionen; sie sind jeweils verschiedenartige Stufen von Sühne, Buße, fortschreitender Läuterung, also letztlich positiver Entwicklung.

Der »Prophet« der Drusen im Libanon, Hamsa, hat im zwölften Jahrhundert diese Reinkarnationslehre der Nussairis verworfen, vor allem den Gedanken des Abstiegs der Seelen in Metalle, z.B. Eisen, das dann im Feuer geglüht und auf dem Amboss gehämmert wird: Dass vernunftbegabte Menschen, die gesündigt haben, als unvernünftige Tiere Strafe erleiden sollen, ist für Hamsa widersinnig. Er konnte es aber nicht verhindern, dass seine Glaubensgenossen, eben die Drusen, sich dennoch dieser Lehre zugewandt haben. Sie ist bei ihnen verbunden mit der Lehre von der Wiederkehr ihres entrückten »Imam« Al-Hakim.

Bei den Drusen ist zu unterscheiden zwischen einer mehr wissenschaftlich-theologischen Reinkarnationslehre auf der einen und einer mehr vulgären Vorstellung auf der anderen Seite. Nach der theologischen Lehre handelt es sich nur um eine Wanderung von einem Körper zum anderen, wobei alle Seelen einst aus dem »Lichte Hamsas« geschaffen wurden und ihre Zahl sich weder durch Geburten noch Tode verändert hat. Eigentlich sind alle Seelen nur eine einzige, nämlich die Seele Adams, die sich allen Menschen, ohne zerteilt zu werden, mitteilt. Die volkstümliche Auffassung hingegen stellt sich die Wiederverkörperung auch in Tiergestalt vor: Gottlose beispielsweise kommen wieder in Hundeleibern.

Insgesamt zeigt sich für die bisher dargestellten beiden Vorstellungen von Wiederverkörperung, dass sie in engem Zusammenhang stehen mit der Lehre von der Wiederkehr bzw. Wiederverkörperung des entrückten, verborgenen Imam. Ideen wie die »Einwohnung« (hulul) oder »Enthüllung« (tadschalli) Gottes im »Imam«, die Weitergabe des Geistes Alis (des ersten Imam und Schwiegersohnes Muhammads) an seine Nachfolger im Imamat, die Hoffnung auf die leibliche Wiederkehr des letzten, entrückten Imam (Mahdi-Vorstellung), dies alles sind theologische Begleitvoraussetzungen für die anthropologische Idee der Reinkarnation.

Oft wird behauptet, die Existenz von Reinkarnationsvorstellungen im schiitischen Islam sei bedingt durch die Tatsache, dass es ja der Boden Syriens, des Iran, des Iraq war, auf dem diese Gedanken erwuchsen und der eben in besonderer Weise durchsetzt war mit andersartigen religiösen Vorstellungen, mit altiranischem Mazdaismus, Neuplatonismus und Neupythagoreismus, mit gnostischem Gedankengut. Daher hat der sunnitische Islam immer wieder solche Vorstellungen als unorthodox zurückgewiesen. Aber es lassen sich auch im sunnitischen Bereich Spuren von Wiederverkörperungsideen nachweisen.

Zumindest flüchtige Berührung mit solchen Vorstellungen, Anklänge an sie, kann man bei dem bedeutenden Sufi Dschalal al-Din Rumi (1207–1273), dem Gründer des Derwischordens aus Konya finden, wenn er die Überzeugung äußert, dass die Kreatur in einer Stufenleiter von unten nach oben wandert, vom Niedrigen zum Höheren, zu Allah. In diesem Zusammenhang kann man folgende Stelle aus seinem »Diwan« zitieren: »Ich sterbe als Stein und werde zur Pflanze … Ich sterbe als Pflanze und steige auf zum Tier … Ich sterbe als Tier und werde als Mensch wiedergeboren … Ich werde selbst über den Engel hinauskommen, um etwas zu werden, was kein Mensch gesehen hat, und dann werde ich das Nichts sein, ja, das Nichts.«[146] Der Gedanke der Läuterung und Sühne fehlt hier.

In Aufnahme der Idee vom präexistenten »Licht Muhammads«, das letztlich im Propheten gleichen Namens Gestalt annimmt, liegen insofern Andeutungen eines Wiederverkörperungsgedankens, als sich dieses »Licht Muhammads«, des »göttlichen Geliebten«, offenbart durch die Reihe der Propheten hindurch: von Adam über Noah, Abraham, Jesus bis hin zu Muhammad, dem »Siegel der Propheten«. Ja, am Ende nimmt es Gestalt an in Ali, dem ersten

Imam; es spricht auch aus Al-Halladsch (hingerichtet 922), wenn dieser von sich sagt: »Ich bin die Wahrheit« (ana al-haqq). Rumi stellt angesichts dieser Realitäten dann die Frage: »Was davon ist Wiederverkörperung?«[147] Diese Frage zeigt, dass Rumi bei dieser Wanderung des Propheten, des »Lichtes Muhammads« durch die Reihe der Manifestationen durchaus an »Wiederverkörperung« denken konnte.

Es bleibt bei Rumi aber bei diesen Andeutungen. Ist der Grund für diese Zurückhaltung vielleicht die auch sonst geforderte »taqiyya«, Verschwiegenheit, in solchen esoterischen Fragen? Abd al-Karim Al-Dschili hat später in seinem weit verbreiteten Werk: »Der vollkommene Mensch« denn auch die interpretatorische Tendenz Rumis ausdrücklich zurückgewiesen, wenn er schreibt: »Hüte dich, dir einzubilden, dass meine Behauptung [nämlich das »Licht Muhammads« könne sich in irgendeiner menschlichen Gestalt manifestieren] etwas mit der Seelenwanderung zu tun habe; da sei Allah und der Prophet vor! Vielmehr meine ich, dass der Prophet die Fähigkeit hat, eine jede Gestalt anzunehmen, sodass er sich in diesen Gestalten manifestiert. Und es ist tatsächlich seine Gewohnheit, ununterbrochen in einer jeden Zeit die Gestalt des Vollkommenen anzunehmen … Sie sind äußerlich seine Stellvertreter, und er ist innerlich ihre Wesenheit.«[148]

Insgesamt führen islamische Geschichtsschreiber das Vorkommen von Elementen der Wiederverkörperungslehre bei muslimischen Autoren auf fremde Einflüsse zurück. So weist z.B. Al-Biruni (†1048) in seinem Buch über Indien auf hinduistische Quellen hin,[149] nach denen, so Biruni, die Seele des Menschen die Gesamtheit aller Objekte in der Welt auf einmal erfassen müsste, und da sie das nicht könne, ohne alle Einzelwesen während ungeheurer Zeiträume zu durchlaufen, müsse sie von einem Körper in den anderen wandern, entsprechend ihren Taten, also sowohl zum Zweck der Erkenntnis als auch der Läuterung. Al-Biruni führt auch gnostische und manichäische[150] Aspekte, ebenfalls Platon, den Neuplatoniker Proklos und Sufis als Einflussfaktoren auf den Reinkarnationsgedanken im Islam an.

Schahrastani, der Zeitgenosse von Al-Ghazzali (beide als die sogenannten »Umstürzer der Philosophen« bekannt), fasst in seinem kleinen Werk: »Über die Leute der Seelenwanderung«[151] den Begriff »tanasuch« in einem weiteren Sinne auf, nämlich dem der Lebenszeiten und aufeinander folgenden Wiedergeburten der Welt. Danach kommen nach einer bestimmten Anzahl von Umdrehungen – die einen sprechen von 30 000, die anderen von 360 000 Jahren – die himmlischen Sphären, die Sterne, alle wieder auf den gleichen Punkt zurück: Das Leben des Weltalls beginnt von neuem. Griechische Philosophen nannten dies das »große Jahr«.

E.L. Dietrich fasst seine Recherchen zu möglichen Quellen der Wiederverkörperungslehre im Islam so zusammen: »Überblickt man die Phänomene der Seelenwanderungslehre im Islam, so zeigt sie sich in der Tat als ein Fremdkörper darin, so sehr, dass sie sich kaum organisch mit ihm verbinden lässt. Der genuine Islam bedarf ihrer auch nicht; er hat wie das Judentum und Christentum sein Dogma von der Auferstehung und vom Jüngsten Gericht, wo den Taten eines einmaligen Lebens auf Erden eine einmalige und unwiderrufliche Vergeltung folgt. Qoran und Hadith kennen keine anderen Vorstellungen. Die Idee von der Seelenwanderung tritt nur dort auf, wo ältere Geistesströmungen von der islamischen Eroberung nicht völlig aufgesogen worden sind. Dies war der Fall auf dem alten Boden der iranischen Religionen, der gnostischen Systeme, der hellenistischen Spekulationen, die sich gegenseitig in Vorderasien befruchtet und zum Teil verschmolzen haben, sodass dem aus der arabischen Wüste hervorbrechenden Islam mit seinen einfachen Losungen von vornherein sehr durchgebildete und komplizierte Jenseits- und Seelentheorien gegenüberstanden.«[152]

Die Reinkarnationsvorstellung im Koran

Der Gedanke, dass auch im Koran selbst, nicht nur in Randzonen der Tradition, die Möglichkeit für ein Auffinden des Gedankens wiederholter Erdenleben vorhanden ist, lag offenbar für den allergrößten Teil der islamischen Tradition so weit außerhalb der Reichweite ihrer Vorstellungen, dass von da aus eine möglichst unvoreingenommene Prüfung der Texte erst gar nicht inauguriert und unternommen wurde. Ich werde demgegenüber aufzuzeigen versuchen, dass und inwiefern zumindest in Sure 41 der Reinkarnationsgedanke vorausgesetzt und impliziert ist. Zuvor möchte ich aber noch eine Reihe anderer Stellen anführen, die nicht mit letzter Sicherheit diesen Gedanken enthalten müssen, ihn wohl aber durchaus enthalten können; diese Stellen sind teilweise offen für ein Verstehen im Sinne der Idee wiederholter Erdenleben. Wir stellen sie hier zur fachlichen Diskussion.

Sure 85,13: »Er erschafft ein erstes Mal und wiederholt die Schöpfung.« Das Verbum »wiederholen« (yu'idu von 'ada = etwas wiederholen, es von neuem tun) kann man durchaus so verstehen, dass eine Tätigkeit noch einmal oder sogar noch öfter auf derselben Ebene und in derselben Hinsicht erfolgt. Dies wäre dann keine Handlung von ganz neuer Qualität, wie etwa die »Auferweckung des Leibes« zum Gericht und zur Auferstehung zum »ewigen Leben«, zum »neuen Leben«, die es ja auch im Koran an vielen Stellen gibt und keine Wiederholung darstellt, sondern etwas qualitativ Neues und Erstmaliges wegen der ganz neuen Qualität des »Leiblichen« in der Auferstehungswirklichkeit.

Sure 20,55: »Aus ihr [der Erde] haben wir euch erschaffen und in sie bringen wir euch zurück, und aus ihr führen wir euch ein anderes Mal heraus.« Mit der ganz gleichartigen Formulierung »aus ihr« (minha) wird deutlich, dass in beiden Fällen das »Material« absolut identisch ist: nämlich die »Erde«, sodass nur schwer einzusehen ist, dass beim zweiten Mal gerade nicht diese irdisch-stoffliche Leiblichkeit gemeint sein soll, sondern die ganz neue der »geistig-pneumatischen« Wirklichkeit. Dieser letztere Gedanke kommt eher und klarer zum Ausdruck in Stellen wie Sure 17,98, wo vom Auferweckt-Werden zur »neuen Schöpfung« (chalqa dschadida) gesprochen wird.

Sure 40,11: Beim Gericht sagen die Ungläubigen: »Unser Herr! Du hast uns zweimal sterben lassen und zweimal lebendig gemacht. Nun anerkennen wir unsere Sünden. Gibt es denn (k)einen Weg zum Entkommen?«[153] Zweimal lebendig gemacht: Das lässt sich noch verstehen, wenn man das zweite »Lebendigmachen« auffasst im Sinne der »neuen Schöpfung«. Aber »zweimal sterben lassen«? Wenn nicht ein zweiter physischer Tod nach einem zweiten irdischen Leben, was ist dann damit gemeint?

Die Antwort, es sei der »zweite Tod«, der »geistig-geistliche« Tod im Sinne der Johannes-Apokalypse,[154] ist zu voreilig. Es gibt diese apokalyptische Vorstellung des letzten Buchs des Neuen Testaments im Koran an keiner Stelle. Die traditionellen Deutungen dieser Stelle seitens muslimischer Autoren zeigen, wenn sie überhaupt auf diesen Text eingehen, die ganze exegetische Verlegenheit angesichts dieser koranischen Formulierung.

Der höchst bedeutsame und in seinem Einfluss bis heute kaum überschätzbare große Kommentar von Ysuf Ali, um nur ein Beispiel zu nennen, greift zu der Erklärung, dass mit dem ersten Tod die »Nicht-Existenz« vor der Erschaffung gemeint sei[155] (also nicht die »Prä-Existenz«, von der ein Teil muslimischer Autoren, vor allem schiitische, in anderen Zusammenhängen durchaus ausgehen und die sich hier als Verstehenshilfe ja geradezu anböte). Aber dass der Koran, um ein schlichtes Nichtexistieren zu bezeichnen, dies bewusst und gerade mit der Formulierung »Sterbenlassen« bzw. »tot« oder »gestorben« artikuliert, ist wohl eine zu komplizierte und gekünstelte Konstruktion, um nicht zu sagen: absurd. Was bedeutet aber dann der »erste Tod«?

Die entscheidende Stelle jedoch im Koran, in der nach meinem Urteil klar und eindeutig der Gedanke von wiederholten Erdenleben vorausgesetzt und impliziert ist, ist Sure 80,18–23 (»Er zog die Stirn kraus« [abasa], eine Sure aus der ersten mekkanischen Periode, chronologisch gesehen die 17. Sure). Ich bringe hier zunächst meine eigene Übersetzung.[156]

»(18) Woraus schuf er ihn [den Menschen]? (19) Aus einem Samentropfen schuf er ihn und sorgfältig plante er seine Entwicklung. (20) Dann ebnete er ihm den Weg. (21) Dann lässt er ihn sterben und bringt ihn ins Grab. (22) Dann, wenn er will, lässt er ihn sich wieder in einem neuen Leben entfalten. (22) Nein: Er hat noch nicht zu Ende gebracht, was Allah ihm als seine ureigene Aufgabe gestellt hatte.«

Die Übersetzung im zweiten Teil von Vers 19 ergibt sich aus dem arabischen Text insofern, als anerkannte Autoren darauf hinweisen, dass »qaddara« (2. Stamm) – der im Islam zentrale Ausdruck »qadar« hat die Bedeutung von Geschick, Schicksal, Bestimmung – hier die Konnotation »sorgfältig planen«,[157] »im Denken etwas vorbereiten«,[158] »Weisheit walten lassen«,[159] mit sich führt. In Vers 22 ist grammatikalisch offen, ob das Subjekt des Konditionalsatzes Allah oder der Mensch ist. Inhaltlich wäre, auch unter der Voraussetzung des Reinkarnationsgedankens, beides möglich. Auch eine Deutung, die beide Aspekte zusammenbringt – »wenn Allah und der Mensch es wollen« –, ist möglich. Die Übersetzung des Hauptverbums in Vers 22: »... lässt er ihn sich wieder entfalten« bedarf einer Begründung. Das hier (im IV. Stamm) gebrauchte Verbum »naschara« heißt ursprünglich, in seinem implizierten Grundbild, »sich ausbreiten«, »sich ausdehnen«, »sich entfalten«. Der Übergang vom Tod, der dann, in diesem Bildhorizont gesprochen, eine »Zusammenfaltung«, ein »Sich-Zusammenziehen« wäre, eine »Einfaltung« (griechisch wäre das Pendant: »systole«), zum Leben, wird hier also als »Entfaltung«, als ein »(Wieder)-Sich-Ausbreiten« verstanden (griechisches Pendant: »diastole«). Der Rhythmus Leben – Tod – Leben – Tod usw. wäre also eine Art – um ein anderes Bild zu gebrauchen – Wechsel von Einatmung und Ausatmung.

Die entscheidende Formulierung, die hier den Reinkarnationsgedanken favorisiert, liegt aber in Vers 23, wo man jedes einzelne Wort auf die Goldwaage der Analyse und des Interpretierens legen muss. Nach dem »Nein« zu Beginn des Verses, das schon vorwegnehmend in emphatischer Weise auf das folgende »noch nicht« hinweist, wird im zweiten Wort »lamma« absolut eindeutig der mit und nach dem Tod *noch nicht* abgeschlossene, also sich noch in der Weiterentwicklung befindende Vorgang zum Ausdruck gebracht, nämlich der Prozess der Erfüllung der von Gott jedem Menschen in ureigener Form bestimmten und zu verwirklichenden Aufgabe. Auch das Verbum des Satzes (yaqdi) steht betont in der Imperfektform, also grammatikalisch der Form, die den noch nicht vollendeten (eben im-perfekten), noch in Gang befindlichen Charakter der angesprochenen Tätigkeit zum Ausdruck bringt.

Die Übersetzung des Verbums »amarahu« im Relativsatz ergibt sich aus der Bedeutung des zugrunde liegenden Substantivs »amr«,[160] eines im Koran oft vorkommenden Wortes. Das hier in Frage kommende entsprechende griechische Pendant zu amr wäre »Logos« und beinhaltet in unserem Zusammenhang die in jedem einzelnen Individuum angelegte »Wesensidee«, der individuelle »Sinn«, die »Idee«, die dieser konkrete Mensch als solcher, unterschieden von allen anderen, im Horizont und in der Bestimmung (vgl. oben das »qadara«) der göttlichen Welt ist und die er in der Geschichte seiner leiblichen Existenz(en) entfalten und zur Gestaltung bringen muss: »geprägte Form, die lebend sich entwickelt«.

Alles zusammengenommen lässt sich also nicht bestreiten, dass in diesen Versen der Gedanke der Reinkarnation im positiven Sinne einer Weiterentwicklungsmöglichkeit klar vorausgesetzt, impliziert, ja, wohl noch mehr: klar ausgesagt wird.

Die Geburt der abstrakten Kunst aus dem Geist der islamischen Ästhetik

Kein Bilderverbot im Koran!

Entgegen den unzutreffenden, aber bis heute weithin vorherrschenden Klischee-Vorstellungen über die islamische Kunst und deren angeblich essentiell bildverachtende, ikonoklastische Grundeinstellung findet sich im Koran selbst nicht ein einziges genereiles Verbot bildlicher Darstellung belebter Wesen in Skulptur oder Malerei. Worauf man bestenfalls – da aber sehr deutlich – verweisen könnte, sind die »Idole« im engeren Sinne, von den Heiden als Kultgegenstände verwendete Fetische, die verboten sind. Diesbezüglich heißt es in Sure 5,90: »Ihr Gläubigen! Wein, Losspiel, Opfersteine (ansab) und Lospfeile sind Greuel und Teufelswerk. Meidet es! Vielleicht wird es euch wohlergehen« (vgl. auch Sure 6,74, wo Abraham zu seinem Vater sagt: »Nimmst du dir

Götzen [asnam] zu Göttern? Wie ich sehe, befindest du dich mit deinen Leuten offensichtlich im Irrtum«).

Verunreinigung durch Idole (authan), Fetische, ist auf Anraten des Propheten zu vermeiden. Es ist also im Koran kein dem Alten Testament vergleichbares Bilder-Verbot zu finden (vgl. 5Mo 5,8: »Du sollst dir weder ein Bild verfertigen noch irgendein Abbild von etwas, was oben im Himmel und unten auf der Erde oder im Wasser unter der Erde ist«, ähnlich 2Mo 20,4). Das christliche Byzanz hat im Übrigen wohl die Darstellung Gottes oder Christi in Kultstätten verboten, nicht aber die Darstellung belebter Wesen überhaupt. Was die Umgebung Muhammads angeht, so finden wir auf zeitgenössischen Kunstgegenständen, die ihm gehören, durchaus in seinem eigenen Milieu bildliche Darstellungen auf Teppichen, Wandbehängen, Kissen, Ringen. Medinas Häuser waren in reichem Maße mit Malereien verziert. Dies alles trifft man auch noch an bis in die Zeit der ersten Abbasidenkalifen. Eine umfassende Bilderfeindlichkeit schlechthin hat also essentiell nicht zum originären Islam gehört.

Die Entwicklung zum Verbot der Abbildung belebter Wesen hin

Andererseits ist historisch festzustellen, dass bereits in den letzten Jahrzehnten des 7. Jahrhunderts, wenn nicht noch früher, die Diskussion über das Bilderverbot langsam anlief und Anfang der 20er Jahre des 8. Jahrhunderts im Wesentlichen bereits entschieden war.[161] Zudem kann man konstatieren, dass es in der frühesten Zeit des Islam in den *Moscheen* de facto niemals Darstellungen von lebenden Wesen gegeben hat. Diese Tatsache steht in innerer Korrespondenz zur Zerstörung der Idole bei der Inbesitznahme der Ka'ba in Mekka im Zuge der Eroberung durch den Propheten. Anlässlich dieses Ereignisses hat Muhammad, einem wichtigen, bestens bezeugten Hadith zufolge, den Vorgang so kommentiert: »Die Engel betreten nicht einen Tempel (bait), in dem sich Bilder (tamathil) und Hunde befinden« (überliefert durch Al-Buhari).

Da die in diesem mekkanischen Kultraum vorgefundenen Bilder

Abb. 1:
Arabeskenschnitzerei mit Pferdeköpfen, Türfüllung eines Hauses von Alt-Kairo, 11. Jahrhundert

natürlich im weitesten Sinne religiösen Inhalts waren, konnten sie selbst schnell zum Gegenstand kultischer Anbetung werden (wie die christlichen Ikonen). Im radikalen Monotheismus des Islam konnte und durfte aber nur ein einziger Gott angebetet werden. Außerdem konnte dieser unbegreifliche und transzendente Gott überhaupt nicht in begrenzte irdische Formen hinein gestaltet werden. Der Schöpfer kann nicht die Gestalt des Geschöpfes annehmen. In der ersten Moschee des Islam, im Hause des Propheten in Medina, gab es denn auch keine bildlichen Darstellungen.

Außerhalb der Moscheen allerdings waren in den ersten islamischen Jahrhunderten bildliche Darstellungen nicht verboten. Doch auch das änderte sich im Laufe des 9. Jahrhunderts. Es genügte schon eine nicht mehr so enge, sondern eine weitere Auslegung des zitierten Hadith, um diese Veränderung zu bewirken. Der Begriff »bait«, der ursprünglich »Tempel« bedeutete, wird nun in weiterem Sinne als »Haus« ausgelegt; außerdem wird auch das Wort »tamathil« (Singular »timthal«) von der Bedeutung »Statue«, »Idol« (im kultischen Sinne) erweitert in Richtung der Bedeutung von »Abbild« überhaupt und durch das geläufigere Wort »sura« (= Abbild generell) ersetzt. So wird aus dem ursprünglichen Leitsatz Muhammads: »Die Engel werden keinen Tempel betreten, in dem sich Idol-Bilder ... befinden« in der späteren Zeit: »Die Engel werden kein Haus betreten, wo es Bilder gibt« (zu ergänzen: »von belebten Wesen«).

Auch die aufkommende Verschwendungssucht, der Luxus in den Palästen der Kalifen, in den dort befindlichen Kunstwerken und Gebrauchsgegenständen, die in krassem Gegensatz standen zu der Schlichtheit und Einfachheit des Lebensstiles des prophetischen Vorbildes, mögen zu der neuen Auffassung beigetragen haben. Aber was auch immer als Grund für diese Wandlung anzuführen ist: Der ursprüngliche Sinn des Koran war damit radikal entstellt worden.

Insgesamt kann man sagen, dass vom 9. Jahrhundert an – in dieser Zeit erhielt der Islam durch die aufkommende Rechtsliteratur der vier Rechtsschulen und durch die großen Sammlungen der Hadithe stark die Färbung einer Religion des Gesetzes – das Verbot der nachahmenden Darstellung belebter Wesen sich überall im islamischen Bereich grundsätzlich durchgesetzt hat.

Die Umgehung des Bilderverbots – Geburt einer neuen Ästhetik

Trotz dieses unbestreitbaren Faktums erlebt die islamische Kunst, auch die Malerei, vor allem vom 13. Jahrhundert an bis zum Ende des 17. Jahrhunderts einen gewaltigen Aufschwung, eine grandiose Entwicklung![162] Haben sich also die Großen und Mächtigen des Islam, die Mäzene, nicht an das Gesetz gehalten, sich einfach darüber hinweggesetzt? Wurde de facto doch etwas Verbotenes getan? Ist also die hier entstandene Kunst etwas gänzlich Un-Islamisches? Aber wenn das so wäre: Warum hat dann die islamische Ästhetik so radikal ihren Stil geändert?

Nein, es herrschte hier keine Gesetzlosigkeit und Unbekümmertheit in religiösen Angelegenheiten. Es war alles Absicht. Es wurde eine *ganz neue Ästhetik* kreiert, ein ganz neuer Stil geschaffen. Man brach bewusst mit der Tradition, auch mit der byzantinischen Tradition – die ersten großen islamischen Künstler waren christliche Syrer, Kopten, die die byzantinische Tradition kannten – um der Malerei in den Augen der Muslime Legitimation zu verschaffen. Die *Unterwerfung* unter das Darstellungsverbot geschah in Form einer *Umgehung* dieses Verbots.

In den auf Muhammads Frau A'ischa zurückgehenden Hadithen findet man folgende Darstellungen. »Der Gesandte Gottes – Gott gebe ihm Frieden und Heil – kam von einer Reise zurück. Ich hatte eines von meinen Tüchern mit Abbildungen (tamathil) auf ein Sims gelegt. Als der Gesandte Gottes – Gott gebe ihm Frieden und Heil – es sah, nahm er es, zerriss es und sagte: ›Die schlimmste Strafe im Gericht werden jene erleiden, die die Schöpfung nachgeahmt haben.‹« Und an anderer Stelle heißt es: »A'ischa hatte ein Sitzkissen mit Bildern darauf gekauft. Als nun der Gesandte Gottes es sah, blieb er an der Tür stehen und trat nicht ein. Da merkte ich seinem Gesicht an, dass ihm etwas missfiel. Ich sagte: Gesandter Gottes. Ich wende mich Gott und seinem Gesandten [in Reue] zu. Was habe ich denn gesündigt? Der Gesandte Gottes sagte: Was ist mit dem Kissen da? Ich sagte: Ich habe es für dich gekauft, damit du darauf sitzest und den Kopf darauf legst. Da sagte der Gesandte Gottes: Die Verfertiger (ashab) dieser Bilder werden am Tag der Auferstehung Qualen zu leiden haben. Und es wird zu ihnen gesagt werden: Macht lebendig, was ihr erschaffen habt! Und er sagte: Die Engel betreten kein Haus, in dem sich Bilder befinden.«[163]

Erschaffenes schafft nichts – Der Mensch ist nicht der Schöpfer

Der entscheidende Punkt in diesem ganzen Verbotskomplex ist also die Vorstellung von der Nachahmung und Nachbildung belebter Wesen, in der der Künstler in Konkurrenz tritt mit dem Schöpfergott und sich anmaßt, selbst auch »erschaffen« zu können, selbst »kreativ« zu sein. Leben aber kann einzig und allein der Schöpfergott verleihen. Eigentlich hätten Muslime in diesem Zusammenhang auch auf den Koran verweisen können – sie haben es aber unseres Wissens nie getan –, wo es in Sure 25,3 heißt: »Sie haben an seiner Stelle Götter genommen, die nichts erschaffen, sondern selbst erschaffen sind.« Das bedeutet, dass das Prinzip gilt: Erschaffenes erschafft nicht(s). Wenn im Übrigen immer der Ausdruck »belebt« verwendet wurde und nicht »lebend«, so hat das damit zu tun, dass für Aristoteles und, aufgrund des damals allgegenwärtigen aristotelischen Einflusses, auch für die Muslime die Pflanzen zwar »leben«, aber nicht »belebt« sind.[164] Letztlich hatten die Muslime *ursprünglich* dieselbe Kunstidee wie Aristoteles: Kunst ist Nachahmung (mimesis) der Natur.

Da nun die Nachbildung der nicht belebten Natur einschließlich der Pflanzen und Bäume erlaubt war, wäre es vorstellbar gewesen, dass sich die Künstler um so mehr diesem Gebiet zugewandt hätten. Am Anfang war dies auch der Fall; Landschaften, Blumen, Architektur waren die Gegenstände der Malerei. Doch später wollte man sich mit dieser einfachen, aber buchstabengetreuen Lösung nicht zufrieden geben. Immerhin stand der *Mensch* im Zentrum der Schöpfung. Und ihm sollte der Künstler keine Aufmerksamkeit widmen dürfen? Viele litten geradezu unter dieser radikalen Restriktion.

Die Differenziertheit der Verbote in den Hadithen

In diesem Zusammenhang nun ist ein Hadith des nach dem Propheten ersten großen islamischen Theologen und Koraninterpreten Ibn Abbas von zentraler Bedeutung. Dieser wird von einem

Abb. 2: Schale mit einer ornamental verfremdeten Menschengestalt, Kairo, 11. Jahrhundert

Maler gefragt, ob er denn nicht seinen Beruf ausüben und belebte Wesen darstellen könne und dürfe. Da schlägt ihm Ibn Abbas vor, die Tiere zu enthaupten, damit sie nicht mehr lebendig aussehen und mehr den Blumen ähnlich sind.[165] Die Möglichkeiten des Phantastischen werden hier angeraten und angesprochen.

Aber die Geschichte der islamischen Malerei hat gezeigt, dass die Künstler diese Möglichkeiten gar nicht ausgeschöpft, sondern angesichts dieser Horizonteröffnung hier etwas ganz anderes gefunden haben, nämlich die prinzipielle und zukunftsträchtige Lösung des ganzen Verbotsproblems: Wenn in dem Kunstwerk deutlich zum Ausdruck gebracht wird, dass es nicht in der Absicht des Künstlers liegt, die Realität nachzuahmen und nachzubilden und es damit dem Schöpfer gleichtun zu wollen, so fällt es nicht unter das Verbot. Es musste also in der Sinneswelt nicht Mögliches und Irreales in das Kunstwerk hineingemischt werden; vor allem auch mussten die Perspektive, die Raumtiefe, Schatten und Licht zugunsten eines Prinzips des Irrealen aufgegeben werden.

Abb. 3: Szene in einer arabeskengeschmückten Phantasielandschaft mit lila Kamel: Abu Zaid und das gestohlene Kamel, »Maqhmat des Hariri«, 1337

Ein weiteres Hadith bezieht sich konkret auf die Erlaubtheit des Puppenspiels, das unter anderem auch darum zugelassen wird, weil es von Aischa, der Ehefrau des Propheten, heißt, sie habe mit Puppen gespielt, jedoch »unter der Bedingung der Unähnlichkeit«. Hier begegnen wir einem wichtigen Argument für die Malerei im Islam. Das generelle Verbot der Darstellung belebter Wesen wird dahingehend relativiert, dass jetzt nur noch die Nachahmung eines konkret gleichen, lebendigen Individuums verboten wird.

Zur Erlaubtheit musste die Individualität, die konkrete Einmaligkeit und Selbigkeit unterdrückt werden. Das Porträt, die schattenwerfende Statue, war in dieser Hinsicht besonders betroffen. Die Ähnlichkeit mit einer bestimmten Person war zu vermeiden. Nur das Allgemeine, Typische, Artbezogene, Begriffliche, Ideelle war erlaubt. In der Tat ist aus der Geschichte der islamischen Kunst kein Beispiel für ein Porträt, auch nicht das eines berühmten Herr-

Abb. 4: Joseph und die Frau des Potiphar, »Sa'adi, Bustan«, Herat, 1448

schers, bekannt. Eine späte Ausnahme bilden nur die osmanischen Sultane und indischen Mogul-Herrscher.

Auch noch ein anderes Hadith betrifft das Schattenspiel und die Marionetten. Sie werden von den Theologen unter der Bedingung für erlaubt erklärt, dass sie zum einen »nicht ähnlich« sind (wie die Puppen Aischas), zum anderen, »weil sie ein Loch besitzen, durch das der Faden geht«.[166] Aus diesem Wort spricht zusätzlich die Vorstellung von der grundsätzlichen Unmöglichkeit, überhaupt das eigentliche konkrete Leben darzustellen. Der Künstler *kann* also, realistisch gesehen, in diesem Fall gar nicht die Nachahmung des Schöpfers beabsichtigen und so unter das Verbot fallen.

Ein besonders schwerwiegender Fall im Verbotsbereich waren die schattenwerfenden Abbildungen, speziell die Statuen. Aber auch in der Malerei vermied man Raumtiefe, man betonte das Flache, Flächenhafte, Unkörperliche, Abstrakte, man gab Licht und Schatten auf (vgl. Abb 4).

Mit diesen so beschriebenen Verboten ist allerdings zunächst nur der formale Rahmen aufgezeigt, innerhalb dessen sich die islamische Malerei entwickeln konnte, die Hohlform, das bereit stehende Gefäß, die begrenzte Form, in die hinein sich die Kunst ergießen konnte. Es ist damit aufgezeigt, was notwendig, aber auch ausreichend war, damit die Malerei islamisch würde, was aber noch keinen konkreten Anstoß bringt zur *Entstehung* eines Kunstwerks.

Autonomes Kunstwerk – autonomer Raum: esoterisches Zunftswissen

Es stand jetzt jedenfalls ein neues ästhetisches Universum offen. In der Ablösung von Naturalismus und Realismus war das autonome Kunstwerk geboren, in Form und Farbe allein aus der inneren Notwendigkeit des Künstlerischen gestaltet, unabhängig von einem darzustellenden Gegenstand. In diesem Sinne war eine gegenstandslose, abstrakte, autonome Kunst geboren. Die Revolution der islamischen Ästhetik begann.

Folgende Wege wurden begangen, um vom abgebildeten, dargestellten Raum zum *autonomen* Raum zu gelangen. Anstelle der horizontalen Tiefe wurde ein Raum in die Vertikale hinein konstituiert. Die einzelnen Personen waren von unten nach oben übereinander angeordnet, aber nicht beliebig und ungeordnet, sondern sehr häufig nach einer natürlich-autonomen Struktur, genauer gesagt: nach der vertikalen *Spirale*, die konkret jeweils durch die Augen oder Gesichter, manchmal auch durch die Hände hindurchging.

Über dieses zunächst formale Strukturprinzip des autonomen Kunstwerks ist so gut wie nie geschrieben worden. Auch die Malerzunft besaß ihr streng gehütetes Berufsgeheimnis, das nicht ver-

Abb. 5: Der König und seine Lieblingsfrauen, Frontispiz des »Kitab al Agani«, Mossul um 1220. In der Anordnung der Figuren auf der Bildfläche lässt sich beispielhaft die Spiralbewegung als Kompositionsprinzip erkennen.

raten werden durfte: ein esoterisches Wissen für Eingeweihte. In der Tat hatte gerade die Figur der Spirale ihre tief esoterischen Bedeutungen: Von Platon her wurde z.B. die Bewegung von der göttlichen Welt durch die Himmelskreise bis zur Erde als Spiralbewegung gedacht; auch die mystische »Schrauben«-Bewegung der Seele zu Gott und umgekehrt wurde so gedacht (z.B. bei Dionysios Areopagita). In der islamischen Mystik gibt es die Vorstellung einer von Allah kommenden, durch den Zyklus der Propheten und dann durch den Zyklus der »Einweihung« (zwölf Imame, walaya) verlaufenden, schließlich in der Seele des Mysten ankommenden geistigen Spiralbewegung. Schließlich ist auch die Bewegungsform der Annäherung und des Umschreitens des »Heiligtums«, des Tempels, auch der mekkanischen Ka'ba, die Spirale. So wurde die Spirale durch ihre verborgene Präsenz im Inneren des mikrokosmischen Kunstwerks zur Dar-Stellung des Mystisch-Esoterischen, zum geheimen Ordnungsprinzip von Kunst und Kosmos.

Die Kunst und das Mögliche – violette Pferde und rote Bäume

Die autonome Welt eines Kunstwerks ist aber nicht nur durch die Spiralform konstituiert. Die hier vorhandene spezifische »Notwendigkeit« hängt überhaupt nicht von einem Bezug zur dargestellten Welt ab. Damit ein »Gegenstand« in dieser Art von Welt existieren kann und darf, muss er seine Daseinsberechtigung durch Farbe und Form am »passenden« Ort beweisen. Nicht weil ein Haus, eine Blume, ein Stein, ein Baum real vorhanden sind, haben sie eine Daseinsberechtigung in der autonomen Welt der Kunst, sondern aus innerer künstlerischer Notwendigkeit von Farbe und Form. Es handelt sich also meist nicht um reale, in der Botanik zu katalogisierende Pflanzen und Bäume, sondern um *mögliche*. Was die Farben angeht, so gab es rosa Kamele (vgl. Abb. 3), violette Pferde, rote Baumstämme, die dazu Falten haben wie Kleider. Einzig und allein die Farben der menschlichen Gesichter und Hände sind nie phantastisch: Eine feste Farbe war hier ein wichtiges Ordnungsprinzip für dieses Kunst-Universum und musste leicht und sofort erkennbar sein.

Insgesamt wurden solche Farben gewählt, die von Natur aus unmöglich, ja absurd waren. Dadurch wurde der Betrachter des Kunstwerks geradezu gezwungen, Bedeutung und Sinn des Bildes nicht auf der Ebene des dargestellten Gegenstandes bzw. der Treue zu ihm zu suchen, sondern anderswo. Die autonome Kunst schafft eine neue Welt. Die abstrakte Kunst der Moderne ist nicht mehr weit entfernt. Letztere hat die Entdeckung der »autonomen Welt« der islamischen Kunst bis in ihre letzte logische Konsequenz vorangetrieben, wollte sich selbst aber *nur* mit dem Abstrakten befassen und hat jede Darstellung der Wirklichkeit völlig aufgegeben.

Die islamische Kunst hingegen blieb immer *auch figural*. Neben der Ebene der »autonomen Welt« gibt es innerhalb desselben Kunstwerks immer auch die Ebene der »dargestellten Welt«, wenn diese durch die religiösen Auflagen auch tief greifend umgestaltet war. Aus dieser spannungsreichen Doppelexistenz erhält die islamische Malerei ihre Vielfalt, ihre Tiefe und ihren Reiz. Nur der »Eingeweihte« war in der Lage, die esoterische, autonome Welt der Kunst in und hinter den dargestellten Erscheinungen wahrzunehmen. Die »Regeln« und der »Schlüssel« für diese künstlerisch-esoterische Wahrnehmungsfähigkeit wurden in geschlossenen Zirkeln weitergegeben. Der sublime ästhetische Genuss und die Freuden, die diese Ästhetik des Doppelsinns auf Seiten des Betrachters hervorbrachte, waren um so geheimer, erlesener und intensiver, je größer die Distanz und die Spannung zwischen diesen beiden Daseinsformen des Kunstwerks war.

Das Schöne als Epiphanie des Göttlichen

Im Exoterischen wird das Esoterische epiphan. Im Schönen erscheint das Göttliche. So bringt die islamische Malerei auf ihre Weise künstlerisch zum Ausdruck, was besonders deutlich und konsequent in der Theologie der Schia (zum Beispiel bei Suhrawardi und Semnani[167]) aufscheint: die Einwohnung des Übersinnlich-Geistig-Göttlichen in der Welt des Sinnlich-Wahrnehmbaren.[168] A. Papadopoulo hat diesen Sachverhalt abschließend so formuliert: »Damit hat der Maler, dessen Kunst die Theologen verdammt hatten, diese dank der ästhetischen Revolution … nicht nur *erlaubt* gemacht, es ist ihm gelungen, sie *als bevorzugten Zeugen des göttlichen Werkes* einzusetzen, nicht durch die Welt, die er darstellt, sondern durch ihr eigentliches Wesen, durch die ›autonome Welt‹, in der Formen und Farben in sicherer Ordnung zusammentreffen.«[169]

Wer diese kunsttheoretischen Ausführungen im Einzelnen verifizieren und an konkreten Beispielen studieren will, greife zu dem in diesen Fragen unübertroffenen und umfassenden Werk von

Alexandre Papadopoulo: »Die Islamische Kunst«. Im begrenzten Rahmen unserer Untersuchung konnten hier nur einige Anregungen zu einem vertieften Studium der Kunstwerke selbst gegeben werden.[170]

Zwei Bemerkungen zur Schia

Ein Auferweckungsimpuls von der »Nachtseite« der Geschichte

Zum Abschluss dieses Kapitels über das Gottes-, Menschen- und Weltbild des Islam seien noch kurz einige Gedanken zum Verhältnis von Schia und Sunna vorgetragen. Zum so sehr vernachlässigten Phänomen der Schia selber habe ich mich andernorts ausführlich geäußert. Darauf sei hier verwiesen.[171] Die zukunftsweisende esoterische Schia bedarf noch weiterer umfangreicher Untersuchungen und Darstellungen, um dem Abendland (und auch Teilen des Orients) ihre spirituelle Relevanz zu vermitteln. Ich habe mich in der hier vorliegenden Untersuchung bewusst im Wesentlichen auf die Darstellung der *sunnitischen* Aspekte des Islam beschränkt, um zu zeigen, dass nicht nur in der (heute aus politischen Gründen stark in die Kritik geratenen) Schia spirituell bemerkenswerte Impulse anzutreffen sind. Was die Schia betrifft, so sei hier nur auf jenen geschichtstheologischen Aspekt hingewiesen, der diese religiöse Bewegung als einen von vielen »Auferweckungsimpulsen« von der »Nachtseite der Geschichte« ansieht. In einer Studie wie dieser zum Thema »Fundamentalismus und Erneuerung« darf der folgende Hinweis auf die Erneuerungsimpulse im Islam nicht fehlen.

Die spirituelle Tiefenschicht der Schia ist in den letzten Jahrzehnten, so weit ich sehe, eigentlich nur von zwei christlichen Geistesforschern bzw. Theologen erkannt und benannt worden, nämlich von Rudolf Frieling und von Valentin Tomberg.

Rudolf Frieling urteilt: »Durch die verehrende Hinneigung zum unsichtbaren Imam, der im Herzen zu finden ist, ist ein Raum freigelegt, in dem eine Begegnung mit dem gegenwärtigen, die Menschen umschwebenden Christus möglich werden könnte, auch wenn dem Erlebnis ein anderer Name gegeben wird ... Die Schia hat eine ganze Imamologie oder besser gesagt eine Imamosophie entwickelt, in der sie oft ganz nahe an die christlichen Aussagen über den Ewigen Logos herankommt ...« Man kann auch folgender Sicht Frielings voll zustimmen: »So hat sich in der Schia eine merkwürdige Geistesströmung entwickelt, die in ihrem Bewusstsein ganz gewiss nicht christlich, sondern islamisch sein will, die aber in ihrem esoterischen Streben in die Nähe der christlichen Mysterien geraten ist. Dass eine solche Entwicklung überhaupt möglich werden konnte, ist ein Beweis für den entscheidenden Mangel, welcher dem Islam Mohammeds eigen ist: das verständnislose Vorbeigehen an dem Mysterium des Sohnes und seiner Menschwerdung. Aus einem Mangelgefühl heraus ist die Schia auf ihren seltsamen Weg geführt worden.«[172]

Der christliche Hermetiker *Valentin Tomberg* sieht, wie bereits angedeutet, die religiöse Bewegung der Schia als *einen* von vielen sogenannten »Auferweckungsimpulsen« von der »Nachtseite der Geschichte« an. Nicht nur in der nachbiblischen Geschichte des Christentums, nicht nur im Hinduismus und Buddhismus, sondern auch im Islam, so Tomberg, ist das Gesetz der zyklisch belebenden, aufeinander folgenden »auferweckenden« Impulse, die aus der übersinnlichen-geistigen »Nachtseite« in die Tagesgeschichte der Menschheit einschlagen, durchaus wirksam und anerkannt. Was das Christentum betrifft, so ist das Pfingstfest der erste »Verstärkerimpuls«, der erste »Auferweckungsimpuls« von der »Nachtseite« der Geschichte heraus. Tomberg beschreibt im Einzelnen weitere, das Christentum erneuernde Impulse, die wir hier nicht weiter verfolgen müssen. Er stellt das Walten der jeweils vorausgehenden *De*generation und des jeweils auferweckenden Impulses der *Re*generation, wie er strukturell in allen religionsgeschichtlichen Phänomenen anzutreffen ist, schematisch und zusammenfassend so dar:

»Man stelle sich einen Impuls vor, der aus den Tiefen der ›Nachtseite‹ der Geschichte und des Lebens eine Bewegung im Bereich der ›Tagesseite‹ der Geschichte und des Lebens hervorruft. Nach einer gewissen Zeit nimmt ihre Intensität unter dem zunehmenden Einfluss der ›Erdenschwere‹ ab. Dann schlägt ein neuer Impuls aus der Nachtseite ein und bringt die sinkende, versinkende Bewegung auf das ursprüngliche Niveau der Intensität wieder hinauf. Dies wiederholt sich mehrere Male. Die Bewegung, die stets dazu neigt, einzuschlafen, wird wiederholt ›geweckt‹ – oder man kann auch sagen: Die dem Tod sich zuneigende, absterbende Bewegung wird wiederholt auferweckt.«[173]

Was den Islam und diese Gesetzmäßigkeit betrifft, so weist Tomberg auf den Erneuerungsimpuls der Schia hin, dessen Tiefe und geistigen Reichtum dem westlichen Leser zum ersten Mal der Franzose Henry Corbin in umfassender Weise erschlossen hat. Sunna und Schia verhalten sich wie Leib zu Seele. Während der sunnitische Islam wesentlich legalistisch ist, versteht sich die Schia wesentlich als Weg der Verinnerlichung. Diese Verinnerlichung äußert sich vor allem in dem Aufstieg vom exoterischen, äußeren Zyklus der Propheten hin zum esoterischen, inneren Zyklus der zwölf Imame. Propheten verkünden das Gesetz der positiven Religion, die Imame sind »Einweihende« (Initiatoren) in die Theo-Sophia. Der Imam erleuchtet und belebt.

Tomberg zitiert einen bekannten islamischen Philosophen aus dem Iran des 11. Jahrhunderts, Nasir-e Khosraw, der die Lehre vertrat: »Positive Religion (shari'at) ist die exoterische Seite der Weisheit (haqiqat), und die Weisheit ist die esoterische Seite der positiven Religion. Die positive Religion ist das Symbol (mithal), die Weisheit das Symbolisierte (mamthul). Das Exoterische ist in fortwährender Schwankung entsprechend den Zeitaltern der Welt, während das Esoterische eine göttliche Energie ist, die dem Werden nicht unterworfen ist« (zitiert nach H. Corbin).[174] Die geschichtlichen Propheten vermitteln, so Tomberg, periodische Ausstrahlungen der Sphäre der ›ewigen Prophetie‹, die Imame weihen die Menschen in das innere Geheimnis des Verkündigten ein und verwandeln so den Buchstaben des Gesetzes in Geist und Leben. Ob es sich nun um sieben oder um zwölf Imame handelt, ob es sechs oder sieben große Propheten gab, ist sekundär gegenüber der entscheidenden Tatsache, dass »das geistige Leben der Menschheit durch den Atem des Geistes, der übermenschlich ist, am Leben erhalten wird und dass die großen Religionen der Menschheit sich dieser Tatsache bewusst sind«.[175]

Tomberg sieht jene erneuernde Kraft in den Worten des Glaubensbekenntnisses des Konzils von Konstantinopel (381) ausgedrückt, wo von dem aus dem Vater und dem Sohn zugleich hervorgehenden Heiligen Geist als dem »Lebenspender« (vivificantem) gesprochen wird. Das ist für ihn letztlich jene »Nachtseite« der Geschichte. Das sich auch im Islam offenbarende »Gesetz der aufeinander folgenden auferweckenden Impulse« urständet also in der ewigen Dreieinigkeit Gottes selbst. Und insofern ist es nicht nur ein »natürliches Gesetz«, sondern der Heilige Geist selber. Die die Religionen belebenden Impulse geschehen also nicht automatisch. Es gab und gibt in der Menschheitsgeschichte auch Lebensanschauungen, die kraftlos und starr werden, um zuletzt als leblose Hülle aus dem Leben der Menschheit ausgestoßen zu werden.

»Islam ist Arbeit«

Dass diese Schia aber, wie es ihr oft vorgeworfen wird, nicht nur eine erdabgehobene und weltabgewandte Esoterik beinhaltet, wird aus folgenden Fakten deutlich. Eine der bemerkenswertesten Wesensbestimmungen dessen, was Islam ist und bedeutet, findet sich in einem der berühmtesten und maßgebendsten Werke des frühen Islam, dem »Pfad der Beredsamkeit« (Nadschu l-balagha), einem Werk, das dem vierten Kalifen und ersten Imam der Schia, Imam ʿAli, dem Schwiegersohn des Propheten, zugeschrieben wird. Es gilt außerdem als Meisterwerk der arabischen Sprache. Kenner sagen von ihm: Wer den eigentlichen spezifischen Geist der Schia kennen lernen will, muss sich in das Studium dieses großen Werkes vertiefen.

Die Wesensbestimmung des Islam besteht aus sechs formal absolut parallel aufgebauten Sätzen, in denen die Prädikatsbestimmung des vorhergehenden jeweils der Ausgangspunkt des folgenden Satzes ist. Alle Aussagen laufen auf die Spitzenaussage des letzten Wortes des letzten, sechsten Satzes zu. Die darf man aber wiederum nicht isolieren, sondern man muss immer den gesamten sechsfachen hermeneutisch-interpretativen Vorgang mit im Bewusstsein haben. Der Versuch einer Übersetzung Wort für Wort ist nicht einfach, weil der ganze Bedeutungshof, der durch den benutzten Konsonanten-Dreierstamm mit aufgerufen und immer mit gemeint ist, sich nur schwer in ein einziges Wort hinein kristallisieren lässt. Aber der Versuch sei hier gewagt.

> Islam ist Hingabe des Eigenen.
> Hingabe des Eigenen ist Gewissheit.
> Gewissheit ist Beglaubigung der Wahrheit.
> Beglaubigung der Wahrheit ist feste Gründung.
> Feste Gründung ist Arbeit.[176]

Der Vorgang »Islam« beginnt also mit dem existentiellen Akt einer Über-Eignung des Eigenen, einer Hin-Gabe. Im Vollzug dieser Selbst-Weggabe, und nur in ihr, liegt Gewissheit, nur in ihr ist Sicherheit zu erlangen. Diese existentielle, ganzmenschlich verstandene Gewissheit bringt dann auch die Beglaubigung von Wahrheit und Wahrheiten mit sich. Den intellektuellen lehrhaften Verstandeswahrheiten geht also die Existenzwahrheit voraus. Beide zusammen ergeben eine feste Gründung, eine Stabilisierung der Persönlichkeit, in sich gefestigte Ruhe: Der »Nomade« wird »sesshaft«. Aber diese Ruhe ist keine Friedhofsruhe, sie erlaubt kein selbstzufriedenes Ausruhen. Sie entlässt aus sich vielmehr eine immer neue, lebendige Dynamik ständigen Sich-Bemühens, lebenslanger Schulung, kurz gesagt: Handeln und – »Arbeit«.

Wer der schiitischen Geisteshaltung esoterische »Spinnerei« und allzu verinnerlichtes »Abgehobensein« vorwirft – und diesen Vorwurf hört man oft, auch bei »gebildeten« Sunniten – wird hier prinzipiell eines Besseren belehrt. Sind es doch auch die Schiiten, die – über die sunnitische Version hinaus – den täglichen fünfmaligen Gebetsrufen den Imperativ hinzufügen: »Kommt zur Arbeit!« Das Gleichgewicht von religiöser Innerlichkeit und weltzugewandtem Handeln ist hier voll gewahrt.

II. Fundamentalismus als geistige Grundhaltung

Fundamentalismus im Islam

Das Mehrzwecketikett »Fundamentalismus«

Auf den heutigen Gebrauch des Begriffs »Fundamentalismus« trifft exakt das zu, was der Philosoph F.W.J. Schelling zu Beginn des 19. Jahrhunderts im Hinblick auf den Begriff »Pantheismus« so formulierte: »Hat man einmal zu einem System den rechten Namen gefunden, so ergibt sich das Übrige von selbst, und man ist der Mühe, sein Eigentümliches genauer zu untersuchen, enthoben. Auch der Unwissende kann, sobald die allgemeinen Namen ihm nur gegeben sind, mit deren Hilfe über das Gedachteste aburteilen.«[177]

»Fundamentalismus« ist einer der am meisten gebrauchten Begriffe auf dem Felde der Religion, der Kultur und Gesellschaft, unabhängig davon, ob es sich dabei um Moslems, Hindus, Juden oder Christen handelt. Durch den Islam ist er allerdings besonders in die Schlagzeilen der Medien gerückt. Was jeweils im Einzelnen und konkret mit diesem Begriff gemeint ist, wird selten klar. »Fundamentalismus« als ein Erkenntnis leitender Begriff ist zu einem verdächtig populären Mehrzwecketikett für alle Arten physischer und spiritueller Anschläge auf die zeitgenössische Lebensform geworden, vom Hirtenbrief bis zum Bombenattentat. Die dabei zu Tage tretende stereotype Sprachregelung verrät intellektuelle und auch geistliche Verlegenheit. Vom Fundamentalismus weiß man eigentlich nur – aber das wissen alle –, dass er »unser Gegner« ist. Wir wollen im Folgenden im Sinne Schellings eine »Untersuchung des Eigentümlichen« des Fundamentalismusbegriffs (mit dem Schwerpunkt Islam) anstellen, indem wir zunächst die Geschichte dieses Begriffs darstellen und dann die besondere islamische Erscheinungsform im schiitischen und sunnitischen Bereich untersuchen.

Zur Geschichte des Fundamentalismus-Begriffs

Der Begriff »Fundamentalismus« wurde zum ersten Mal im Jahre 1920 gebraucht, und zwar vom Herausgeber der nordamerikanischen Baptisten-Zeitschrift »Watchman-Examiner«, Curtis Lee Laws. Er sollte zur Kennzeichnung einer konservativen Sammlungsbewegung innerhalb des nordamerikanischen Protestantismus dienen, die ihre Position in einer Reihe von Broschüren publiziert hatte. Diese wurden von den führenden konservativen Theologen der Vereinigten Staaten herausgegeben und erschienen unter dem Titel »The Fundamentals: A Testimony to the Truth« zwischen 1910 und 1915 in einer Auflage von mehr als drei Millionen Exemplaren, die kostenlos verteilt wurden. Die insgesamt 15 Bände enthalten 90 Artikel, von verschiedenen protestantischen Theologen verfasst, die jeden Kompromiss mit dem Modernismus ihrer Zeit und ihres gesellschaftlichen Umfeldes und mit dem Liberalismus des damaligen protestantischen Establishments ablehnten.[178] Diese fundamentalistische Bewegung war eine Reaktion auf den Geltungsverlust des Christentums im Prozess der Säkularisierung.

Bei aller Unterschiedlichkeit in den Detail-Positionen der einzelnen Autoren gab es doch einen grundlegenden Minimalkonsens, nämlich die fünf Grundlagen des Glaubens, die »five fundamentals«:

(1) Zentraler, entscheidender Punkt ist die buchstäbliche, wörtliche Interpretation der irrtumsfreien, von Gott Wort für Wort inspirierten Heiligen Schrift, im Gegensatz zur historischen Bibelkritik der liberalen Theologie. Die anderen vier Fundamentalpunkte sind Konsequenzen aus diesem Literalsinn bzw. dessen Konkretisierungen:
(2) die Jungfrauengeburt Jesu,
(3) die leibliche Auferstehung der Toten,
(4) der Tod Jesu Christi als stellvertretendes Sühneopfer und
(5) die physische Wiederkunft Christi.

Der Begriff »Fundamentalismus« wurde damals aber nicht nur in Bezug auf diese *theologischen* Zusammenhänge geprägt, sondern auch im Hinblick auf die nach dem Ersten Weltkrieg sich ausweitende *soziale* Bewegung, die die Gestaltung des gesellschaftlichen Lebens in den USA stark beeinflusste, so z.B. die Prohibitionsgesetzgebung und das Verbot der Verbreitung der Darwinschen Evolutionstheorie an den Schulen vieler nordamerikanischer Bundesstaaten.

In diesem Zusammenhang trug vor allem die sogenannte »Affäre Scopes« dazu bei, dass der Begriff des Fundamentalismus in die amerikanische Alltagssprache einging. John Scopes war Biologielehrer an einer höheren Schule in Dayton im Bundesstaat Tennessee. Er benutzte für seinen Unterricht ein Lehrbuch, in dem die Darwinsche Evolutionstheorie vertreten wurde. Das aber verstieß gegen die Gesetze dieses Bundesstaates, durch die verboten war, »eine Theorie im Unterricht darzustellen, die dem biblischen Bericht von der Schaffung des Menschen durch Gott widerspricht«. Scopes wurde 1925 vor Gericht gestellt. Sein Prozess wurde allerdings dann auch »zum Tribunal über die fundamentalistische Subkultur der Vereinigten Staaten, die durch die Darlegung ihrer wenig überzeugenden Argumente in der Presse lächerlich gemacht wurde«.[179] Scopes bekam dadurch geistige Schützenhilfe von vielen bedeutenden Intellektuellen und Wissenschaftlern in den Vereinigten Staaten. Er wurde aber dennoch bestraft und einige Südstaaten erließen im Anschluss an diesen Prozess Gesetze gegen die Evolutionstheorie.

Insgesamt gesehen war nach diesem Scopes-Prozess die extreme Form des amerikanischen Protestantismus keineswegs zu einer endgültig besiegten kulturellen Randerscheinung geworden. Die Wirtschaftskrise von 1929 hat ihren Teil dazu beigetragen, dass der Glaube an die Moderne und ihren unaufhaltsamen Fortschritt schwer erschüttert wurde. Für die chiliastische Sicht der Fundamentalisten war »die große Depression ein Zeichen dafür, dass sich Gott für die Abtrünnigkeit Amerikas rächte und dass die Wiederkehr Christi unmittelbar bevorstand«.[180] Nach dem Ende des Zweiten Weltkriegs hat sich dieser Fundamentalismus dann mit den reaktionären Strömungen der politischen Szene verbunden: mit dem radikalen Anti-Kommunismus und mit den »unerbittlichen Hexenjägern des Kalten Krieges«.[179]

Was die oben genannten fünf »fundamentals« angeht, so wurde die Infragestellung dieser grundlegenden Glaubensüberzeugungen innerhalb der theologischen Öffentlichkeit und im Hinblick auf gesellschaftliche Wertvorstellungen zum zentralen Punkt für die Mobilisierung des traditionalistischen Lagers und für die Organisation des Fundamentalismus als einer religiös-theologischen Bewegung. Dies wurde besonders durch drei parallele Prozesse ausgelöst: (1) durch die Revolutionierung des Weltbildes seitens der Evolutionstheorie Darwins, (2) durch die philologisch-historische Bibelkritik und (3) durch die Betonung des sozialen Aspekts des Evangeliums einschließlich der angesichts des massenhaften sozialen Elends im Zuge der Industrialisierung und Verstädterung aufkommenden Forderung nach Sozialreformen in der Theologie der »Social Gospel«.[181]

Aus der Sicht der Fundamentalisten stellen die Liberalen durch ihre Bibelkritik nicht nur einzelne Bibelstellen in Frage, sondern sie relativieren und historisieren die zeitlose göttliche Offenbarung insgesamt, die dadurch ihren Charakter als ewige, unveränderliche Wahrheit für alle Menschen aller Zeiten verliert. Aus der Heiligen Schrift als verbalinspiriertem Gotteswort wird ein mit Widersprüchen und Irrtümern behaftetes Werk frommer Autoren. Vor allem die Übernahme des Vokabulars der Darwinschen Evolutionstheorie bringt die liberale Theologie in den Verdacht, dass hier überhaupt nicht mehr ein protestantisches Christentum, sondern nur noch eine gänzlich säkulare Ideologie verkündet wird.

Das gesamte religiöse Weltbild, so sagen die Fundamentalisten, werde hier in Frage gestellt: die Christologie, das Menschenbild, die Eschatologie, die Schöpfungslehre. Anstelle des Sündenfalls mit der Vertreibung aus dem Paradies und der radikalen Verschlechterung der Lage des Menschen werde die zufällige Entwicklung des Menschen aus dem Tierreich und die Idee der sozialen Höherentwicklung des Menschen gelehrt. Ohne Sündenfall und Erbsünde aber sei auch die heilsgeschichtliche Sendung Christi überflüssig, mache die Lehre vom stellvertretenden Sühnetod Christi keinen Sinn mehr.

Doch nicht nur theologische Lehren werden bekämpft. Der Kampf richtet sich auch gegen die Ausweitung der Aufgabenstellung der Kirchen seitens der »Social Gospel«. Für diese kirchliche soziale Bewegung war klar, dass die Kirche auch karitativ und sozialpolitisch aktiv werden musste. Die Differenzen in dieser praktischen Frage beruhten aber wiederum auf theologischen Differenzen hinsichtlich der Herkunft der Sündhaftigkeit des Menschen.

Die Fundamentalisten verstanden soziale Missstände als Folgen von individuellem Unglauben und fehlender Bekehrung. Individuelle Sünde verursacht soziale Unordnung. Die Bewegung des »Social Gospel« dagegen tendiert dahin, sündhaftes Verhalten vor allem als Folge sozialer Verhältnisse zu deuten, als sozialpathogenes Phänomen, das auch sozialwissenschaftlich analysiert und behandelt werden muss. Sünde wie Erlösung basieren beide auf sozialem Handeln. Für die Fundamentalisten ist darum die wesentliche Aufgabe der Kirche die individuelle Bekehrung, nicht primär die soziale Verbesserung. Letztere darf nicht Selbstzweck werden, sondern muss primär ein Mittel zum Zweck des Seelenheils des Einzelnen und seiner Bekehrung sein. Die Hauptgründe für soziale Armut sind Alkoholmissbrauch, Faulheit, Zerrüttung der Familie (diese selbst wieder ein Ergebnis individueller Verfehlungen). Diese moralischen Faktoren sind anzugehen und zu heilen, nicht nur Symptome zu kurieren. Sozialprogramme können nur kosmetische Schönheitsfehler korrigieren.

Natürlich sehen die Fundamentalisten Sünde nicht nur monokausal bedingt. Es gibt auch Krankheiten, Schicksalsschläge, von außen verursachte wirtschaftliche Notlagen, Alter. Aber der Weg, hier Heilung zu bringen, geht nur über die private, individuelle »Tugend«. In den Augen der Fundamentalisten hat die Bewegung des »Social Gospel« immer auch (vielleicht unbewusste, nicht direkt intendierte) Konsequenzen für die ethische Ökonomie menschlichen Wollens und Handelns: In dem Maße, in dem der Mensch sich mit sozialen Problemen und deren Lösungen befasst, vernachlässigt und vermindert er entsprechend seine individuellen Tugenden. Fundamentalisten halten sich in der Regel fern von organisierten Bemühungen um Probleme wie Armut, Hunger, Umweltverschmutzung, Rassendiskriminierung usw. Fundamentalismus ist wesentlich heilsindividualistisch.

Weiterhin unterstellen die Fundamentalisten den Liberalen, sie würden den Verfall der Moral auf allen Lebensgebieten fördern:

z.B. durch Propagieren und Praktizieren von Tanz, Jazz-Musik, unzüchtiger Frauenkleidung, was alles der sexuellen Aufreizung und damit der Förderung von Unmoral diene, durch zu tolerantes Verhalten gegenüber Alkohol- und Tabakkonsum, durch Reichtum und Verschwendungssucht, kurz: durch zunehmendes Konsumdenken auf allen Gebieten.

Als Träger und Multiplikatoren von Glaubensverfälschung (Heterodoxie) und Moralverfälschung (Heteropraxie) gelten vor allem:

(1) die um die Jahrhundertwende sich ausbreitenden neuen religiösen Bewegungen und Kulte wie Christian Science, Zeugen Jehovas, Theosophie; schon in den oben angeführten »fundamentals« waren diese der Verharmlosung der Sündhaftigkeit des Menschen geziehen und war ihnen ein bewusst theozentrisches bzw. christozentrisches Weltbild anstelle eines anthropozentrischen entgegengesetzt worden.

(2) Als zweiter mächtiger Gegner erschien die römisch-katholische Kirche mit ihren papistischen Weltmachtsansprüchen.

(3) Als drittes zu bekämpfendes Element galt die »deutsche Kultur« mit ihrer zersetzenden, von Nietzsche inspirierten Moralvorstellung (einschließlich »german beer«).

(4) Als viertes Element der Unterminierung der christlichen Kultur und Zivilisation in den USA wurde der Bolschewismus angesehen mit seiner Kombination von Atheismus und Weltbeherrschungsanspruch.

Ein weiteres Grundübel ist in den Augen der Fundamentalisten der zunehmende Funktionsverlust der Familie, die eigentlich die Aufgabe hätte, Kinder christlich zu erziehen und dadurch die Grundlage für eine christliche Gesellschaft zu schaffen.[182] Frauenemanzipation wird sehr kritisch beurteilt: die patriarchalisch strukturierte Familie gilt als einzig mögliches Modell.

Die geschilderte Gesellschaftskritik ist eingebettet in heilsgeschichtliche Vorstellungen von der Auserwähltheit des nordamerikanischen Volkes und vom Kampf zwischen den Mächten des Guten und des Bösen. Nachdem das zunächst auserwählte Volk der Juden versagt hatte und dann auch die Entwicklung des Christentums durch die römische Papstkirche verfälscht worden war, ist mit der Einwanderung der »pilgrim fathers« nach Amerika und den kolonialen Gründungen ein neuer Bund mit einem neuen Volk gestiftet worden. So führt eine direkte Linie vom Urchristentum und dem Neuen Testament zur Gründung der Vereinigten Staaten und ihrer Verfassung, von Paulus zu George Washington und Abraham Lincoln. Der Kampf der Fundamentalisten gegen die genannten Phänomene wie Modernismus, Liberalismus, Germanismus und Bolschewismus beruht nicht auf einer Differenz in einer Geschmacksfrage, sondern ist wesentlicher und kompromissloser Teil der weltgeschichtlichen Auseinandersetzung der Mächte des Lichtes und der Finsternis.

Das Miteinander von Heilsgeschichte und Gesellschaftskritik ist offenbar ein wesentliches Charakteristikum dieses fundamentalistischen Denkens, für das insgesamt fünf Aspekte besonders bezeichnend sind:

(1) der gerade beschriebene Dualismus;
(2) die Xenophobie oder Fremdenfeindlichkeit – alles Böse stammt von außen, von Fremden, darum wird auch internationale Zusammenarbeit abgelehnt –;
(3) der »Nativismus«, d.h. die Besinnung auf die eigene Tradition und Identität, allerdings nicht rassistisch gefärbt, sondern rein religiös-kultureller Art;
(4) die »Verschwörungsthese« – die römische Kirche, Arm in Arm mit den Deutschen und dem von ihnen beherrschten Völkerbund, hat sich gegen Amerika verschworen und erstrebt die Weltherrschaft;
(5) die negative Sicht der weiblichen Sexualität, deren Verführungsmacht sich der Satan bedient, um den Mann zu verderben – ein nationales Einheitskostüm sollte darum die Frau in der Öffentlichkeit entsexualisieren.

Erste Wahrnehmung und Reaktion in Europa

Einer der Ersten, die in Europa diese brisante, einflussreiche Entwicklung auf dem amerikanischen Kontinent wahrnahmen und darauf reagierten, war Wolfgang Schickler. Schon im Jahr 1923 (!)

hat er, ein für die »Zeichen der Zeit« hoch sensibilisierter Priester der gerade gegründeten Bewegung für religiöse Erneuerung »Die Christengemeinschaft«, in der Zeitschrift »Tatchristentum« in sehr informativer und tief schürfender Weise auf das damals sich ausbreitende Phänomen des Fundamentalismus hingewiesen.

Schicklers Bericht stützt sich im Wesentlichen auf Informationen einer New Yorker Monatsschrift, in der R.L. Hartt ausführlich über den »Kampf in der Kirche Nordamerikas« berichtete. Dieser Kirchenkampf, so Hartt, sei die Reaktion gegen den aus Deutschland eingedrungenen Liberalismus. Als Thema habe diese in der nordamerikanischen protestantischen Kirche sich ausbreitende reaktionäre Strömung vor allem die bevorstehende Wiederkunft Christi, die aus der Sicht der Fundamentalisten sich so darstelle: Er wird kommen, die Kleider bespritzt mit dem Blut anderer, und sein Reich in Schrecken und Macht aufrichten; er wird stampfen in seiner Wut, bis das Blut der Menschen die Erde erfüllen wird; nicht als der sanfte Heiland wird er kommen, sondern als Herrscher, als Despot, watend im Blut einer zerstampften Welt.

Schickler stellt dar, warum die Fundamentalisten gerade diesen Glaubenspunkt der Wiederkunft Christi in die Mitte stellten. Wenn einer bekennt, so sagte man damals, er glaube an Gott, so weiß man nicht, was er glaubt. Man weiß nicht, ob er einen pantheistischen oder einen persönlichen Gottesglauben hat. Wenn einer sagt, er glaube an die Inspiration der Bibel, so weiß man auch noch nicht, was er glaubt; er könnte z.B. unter Inspiration im Allgemeinen einen Vorgang verstehen, der von derselben Art ist, wie etwa Shakespeare als Dichter inspiriert war. Wenn einer sagt, er glaube an die Göttlichkeit Christi, so weiß man auch immer noch nicht, was er glaubt; er könnte sagen, er glaube, *alle* Menschen seien göttlichen Ursprungs. Wenn aber jemand sagt, er glaube an die buchstäbliche, persönliche, leibliche, sichtbare, unmittelbar bevorstehende Wiederkunft Christi, so weiß man, was er in jedem anderen Punkt glaubt. Man weiß, dass er die Bibel wirklich *wörtlich* nimmt. Man weiß damit, was er glaubt über die Gottheit, über die Jungfrauengeburt, über die Auferstehung usw. Man weiß, er ist kein Modernist; man weiß, er glaubt nicht an die Entwicklungstheorie Darwins.

Schicklers Bericht informiert darüber, dass die Fundamentalisten sehr radikal zum Ausdruck brachten, dass ihre Anschauung der damals herrschenden diametral entgegengesetzt war: Demokratie z.B. ist der Gegenpol der Autokratie, des göttlichen Herrschaftsideals. Einen Kaiser Jesus wollte man haben! Und zum Phänomen des aus Europa importierten Liberalismus, der den Gedanken von Fortschritt und Entwicklungsmöglichkeit in die Mitte stellte, wird von Seiten des Fundamentalismus erklärt, er sei nicht nur eine große Irrlehre, nicht nur ein Abweichen von der christlichen Lehre in einzelnen Punkten, nicht nur eine andere Religion als das Christentum, sondern er gehöre zu einer völlig anderen Gruppe von Religionen. Die römische Kirche, so die protestantischen Fundamentalisten, mag eine Verdrehung der christlichen Religion sein, aber der naturwissenschaftlich orientierte Liberalismus ist überhaupt kein Christentum! Und es ist wohl im Hinblick auf die liberale Theologie eines Adolf von Harnack angespielt, wenn die aufgeblasene, wuchernde, verfaulte neue Theologie made in Germany als der Greuel aller Greuel bezeichnet wird und die Rede ist von dem »verfluchten Gift der deutschen Theologie, das der Teufel selber zubereitet hat«.

Schickler hat schon damals, als innerhalb der traditionellen christlichen Theologie noch niemand in Deutschland dieses Phänomen des Fundamentalismus in seiner ganzen Tragweite und Brisanz wahrnahm, darauf hingewiesen, dass es sich hier um eine Bewegung handelt, die die religiösen Gefühle und Empfindungen der Menschen ergreift und mit aller Macht vom Geistigen weg auf die Sinneswelt hinlenkt. Das Reich des wiederkommenden Christus war für die Fundamentalisten eine Tatsache der materiell-sinnlichen Welt. Schickler hat schon damals klar erkannt, dass das traditionelle Kirchenchristentum damals gegen diese Flutwelle des materialistischen Ungeistes kaum »Waffen« hatte, weil es, so Schickler, letztlich und im Grunde gleichen Wesens war.

Schickler hat schon sehr früh gesehen, dass diese Flutwelle auch nach Europa und Deutschland herübergreifen würde und eine wirksame Macht bedeutete. Er hat auch begriffen, dass die verbalen Warnungen und Tiraden der sich bedroht fühlenden christlichen

Kirchen diesem Phänomen gegenüber nichts bedeuteten. Er hat schon damals darauf hingewiesen – und dafür muss man ihm dankbar sein, weil seine damalige scharfe Analyse im Wesentlichen auch heute noch gilt –, dass es nur *ein* Heilmittel geben kann gegen diese Wirkungsart, nämlich den Weg zu finden zum *lebendigen*, im ganzen Leben wirksamen Geist, den Weg von der grauen Predigt *über* den »Geist« zum goldenen Baum des Lebens selber!

Die Problematik der Übertragung des Fundamentalismusbegriffs auf den Islam

Die Anwendung dieses bis jetzt in seinem geschichtlichen Ursprung beschriebenen Begriffs »Fundamentalismus« auf den Bereich des Islam ist umstritten und in der Tat nicht ganz unproblematisch. Auf die einzelnen Argumente gegen die Übernahme in den muslimischen Bereich kann hier nicht im Einzelnen eingegangen werden. Ein Hauptargument besteht darin, dass die Vertreter dieser Richtung sich selbst zunächst nicht als Fundamentalisten bezeichnen, sondern als »Islamisten«. Abgesehen davon, dass diese Selbstbezeichnung noch kein hinreichender Grund ist, die sachliche Zweckmäßigkeit einer anderen Bezeichnung zu bestreiten, ist die Tatsache, dass auch Moslems sich als »Fundamentalisten« verstehen, nicht zu leugnen. Es wurde bereits ein neues arabisches Wort gebildet: »usuliya«, was so viel bedeutet wie »Radikalismus« im ursprünglichen Sinne, nämlich: aus den »Wurzeln« (lateinisch »radix«) heraus, also Leben und Denken aus den Fundamenten, den Wurzeln. Und diese Selbstbezeichnung ist für viele Moslems sogar ein Ehrentitel, mit dem sie ihr Festhalten an Grundprinzipien zum Ausdruck bringen wollen. Im Folgenden soll deutlich werden, dass die Gemeinsamkeiten von christlichem und islamischem Fundamentalismus in der Sache weiter und tiefer gehen, als man auf den ersten Blick vermutet.

Hinzu kommt, dass sich im letzten Jahrzehnt im wissenschaftlichen und publizistischen Sprachgebrauch de facto der ursprüngliche Kontext des Begriffs »Fundamentalismus« (nämlich der konservative Protestantismus in den USA) stark erweitert und verselbstständigt hat, sodass er heute nicht nur auf verschiedene christliche Konfessionen, sondern auch auf unterschiedliche nichtchristliche Religionen (Hinduismus, Judentum, Islam) angewandt wird, ja sogar auf bestimmte ideologische Dogmen und Strömungen im Bereich der Politik (z.B. für einen Teil der »Grünen«-Bewegung).

Schon von daher kann und darf man die Berechtigung für die Benennung bestimmter Gruppen im Islam als Fundamentalisten nicht mehr nur allein an eventuellen Gemeinsamkeiten mit dem USA-Protestantismus zu Beginn dieses Jahrhunderts messen. Die entscheidende Frage ist heute vielmehr die, ob und inwieweit das mit der Bezeichnung »Fundamentalismus« anvisierte Phänomen wirklich den vielen anderen Realitäten vergleichbar ist, denen man heute dieses Etikett aufklebt.

Mittlerweile herrscht in der gesellschaftswissenschaftlichen und religionswissenschaftlichen Forschung ein breiter Konsens, wenn es darum geht, die gemeinsamen konstitutiven Merkmale des Phänomens »Fundamentalismus« zu beschreiben. Eine prägnante Zusammenfassung dieser Merkmale hat die Islamwissenschaftlerin Rotraud Wielandt in ihrem Lexikon-Artikel »Fundamentalismus« gebracht, die wir im Folgenden zitieren. Zu diesen Merkmalen gehört die Überzeugung, ein »in sich geschlossenes und perfektes, absolut und zeitlos gültiges System von grundlegenden Wahrheiten wie auch Erklärungsmustern und Handlungsanweisungen für die soziale und politische Wirklichkeit zu besitzen, das kompromisslos durchgesetzt werden muss, und zwar zum Zweck der Errichtung einer durch es angeblich sicher erreichbaren Idealgesellschaft mit größtmöglichem Wohlergehen für alle diesem System Unterstellten. Aus dieser Überzeugung entspringt bei Fundamentalisten gewöhnlich eine dualistische Sicht des Weltgeschehens. Nach ihr repräsentieren die Anhänger dieses Systems das Gute und Wahre schlechthin, während alle Andersdenkenden als verstockte und böswillige Widersacher eingestuft werden, die man in einer historischen Entscheidung niederringen muss. Von einer Vielzahl von Wissenschaftlern wird außerdem die Verwerfung der durch die europäische Aufklärung geprägten Moderne mit allem, was sie an

Denk- und Lebensformen mit sich brachte, als gemeinsames Kennzeichen der diversen Fundamentalismen der Gegenwart betrachtet. Speziell für die religiösen Fundamentalismen werden häufig noch drei weitere Züge als typisch angesehen: das Bestreben, die eigene Glaubensgemeinschaft in einen postulierten Idealzustand ihrer Urzeit zurückzuführen; die Neigung zu einer Auslegung der jeweiligen heiligen Schriften, die auf deren wörtlicher Verbindlichkeit beharrt, und ein für die eigenen religiösen Normvorstellungen erhobener integralistischer, d.h. auf die Regelung aller denkbaren Probleme des gesamten menschlichen Lebens gerichteter Anspruch.«[183]

Die islamischen Gruppierungen, die heute mit dem Etikett »fundamentalistisch« belegt werden, weisen mehr oder weniger, ganz oder teilweise, eben diese Merkmale auf. Der Gebrauch des Begriffs »Islamismus« für dasselbe Phänomen kann insofern irreführend und missverständlich sein, als er, vom selben Wortstamm her, die absolute Identität von Islam insgesamt und Fundamentalisten suggeriert, was aber klar zurückgewiesen werden muss. *Islam ist nicht Fundamentalismus, und Fundamentalismus ist noch nicht Terror.*

Islamischer Fundamentalismus ist auch nicht gleichbedeutend mit dem, was man heute »Re-Islamisierung« oder »Wiedererwachen« des Islam nennt; denn – wie angedeutet – im islamischen Fundamentalismus offenbart sich nicht der Islam, sondern nur eine der vielen möglichen und tatsächlichen Deutungen des Islam, wenn auch zur Zeit eine besonders aufdringliche, einflussreiche und lautstarke.

Islamischer Fundamentalismus ist auch nicht einfach und schlechthin gleichzusetzen mit Konservativismus oder Traditionalismus. Dem Konservativismus geht es darum, gewachsene Tradition ohne große Brüche für die Zukunft zu bewahren; der Fundamentalismus dagegen verwirft die Tradition in der Regel als Abfall vom heiligen Ursprung und möchte, unter Überspringen dieser verderbten Tradition, wieder unmittelbar zurück zu den Idealzuständen des Ur-Islam zur Zeit der Gründung. Oft allerdings ist dieser scheinbare Rückzug auf den Ur-Islam nur eine nach rückwärts gerichtete Utopie, die mehr das eigene Vorbild und Ideal zur Durchsetzung bestimmter politischer und gesellschaftlicher Optionen im Auge hat.

Die folgenden Analysen des islamischen Fundamentalismus in seiner iranisch-schiitischen und ägyptisch-sunnitischen Variante werden zeigen, wie die genannten Merkmale des Fundamentalismus sich in der konkreten Lebenswirklichkeit darstellen.

Der islamische Fundamentalismus am Beispiel Iran

Die Anwendung des Fundamentalismusbegriffs auf den Islam ist vor allem seit der Revolution im Iran 1979 in Gebrauch gekommen. Generell ist zunächst festzustellen, dass der gegenwärtige Fundamentalismus im Iran nicht die Wiedereinsetzung der Urgemeinde von Medina oder den Rekurs auf die ideale Werte- und Gemeindeordnung des 7. Jahrhunderts zum Inhalt hat, sondern dass er eine von vielen Reaktionen auf die gesellschaftlichen Umwandlungsprozesse des 20. Jahrhunderts ist. Fundamentalismus ist immer auch Teil eines komplexen *sozialen* Transformations- und *kulturellen* Umorientierungsprozesses, den es, so oder so, der Tendenz nach in allen Gesellschaften gibt.

Die schiitisch-iranische Variante nun steht sowohl in Kontinuität der Überlieferung des schiitischen Iran seit den Safawiden als auch in bewusstem Bruch mit dieser Tradition. Sie resultiert jedenfalls aus einem schon lange währenden Grundkonflikt innerhalb der iranischen Gesellschaft, genauer gesagt: aus dem Streit zwischen Monarchie und Mullah-Herrschaft, zwischen Politik und Religion. Schon insofern unterscheidet sich der schiitische Fundamentalismus von ähnlichen Phänomenen innerhalb des sunnitisch geprägten Islam; in Letzterem spielen die Geistlichkeit und die religiösen Institutionen keine so autonome Rolle gegenüber dem Staat wie im Iran.

Hier war es vor allem die vom Schah verordnete »Weiße Revolution« am Anfang der sechziger Jahre mit ihrem Modernisierungsprogramm (z.B. Landreform, Frauenwahlrecht), die das traditionalistische Lager endgültig aus seiner Ruhe herausgerissen und politisch mobilisiert hat. Es war besonders die rigorose und provokative Art, in der der Schah diese Reformen gegen den Willen der Geistlichkeit durchgesetzt und wie er Letztere dabei behandelt und beschimpft hat (»unreine Tiere«, »Parasiten«, »schwarze Reaktionäre«), was zu Massenprotesten geführt hat. Im Frühjahr 1963, als Studenten in Qom bei einer Protestkundgebung brutal niedergeschlagen wurden, begann dann auch der Aufstieg Khomeinis zum Anführer des Widerstandes gegen den Schah, der im Februar 1979 mit der Vertreibung des Schah und der Ausrufung der »Islamischen Republik Iran« endete.

Wir können hier nicht die Geschichte dieser Entwicklung im Einzelnen beschreiben, sondern müssen uns darauf beschränken, die Grundzüge der Ideologie des schiitischen Fundamentalismus darzulegen. Wir tun dies in vier Schritten, indem wir zunächst (1) den gesellschaftskritischen Aspekt, dann (2) die umfassend heilsgeschichtliche Dimension, weiterhin (3) Grundmerkmale dieses Denkens und schließlich (4) die Idealformen von politischer und wirtschaftlicher Ordnung darstellen. Grundlage hierfür bildet eine Analyse und Auswertung vor allem der Schriften und Reden des »spiritus rector« des schiitischen Fundamentalismus, Ayatollah Khomeini.

Was die *Gesellschaftskritik* angeht, so sind es vor allem vier Bereiche, die von der fundamentalistischen Bewegung in Frage gestellt werden:

(1) Zunächst der rapide moralische Verfall des iranischen Volkes als Geltungsverlust islamischer Normen und deren Ersetzung durch eine fremde, westliche Kultur, besonders hinsichtlich der Sexualmoral und der Rolle der Frau in der Gesellschaft. Wichtigstes Symptom für diese Krise ist die öffentliche Zurschaustellung weiblicher Sexualität nach Ablegen des Schleiers, was Prostitution und Ehebruch zur Folge habe und die Familien zerstöre. Schon die kleinen Mädchen seien in ihrer Unschuld bedroht durch das Prinzip der Koedukation. Außerdem entzündet sich der Widerstand an dem vom Schah durchgesetzten Frauengesetzgebungsprogramm, das dem weiblichen Ge-

schlecht eine erheblich verbesserte Rechtsposition und früher verschlossene Tätigkeitsfelder in der Öffentlichkeit verschaffte. Auch das Freizeit- und Konsumverhalten, vor allem Alkoholgenuss, Tanz, Musik, Glücksspiel, Kino, wird schärfster Kritik unterzogen.

(2) Ein zweiter gesellschaftlicher Bereich, der zum Gegenstand der Kritik wird, ist der Verlust der islamischen Identität. Der Schah hatte im Zuge der 2500-Jahr-Feiern 1971 die islamische Legitimationsgrundlage des iranisch-persischen Staates zugunsten der achämenidisch-zoroastrisch-vorislamischen abgeschafft. Der islamische Kalender musste verschwinden. Politik und Religion wurden getrennt. Die Geistlichen mussten sich aus der Politik heraushalten.

(3) Ein dritter Kritikpunkt bezieht sich auf die zunehmende Fremdbestimmung Irans durch andere Staaten, besonders USA und Israel. Höhepunkt dieses Protestes war die Besetzung der US-Botschaft mit Geiselnahme in Teheran. Nationale und islamische Identität wurden von den Fundamentalisten in engstem Zusammenhang gesehen.

(4) Viertes und letztes zentrales Thema der fundamentalistischen Gesellschaftskritik war die Massenverelendung durch Landflucht vor allem in den Großstädten: Einerseits herrschte Massenarbeitslosigkeit und Hunger, andererseits Luxus und Verschwendung bei einer kleinen reichen Oberschicht.

Nun sind diese vier Kritikpunkte für sich selbst und allein genommen noch kein Charakteristikum von Fundamentalismus, sondern Gemeingut von fast jeder Art von Traditionalismus. Erst dadurch, dass diese einzelnen Elemente von theologischen Intellektuellen in einen umfassenden, systematischen *heilsgeschichtlichen Zusammenhang* gebracht werden, werden sie zu Kernpunkten von Fundamentalismus umgestaltet. Religiöse Überlieferung wird durch Neuinterpretation umgeformt. Die angeführten gesellschaftlichen Probleme werden geschichtsphilosophisch bzw. geschichtstheologisch überhöht: Gesellschaftliche Strukturprobleme werden umfassend heilsgeschichtlich gedeutet.

Der gegenwärtige Kampf gesellschaftlicher Gruppen um Privilegien, Macht, Reichtum usw. ist Teil des großen dramatischen Kampfes zwischen Gut und Böse, Licht und Finsternis, Gott und Satan. Das punktuelle Tun des Einzelnen wird so weltgeschichtlich relevant. Zentrale Gestalten und Ereignisse der schiitischen Geschichte werden aufgegriffen und aktualisiert: Die Position der Fundamentalisten wird in Parallele gesetzt mit der des großen Prophetenenkels und Märtyrers Hussain, der am 10. Tag (Aschura) des Monats Muharram im Jahre 680 bei Kerbela im Kampf gegen den bösen Yazid (vorher Ali gegen Muawiya) getötet wurde. Ich habe dies in meinem Buch »Arabismus, Islam, Christentum« eingehend dargestellt und muss an dieser Stelle darauf verweisen. Es gibt aber nicht nur diesen mythischen Regress in die Vergangenheit, sondern auch die Zukunftserwartung eines »Tausendjährigen Reiches« (Chiliasmus) nach der ersehnten Wiederkunft des verborgenen zwölften Imam.[184]

Die *Grundmuster schiitisch-fundamentalistischen Denkens* lassen folgende Merkmale erkennen.

(1) Zunächst einmal herrscht, wie gerade dargelegt, ein grundlegender Dualismus, ob man diesen nun als manichäisch, zoroastrisch oder sonstwie bezeichnet. Ein Drittes, Vermittelndes zwischen den beiden Polen von Gott und Satan gibt es nicht.
(2) Weiterhin herrscht Fremdenfeindlichkeit, Xenophobie. Das Böse ist primär das Fremde, von außen Importierte. Vor allem die USA, Israel und die damalige Sowjetunion galten als Inkarnationen des Fremden und Bösen.
(3) Die Heilung und Rettung aus dieser Bedrohung seitens des Fremden liegt, neben der Zurückdrängung und Vernichtung dieses Fremden, in der Rückbesinnung auf die ureigenen religiösen und kulturellen Ursprünge, konkret auf die ideale Ordnung der Urgemeinde von Medina, auf die Vorbilder von Muhammad und Ali. So ist dieser sogenannte »Nativismus« ein weiteres, drittes Merkmal schiitisch-fundamentalistischen Denkens.
(4) Die Weltverschwörungsthese ist ein viertes Kennzeichen: Der

Gegner kämpft nicht offen und fair, sondern bedient sich einer Verschwörung, wobei auch hier die USA und Israel eine entscheidende Rolle spielen. Innenpolitische Gegner konnten auf diese Weise als Agenten dieser Mächte diffamiert und leicht kaltgestellt werden.

(5) Ein fünftes Kennzeichen ist die negative Sicht der weiblichen Sexualität bzw. die duale Sicht der Geschlechter, aus der eine völlig getrennte Aufgabenstellung und strikte Trennung der jeweiligen Lebensbereiche resultiert. Aufgabenbereich der Frau ist das Gebären und Erziehen von Kindern, die Führung des Haushalts. Wem dies nicht möglich ist, der kann unter bestimmten Bedingungen in Büro oder Fabrik arbeiten, allerdings in strikter räumlicher Trennung vom männlichen Geschlecht; denn die Frau als ›femme fatale‹ ist, im Sinne des Eva-Mythos, die potentielle Verführerin des Mannes zur Sünde und hält diesen von der Erfüllung seiner religiösen Pflichten ab.

Nachdem ich die wesentlichen Charakteristika des schiitischen Fundamentalismus dargelegt habe,[185] wende ich mich nun der sunnitischen Variante zu, und zwar am Beispiel Ägyptens. Ich stelle dabei nur die Momente heraus, in denen sich beide Varianten unterscheiden, um so Wiederholungen zu vermeiden.

Der ägyptisch-sunnitische Fundamentalismus

Fundamentalismus als »Gegenreformation«

Dass sich der Begriff »Fundamentalismus« oder ähnliche Begriffe, die ursprünglich der Auseinandersetzung des Katholizismus bzw. des Protestantismus mit der Moderne bzw. dem Modernismus entstammen, ohne Willkür und Beliebigkeit auch auf das Phänomen des »Islamismus« anwenden lassen, kommt nicht von Ungefähr. Die Reformbewegungen eines Muhammad Abduh zum Beispiel, aber auch andere Reformbewegungen des späten 19. und frühen 20. Jahrhunderts, vor allem in Ägypten, können nämlich mit einem gewissen Recht als Renaissance und Reformation, als ein »Erwachen«, als eine »Erweckungsbewegung«, ja als Modernismus und Liberalismus angesehen und bezeichnet werden. Damit ist aber auch das Auftreten einer »Gegenreformation«, einer fundamentalistischen Abwehrhaltung gerade in Ägypten durchaus plausibel. Ägyptens Bourgeoisie und nationalistisches Unternehmertum emanzipierten sich im Verlaufe der Revolution 1919 gegen die britische Kolonialherrschaft auf einen Kurs der Säkularisierung hin, der Modernisierung und des kapitalistischen Systems, und zwar mit einer bis dahin nicht dagewesenen Geschwindigkeit.

Im Zuge dieses politisch-gesellschaftlichen Prozesses entfalteten sich auch Elemente einer theologischen Reformation, einer literarischen und intellektuellen Renaissance und einer rationalistisch-wissenschaftlichen Aufklärung. Von daher gesehen ist es, wie bereits gesagt, nicht verwunderlich, wenn sich die islamische Gegenreaktion auch als Gegen-Reformation, als Gegen-Renaissance, als Gegen-Aufklärung versteht. Als dies versteht sich in der Tat denn auch jene Urform aller arabischen Fundamentalismen: nämlich die 1928 gegründete »Moslem-Bruderschaft«.

Wenn es in Gesprächen und Diskussionen um das Stichwort »ägyptischer Fundamentalismus« geht, so fallen immer und sofort zwei Namen: Hassan Al-Banna und Sayyid Qutb. Ersterer ist bedeutsam vor allem als Gründer und Organisator der Bewegung der »Moslem-Bruderschaft«, Letzterer speziell als der »spiritus rector«, als der »geistige Vater« des ägyptischen Fundamentalismus.[186]

Hassan Al-Banna und die »Moslem-Bruderschaft«

Hassan Al-Banna, ein Lehrer aus Unterägypten, gründete im Jahre 1928 die auch heute noch höchst einflussreiche und verbreitete »Moslem-Bruderschaft« in Ägypten.[187] Sie hatte zunächst vor allem zwei Angriffspunkte: die britische Kolonialherrschaft und die ägyptische Monarchie. Glaube und Staat sollten wieder ein und dasselbe sein (din wa daula). Al-Banna setzte sich kritisch mit der höchsten islamischen Lehrautorität, der Al-Azhar-Universität, auseinander. Er hatte wahrgenommen, dass die Islam-Gelehrten die Prinzipien des Islam immer in Einklang zu bringen versuchten mit der weltlichen Obrigkeit. Dagegen formulierte Al-Banna:

»Das Reich Gottes ist unser Vaterland, der Koran unsere Verfassung, der Prophet unser Führer und der Dschihad unsere Richtschnur.« Er verherrlichte in seinen Predigten die ideale Frühzeit des Islam in Medina. Die in der Bevölkerung und an den Universitäten latent vorhandenen anti-kolonialistischen Gefühle verstand er klug weiterzuschüren, er förderte den Willen zur Befreiung und Fremdenfeindlichkeit. Die Moslem-Bruderschaft gründete eigene Schulen und soziale Einrichtungen und erwarb sich so in der Bevölkerung größte Sympathien. Nach inoffiziellen Schätzungen betrug die Zahl der Mitglieder der Moslem-Bruderschaft Anfang der vierziger Jahre über zwei Millionen.

Eine wahre staatliche Führung, so Al-Banna, sei immer »Ausführungsorgan der göttlichen Vorschriften des Islam«. Wenn eine Regierung wirklich der »scharia«, dem islamischen Recht folgt, so hat sie vielversprechende Perspektiven für die Zukunft: »Wenn wir eine islamische Regierung hätten, wahr im Islam, aufrichtig im Glauben, unabhängig im Denken und im Handeln, die den Besitz der Wissenschaft und die Erhabenheit der ererbten islamischen Ordnung als größten Schatz in ihren Händen erkennt, die glaubt, dass diese Ordnung das Heilmittel für ihr Volk und die Führung für die Menschen insgesamt ist, dann müssten wir diese Regierung auffordern, die Welt im Namen des Islam zu stärken, und von anderen Staaten verlangen, diese Ordnung zu prüfen und zu untersuchen; dann müssten wir sie dazu drängen, durch wiederholte Aufforderungen und Überredung, durch Hinweise und aufeinander folgende Anordnungen, durch andere Mittel des Aufrufs und der Hinführung; so würde sie dann eine geistige, politische und handelnde Position unter den anderen Regierungen erzielen und fähig sein, die Vitalität des Volkes zu erneuern, es dem Ruhm und dem Lichte entgegenzutreiben und in ihm Begeisterung, Eifer und Aktivität zu erwecken.«[188]

Die Deutung dieser Worte ist natürlich abhängig von dem Schlüsselbegriff »dschihad«. Authentischer Interpretationsschlüssel kann aber eigentlich nur das berühmte Hadith des Propheten sein, der den aus einer schweren Schlacht heimkehrenden Kämpfern zurief: »Ihr kommt aus dem kleinen dschihad; beginnt jetzt den großen dschihad in euch bzw. gegen euch selber«, gegen eure Leidenschaften und Begierden, gegen euren Egoismus und gegen euer niederes Ich!

Die *militärische* Variante wäre nur die ultima ratio, wenn Mächte des Unglaubens die Gläubigen mit Gewalt an der Durchführung dieses dschihads hindern wollen. In diesem Sinne wäre der Aufruf zum dschihad nicht die Aufforderung zu Terror und gewaltsamer Mission, sondern zu innerer Umkehr, auch der Verantwortlichen in Staat und Gesellschaft. Wie hat nun Al-Banna diesen dschihad verstanden?

In seiner »Abhandlung über den dschihad«[189] versucht Al-Banna, das sei vorweg gesagt, seine schon im vorhinein feststehende Meinung zu untermauern, indem er Koran und Hadithe des Propheten in seinem Sinne selektiv heranzieht, oft Stellen aus dem Zusammenhang herausreißt oder sie gar verfälscht. Al-Banna beginnt mit der Feststellung, der dschihad sei eine Verpflichtung (farida) für jeden Muslim, wobei er die beiden Begriffe »dschihad« und »qital« synonym verwendet, obwohl sie eigentlich etwas sehr Verschiedenes bedeuten: Dschihad ist die angestrengte Bemühung in Sachen Religion, Kampf gegen das niedere Ich im eigenen Innern, Einsatz für sozialen Fortschritt, Kampf gegen Krankheit, Unwissenheit usw.; nur im Sinne einer ultima ratio kann dschihad auch die militärische Form annehmen, also »qital« werden: Gewaltanwendung.

Al-Banna sieht beide Begriffe nur in der Bedeutung des Gewaltgebrauchs, ob nun in der Ausübung des Widerstandes gegen ein bestehendes Regime oder als Krieg gegen die »Ungläubigen«. Die »Subjekte« des Krieges sind hierbei nicht Staaten – die spielen zugunsten der islamischen Gesamtgemeinde (umma) auch in der klassischen Theorie keine Rolle –; der Kriegsbegriff wird hier also sehr weit ausgelegt. Dschihad sind in diesem Sinne auch Bombenanschläge auf Touristen und Morde an Individuen. Dschihad im militärischen Sinne bezieht sich auch auf Kämpfe zwischen losen Gruppen von »Gläubigen« und »Ungläubigen«, unabhängig von ihrer politischen Organisationsform. Nach klassischer islamischer Tradition wurde individuelle Gewalt, vor allem ohne Vorwarnung aus dem Hinterhalt, nicht als dschihad eingestuft.

Al-Banna zitiert zu Beginn seiner Abhandlung den Koranvers: »Euch ist vorgeschrieben zu kämpfen, obwohl es euch zuwider ist« (Sure 2,216). Er fügt gleich einen anderen hinzu: »Und wenn ihr sterbt oder getötet werdet, so werdet ihr zu Gott versammelt werden« (3,18). Diese willkürlich zitierten, aus ihrem ursprünglichen Zusammenhang gerissenen Koranverse dienen ihm als Grundlage für seine Glorifizierung des Kampfes und des Todes für Allahs Sache. Nach Bassam Tibi ist dies eine »Legitimation des Terrorismus unter Missbrauch eines heiligen Textes, der das menschliche Leben als göttliche Schöpfung ausdrücklich heiligt«.[190]

Anstatt sich auf die Toleranz zum Ausdruck bringenden Koranverse: »Ihr habt eure Religion und ich habe meine« zu beziehen, weitet Al-Banna die Pflicht zum Qital sogar aus auf die »Leute des Buches«, also auf Juden und Christen. Und so werden sich ägyptische Fundamentalisten für ihre Terroranschläge auf Kopten auf Al-Banna berufen, der zu diesem Zweck den Koranvers zitiert: »Kämpft gegen diejenigen, die nicht an Gott und an den jüngsten Tag glauben ... bis sie kleinlaut aus der Hand Tribut entrichten« (Sure 9,29). Immer wieder praktiziert er die Gleichsetzung von dschihad und qital, wobei er hinzufügt: »Allah hat die Muslime zum Kämpfen verpflichtet, um ... die Ausübung von al-da'wa und damit des Friedens zu sichern, während die große Mission, die Gott ihnen anvertraut hat, verbreitet wird.«[190]

Frieden ist also für Al-Banna nur unter der Herrschaft von Muslimen möglich«; Nicht-Muslime dürfen nur als unterworfene und geschützte Minderheiten unter dieser allumfassenden Herrschaft leben. Andernfalls ist die Kriegspflicht unabweislich. Al-Banna wendet sich scharf gegen jeden Versuch, »die Menschen von der Bedeutung von qital als der wahren Absicht von dschihad abzulenken ... Die große Belohnung für die Muslime, die kämpfen, ist es, zu töten oder für Allah getötet zu werden«.[191] Er beschließt seine Abhandlung mit einer Verherrlichung des Todes: »Allah belohnt die umma, die die Kunst des Todes beherrscht und die die Notwendigkeit eines Todes in Würde anerkennt ... Seid sicher, Tod ist unvermeidbar ... wenn ihr es für den Weg Allahs tut, dann werdet ihr belohnt werden.« In solchen Worten liegt auch schon die moralische Legitimation, ja geradezu der Aufruf zu selbstmörderischen Terroraktionen.

Beschlossen sei die Darstellung der Ideologie Al-Bannas mit seinem »Glaubensbekenntnis der Moslembrüder«. Wir zitieren es hier in voller Länge, weil es die Ziele und Wege der Moslem-Bruderschaft wie kaum ein anderes Dokument zusammmenfassend zum Ausdruck bringt.[192]

(1) Ich glaube, dass alle Dinge auf Gott zurückgehen; dass unser Meister Muhammad – Gottes Segen ruhe auf ihm – der Letzte der Propheten ist und zu allen Menschen gesandt wurde; dass der Koran das Buch Gottes ist; dass der Islam ein allgemeines Gesetz darstellt für die Ordnung dieser Welt und der jenseitigen. Ich gelobe, einen Teil des edlen Koran auswendig zu lernen; mich an die läuternde Sunna zu halten, das Leben des Propheten und seiner edlen Gefährten zu studieren.

(2) Ich glaube, dass die Tugend, die Aufrichtigkeit und das Wissen zu den Grundlagen des Islam gehören. Ich verpflichte mich, aufrichtig zu sein, die Ritualvorschriften zu erfüllen, mich von den verbotenen Handlungen fern zu halten, tugendhaft, wohlgesittet zu sein, schlechte Gebräuche aufzugeben, den Glaubensriten des Islams so genau wie möglich zu folgen, Liebe und Zuneigung dem Streit und den Prozessen vorzuziehen, auf die Gebräuche und die Sprache des Islam stolz zu sein, das Wissen und die nützlichen Kenntnisse unter dem Volk zu verbreiten.

(3) Ich glaube, dass ein Muslim arbeiten und Geld verdienen soll, dass ein jeder Bedürftige und Notleidende ein Recht auf das Geld hat, das er verdient. Ich verpflichte mich, zu arbeiten und für die Zukunft zu sparen, Almosensteuer zu entrichten und einen Teil meines Einkommens für gute Werke auszugeben, alle nützlichen Wirtschaftsprojekte zu ermutigen, den Erzeugnissen meines Landes und meiner Religionsgenossen den Vorzug zu geben, keinen Wucher zu treiben, in welchem Geschäft immer es sei, mich nicht Dingen hinzugeben, die meine Fähigkeiten übersteigen.

(4) Ich glaube, dass der Muslim für seine Familie verantwortlich ist, dass es zu seinen Pflichten gehört, ihre Gesundheit zu erhalten, ihren Glauben und ihre guten Sitten. Ich verpflichte mich, alles mir Mögliche in diesem Sinne zu tun, den Mitgliedern meiner Familie die islamische Lehre einzustillen, meine Kinder nicht in eine beliebige Schule zu senden, die sie nicht die Sitten und den Glauben der Muslime lehrt, alle Zeitungen, Veröffentlichungen, Bücher, Organisationen, Gruppen und Clubs zu meiden, die sich den Lehren des Islam widersetzen.

(5) Ich glaube, dass ein Muslim die Pflicht hat, den Ruhm des Islam neu zu beleben, indem er die Renaissance der Völker fördert und die islamische Gesetzgebung wiederherstellt. Ich glaube, dass die Fahne des Islam die Menschheit beherrschen sollte und dass es Pflicht eines jeden Muslim ist, die Welt von den Regeln des Islam zu unterrichten. Ich gelobe, mein Leben lang zu kämpfen, um diese Mission zu erfüllen, und ihr alles, was ich besitze, zu opfern.

(6) Ich glaube, dass alle Muslime eine einzige und vereinte große Nation bilden, die durch den Islam geeint ist, und dass der Islam seinen Söhnen gebietet, allen Wohltaten zu erweisen. Ich gelobe, alles, was ich vermag, zu tun, um die Bruderschaft aller Muslime zu stärken und ihre Gleichgültigkeit zu überwinden sowie die Unterschiede auszugleichen, die unter ihren Gruppen und Bruderschaften bestehen.

(7) Ich glaube, dass das Geheimnis der Rückständigkeit der Muslime mit ihrer Entfernung von ihrer Religion erklärt werden muss, dass die Grundlage einer Reform darin besteht, dass man zu den Lehren und Urteilen des Islam zurückkehrt. Dies ist möglich, wenn die Muslime in diesem Sinn wirken, und die Lehre der muslimischen Brüder zielt darauf hin. Ich gelobe, mich an diesen Grundausrichtungen festzuhalten, loyal zu bleiben gegenüber einem jeden, der für sie wirkt, ein Soldat in ihrem Dienst zu sein und nötigenfalls für sie zu sterben.

Die ägyptische Regierung erkannte sehr wohl den »Sprengstoff«, die tickende Zeitbombe, die in diesem Programm lag. Obwohl Al-

Banna zusammen mit den ägyptischen Offizieren gegen die Kolonialmacht und gegen Israel kämpfte, wurden viele Moslembrüder verhaftet. Als der Ministerpräsident im Dezember 1948 von einem zur Bruderschaft gehörenden Studenten erschossen wurde, begann eine Welle der Verfolgungen. Hassan Al-Banna wurde am 12. Februar 1949 von den Rächern der politischen Polizei ermordet.

Als 1952 die »freien Offiziere« (Nasser, Sadat) die Macht übernehmen, werden sie zunächst von den Moslembrüdern unterstützt. Diese sehen im neuen sozialistischen Regime Nassers ihren verlängerten weltlichen Arm. Im Laufe der nächsten zwei Jahre aber wächst die Entfremdung zwischen Nasser und der Moslem-Bruderschaft. Nasser erkennt sie als hoch gefährlichen politischen Gegner. Als im Oktober 1954 in Alexandria ein Attentat auf Nasser missglückt, beginnt eine radikale »Säuberungsaktion«: Führende Moslembrüder werden gehängt, hunderte wandern ins Gefängnis, ins Konzentrationslager. Unter ihnen befindet sich auch der Moslembruder Sayyid Qutb. Er wurde zum geistigen Vater des ägyptischen Fundamentalismus, zur Kultfigur der islamischen Fundamentalisten in aller Welt. Seiner Persönlichkeit und seinem Denken wollen wir uns jetzt zuwenden.

Sayyid Qutb – die Kultfigur des islamischen Fundamentalismus

Qutb wurde 1906 in einem Dorf in der mittelägyptischen Provinz Assiut geboren. Obwohl er einer religiösen Familie entstammte, galten seine Interessen zunächst mehr der literarischen als der religiösen Arbeit. Nachdem er 1930 mit einem Diplom als Erzieher das »Haus der Wissenschaften« in Kairo verlassen hatte, trat er eine Stelle im ägyptischen Unterrichtsministerium an. Außerdem wurde er in der Gewerkschaftsorganisation tätig. Sein Interesse an den literarischen Aspekten des Koran führte ihn in steigendem Maß näher an den islamischen Glauben selbst heran. Dies fand seinen Niederschlag vor allem in seinem Buch »Soziale Gerechtigkeit im Islam«.[193] Durch dieses Buch kam er in engeren Kontakt mit der Moslem-Bruderschaft.

Im Jahr 1948 wurde der inzwischen sehr unbequem gewordene Qutb vom ägyptischen Kultusministerium in die USA geschickt, um das nordamerikanische Erziehungssystem zu studieren. Offenbar waren seine Dienstherren in Kairo überzeugt, Qutb käme als begeisterter Anhänger des amerikanischen Lebens- und Erziehungsstils zurück. Doch weit gefehlt: Schon auf der Schiffsreise entdeckt Qutb, jetzt abgeschnitten von seiner gewohnten kulturellen und religiösen Umwelt, seine muslimischen Wurzeln, wird sich seiner Identität bewusst. Er pflegt getreu seine Gebete, ja belehrt sogar seine muslimischen Mitpassagiere in Sachen Glauben. Als ihm eine halb nackte betrunkene Frau in seiner Kabine auflauert, schickt er sie fort: Schon hier erlebt Qutb etwas von dem vorweg, was ihn dann in den USA erwartet, ein moralisch korruptes und dekadentes Land, wo nicht Gott, sondern der Dollar angebetet wird, wo sexuelle Promiskuität herrscht. Als Hassan Al-Banna in Ägypten ermordet wird, löst das in Amerika Freudenausbrüche aus. All das ekelt ihn an. In ihm festigt sich der tief sitzende Hass auf alles »Westliche«.

Während seines zweijährigen Aufenthaltes in den USA beschäftigt sich Qutb auch lange und intensiv mit der Lektüre des Buches »Der Mensch. Das unbekannte Wesen« von Alexis Carrel (1873–1944).[194] In diesem Werk bringt der französische, in New York wirkende Nobelpreisträger für Medizin die westliche Sinnkrise zum Ausdruck; er beklagt die Unwissenheit, die Ignoranz der westlichen Gesellschaften hinsichtlich des eigentlichen Wesens des Menschen und will diesen Mangel durch die Grundlegung einer ganzheitlichen Anthropologie überwinden. Bei Qutb trifft dieser Ignoranz-Begriff auf die ihm als Moslem aus dem Koran vertraute »dschahiliya«-Vorstellung, dass nämlich die vorislamische Zeit das Zeitalter der »Unwissenheit« war. Aus dieser Begegnung resultiert dann bei Qutb der für die gesamte Fundamentalismus-Theorie so zentrale und grundlegende Gedanke von der »dschahiliya des zwanzigsten Jahrhunderts« (siehe S. 174ff.).

Als Qutb 1951 nach Ägypten zurückkehrt, ist er ein radikaler Kritiker des »american way of life« geworden. Er wird aus dem Erziehungsministerium entlassen. Im Alter von 45 Jahren tritt er in die Moslem-Bruderschaft ein (Qutb dazu: »Ich bin 1951 geboren«). Er wird sehr bald in den Führungsrat gewählt und Leiter der Abteilung für die Propagierung des Islam. Nach dem oben erwähnten Attentat auf Nasser durch einen Moslembruder wird er zusammen mit vielen anderen Moslembrüdern verhaftet, brutal gefoltert und zu 25 Jahren Zwangsarbeit verurteilt. Seine Strafe verbüßt er in dem berüchtigten Konzentrationslager bzw. in dem diesem angegliederten Krankenhaus von Tura im Süden von Kairo.

In dieser Zeit, von 1954 bis 1964, gelingt es Qutb, aus dem Gefängnis heraus eine Reihe von Büchern und kleineren Abhandlungen[195] zu schreiben, unter anderem die überarbeitete Fassung seines großen Korankommentars »Im Schatten des Koran«[196] und seine berühmten »Wegzeichen«, die zur Programmschrift, zu einem »Ikonen-Text« des ägyptischen Fundamentalismus werden sollten. 1964 wird Qutb zwar durch die Intervention des irakischen Präsidenten aus dem Gefängnis entlassen, aber zwei Jahre später wieder verhaftet und im Morgengrauen des 29. August 1966 gehängt. Wenn man fragte, warum Qutb zum Tode verurteilt worden sei, hieß damals in Ägypten die Antwort, man müsse seine »Wegzeichen«[197] lesen. Im Folgenden werde ich anhand dieses »Kult-Buches« des Islamismus Qutbs grundlegende Gedanken nachzuzeichnen versuchen.

Das Kultbuch des Fundamentalismus: Qutbs »Wegzeichen«

Ausgangspunkt im *Einleitungskapitel* ist die Feststellung, dass sowohl der Westen als auch der Osten mit den jeweils herrschenden Ideologien gescheitert sind und dass der einzig mögliche Weg zur Lösung der Menschheitsprobleme der Islam ist.

»Die Menschheit steht in unseren Tagen am Rande des Abgrunds, nicht wegen der über ihr schwebenden drohenden Zerstörung – die ist nämlich nur das Symptom des Übels, nicht das Übel selbst –, sondern wegen ihres Versagens im Bereich der »Werte«, durch deren Einfluss das menschliche Leben eine gesunde Entwicklung erfahren könnte. Dies wird deutlich in der westlichen Welt, die keine menschlichen Werte mehr besitzt, mit denen sie ihr eigenes Gewissen von ihrer Existenzberechtigung überzeugen könnte. Nachdem die »Demokratie« in der westlichen Welt den Bankrott anmelden musste, fing man allmählich an, die Strukturen des Ostblocks zu übernehmen, insbesondere das Wirtschaftssystem, und zwar im Namen des Sozialismus.

Die Situation im Bereich des Ostens ist ganz ähnlich. Die kollektivistischen Theorien, allen voran der Marxismus, die angesichts ihres doktrinären Charakters anfänglich auf viele Menschen, im Osten wie im Westen, eine große Anziehungskraft ausübten, haben sich in intellektueller Hinsicht deutlich zurückentwickelt und stehen heute nur noch im Dienste des Staates und seiner Strukturen. Dieser Staat aber hat mit den doktrinären Grundsätzen dieser Ideologien nichts mehr gemein ... Die Menschheit braucht unbedingt eine neue Führung.«[198]

Die islamische »umma« (Gemeinde) muss in dieser kritischsten aller Zeiten der Verwirrung und Unruhe jetzt ihre ureigene Rolle übernehmen. Der Islam, so Qutb, verwirft durchaus nicht die materiellen Fortschritte und Errungenschaften in dieser Welt, im Gegenteil, er zählt sie zu den vorrangigen menschlichen Aufgaben, weil Allah selbst den Menschen zu seinem Stellvertreter (chalifa) auf Erden bestellt hat. Unter bestimmten Bedingungen ist dieses Wirken für den menschlichen Fortschritt geradezu eine Form der Anbetung Gottes (ʿibada). Die genannte Rolle kann der Islam nach Qutb aber nur dann übernehmen, wenn er sich in einer wahrhaftigen islamischen »umma« verkörpert – einem rein abstrakten, nicht in greifbaren Lebensumständen erfahrbaren Glauben schenkt die Menschheit kein Gehör.

Nun stellt Qutb aber fest, dass de facto die real existierende »umma« kein Boden ist, auf dem der Islam lebt. Eine »umma«, in der Werte und Maßstäbe, Leben und Gebräuche auf der islamischen Ethik (minhadsch) beruhen, sieht Qutb weit und breit nicht. Seitdem nirgendwo auf der Welt mehr Allahs Gesetz Geltung findet, hat nach Qutb eine solche »umma« aufgehört zu existieren. Der in seiner Bedeutung und Tragweite gar nicht zu überschätzende Schlüsselbegriff Qutbs zur Kennzeichnung dieses Weltzustandes ist »dschahiliya«: Unwissenheit.[199]

»Heute lebt die ganze Menschheit hinsichtlich der Quelle, aus der sie ihre Werte und Regeln schöpft, im Zustand der dschahiliya. Dieser Zustand wird auch nicht durch noch so große materielle Erleichterungen und Errungenschaften gemindert. Die Grundlage, auf der die dschahiliya beruht, ist die Verletzung der Autorität Gottes auf Erden, die Verletzung der vorrangigen Eigenschaft des Göttlichen, nämlich seiner Herrschaftsgewalt (hakimiya). Denn sie überträgt die Herrschaftsgewalt auf die Menschen und macht aus bestimmten Menschen Götter für die anderen Menschen.

Das vollzieht sich nicht in der Form der ursprünglichen Arglosigkeit der ersten [geschichtlichen] dschahiliya, sondern indem sich der Mensch das Recht anmaßt, Vorstellungen, Werte, Gesetze, Regeln und Gebräuche selbst zu bestimmen, unabhängig von der göttlichen Ethik und ohne Berücksichtigung der göttlichen Verbote. Dieser Angriff gegen die Herrschaftsgewalt Gottes bedeutet gleichzeitig auch einen Angriff gegen Gottes Geschöpfe. Die allgemeine Erniedrigung des Menschen in den kollektivistischen Staatsordnungen und das Unrecht, das die Individuen und Völker unter der Herrschaft des Kapitals und des Kolonialismus zu erleiden haben, sind nur eine Auswirkung dieses Angriffs gegen die Herrschaftsgewalt Gottes und zugleich eine Verneinung der Würde, die Gott den Menschen verliehen hat.«[200]

Qutb ist nun der absolut sicheren Überzeugung, dass Moslems »ohne einen Zweifel« das Wissen von etwas »vollkommen Neuem« besitzen, von dem die Menschheit nichts weiß und das sie auch nicht selbst hervorbringen könnte. Nur muss dieses Neue in einer konkreten Form verkörpert werden, die im Leben einer »umma« zum Ausdruck kommt. Eben das erfordere die »Wiedererweckung« (ba'ath) der islamischen Länder. Wie soll nun diese Wiedererweckung vor sich gehen?

»Eine Avantgarde (tali'a), das ist unausweichlich, muss dies entschlossen in Angriff nehmen und sich auf den Weg machen, um die dschahiliya, die überall auf der Welt ihre tiefen Wurzeln geschlagen hat, von innen her zu zerstören. Sie wird es verstehen müssen, sich einerseits in eine Art Isolation ('azl) zurückzuziehen, und andererseits den Kontakt (ittisal) mit der sie umzingelnden dschahiliya zu suchen. Damit diese Avantgarde ihren Weg findet, muss es *Wegzei-*

chen geben, Zeichen, durch die sie erkennt, wo ihre lange Reise beginnt, welche Rolle sie auf ihrem Weg zu spielen hat und worin ihre wahre Aufgabe liegt ... Ebenso lassen sie diese Zeichen wissen, welche Haltung sie gegenüber der weltweit herrschenden dschahiliya einzunehmen hat. Wie definiert sie sich ihr gegenüber? Wann soll sie auf die Menschen zugehen und wann soll sie sich von ihnen zurückziehen? Wie und worüber soll sie mit ihnen in der Sprache des Islam reden? ... Für diese seit langem erhoffte Avantgarde habe ich »Wegzeichen« geschrieben.«[201]

Das Manifest der »Wegzeichen« ist also von Qutb sowohl zur Analyse und Diagnose der zeitgenössischen Gesellschaft als auch zum Zweck von prinzipiellen und dezidierten Therapievorschlägen geschrieben worden. Sowohl in der Feststellung des Versagens von West und Ost als auch in der Überzeugung, dass ein wiedererweckter Islam die Menschheitsprobleme lösen könnte, ist sich Qutb einig mit vielen anderen Moslembrüdern. Wenn und insofern er aber den Begriff der dschahiliya zur entscheidenden Charakterisierung seiner Gesellschaft heranzieht, verlässt er diesen Konsens und beschreitet völlig neue Wege. Bis dahin wurde dieser Begriff auch vom Koran zur Charakterisierung der *vorislamischen* arabischen Gesellschaft gebraucht. Wenn es aber so ist, dass auch die *gegenwärtige* Gesellschaft nach dem Modell der historischen dschahiliya geformt und eine Kopie von dieser ist, dann ist es nur konsequent, ihr gegenüber dieselbe Haltung einzunehmen, die der Prophet Muhammad und seine Glaubensgefährten dem geschichtlichen Vorläufer gegenüber eingenommen haben: einmal Rückzug und Isolation, ein andermal Kontakt, Auszug aus Mekka (hidschra) und Rückkehr.

Von dieser dschahiliya sieht Qutb auch Ägypten überzogen. Und dschahiliya ist in dieser Hinsicht eine Gesellschaft, die von einem ungerechten Herrscher geführt wird, der sich anstelle Allahs anbeten lässt. Die Richtlinien von Koran und Sunna werden zugunsten eigener Machtinteressen und Launen ignoriert. Man muss sich dabei auch immer vor Augen halten, dass Qutb seine »Wegzeichen« aus dem Konzentrationslager heraus geschrieben hat; er kannte nur zu gut die »andere Seite« des gepriesenen

Nasserschen Sozialismus: Stacheldraht, Folter und Galgen. Qutb war sich im Klaren darüber, dass die traditionelle Methode der »Mission« (da'wa) in einem solchen totalitären Staat keine Chance mehr hatte.

Von der dschahiliya ist aber nicht nur seine Heimat Ägypten gezeichnet: »Jede Gesellschaft, die nicht muslimisch ist, ist dschahilitisch ... de facto jede Gesellschaft, die etwas anderes als Gott und ihn allein anbetet ... Nach dieser objektiven Definition müssen sämtliche Gesellschaften, die heute auf der Welt existieren, dieser Kategorie zugerechnet werden.«[202]

Die kommunistischen Gesellschaften gehören dazu, weil sie Gott verneinen, die Partei zum Gegenstand der »Anbetung« ('ubudiya', Diener-Sein) machen und die Bedürfnisse der Menschen auf die von Tieren reduzieren. In anderen Gesellschaftsformen wird die höchste Herrschaftsgewalt (al-hakimiya, Souveränität) im Namen des Volkes oder im Namen von irgendetwas anderem ausgeübt. Ja, selbst die sich als muslimisch bezeichnenden Gesellschaften müssen der Kategorie der dschahiliya-Gesellschaften zugerechnet werden, weil sie zwar an den einen Gott glauben, aber ihre Anbetung de facto eben nicht nur ihm allein gehört, sondern göttliche Eigenschaften auch anderen als Gott zugesprochen werden. Die beiden entscheidenden Phänomene bzw. Begriffe, die die Kriterien bilden, nach denen beurteilt werden kann, ob eine Gesellschaft der dschahiliya angehört oder nicht, sind für Qutb also »Anbetung« (Diener-Sein) und »Herrschaftsgewalt« (Souveränität), auf arabisch »ubudiya« und »hakimiya«.

Beide Begriffe stammen in dieser Form nicht aus dem Koran; Qutb hat sie von dem höchst einflussreichen indo-pakistanischen Korangelehrten Abul A'la Maududi aus dessen Buch »Die vier Grundbegriffe im Koran«[203] übernommen. Maududis Anliegen war es, die Koranbegriffe von der Verwässerung bzw. Verkrustung zu befreien, die sie durch ihre Gefangenschaft in der gelehrten Tradition im Laufe der Jahrhunderte erlitten hatten, und ihnen ihre ursprüngliche und reine Bedeutung wieder zurückzugeben, die sie für die Araber zu der Zeit der göttlichen Offenbarung gehabt hatten. Das authentische, ursprüngliche semantische Feld sollte wieder freigelegt werden. Aber das ist nur der erste Schritt im Prozess der Begriffsläuterung. In einem weiteren Schritt sucht Maududi dann nach entsprechenden Begriffen im modernen Vokabular, die als Synonyme der vier Grundbegriffe angesehen werden können; diesen verleiht er damit einen quasi-sakralen Charakter. 'Ibada, »Anbetung«, hatte gemäß der Auslegung der gelehrten Tradition z.B. die Bedeutung von bestimmten vorgeschriebenen rituellen Handlungen: Glaubensbekenntnis, Gebet, Fasten, Almosen, Pilgerfahrt nach Mekka.

Um aber die ursprünglich koranische Bedeutung dieses Begriffs 'ibada wirklich zu verstehen, muss man ihn nach Maududi mit drei synonymen Ausdrücken der modernen Sprache umschreiben, nämlich: Anbetung ('ubudiya), Unterwerfung (ita'a) und ta'alluh (Vergöttlichung). Maududi beschreibt das so:

»In den Versen, in denen das Wort 'ibada die Bedeutung von Anbetung ('ubudiya) oder Unterwerfung trägt, ist der Gegenstand der Anbetung entweder der Teufel oder die Aufständischen (gegen Gott). Sie haben sich selbst zu Götzen gemacht und sie haben die, die Gott anbeten, dazu gebracht, sie selbst anzubeten und ihnen zu dienen. Es sind damit also die Imame und andere Führer gemeint, die die Menschen dazu zwingen, nach Regeln zu leben, die sie selbst von A bis Z erfunden haben, während sie dabei das Buch Gottes hinter ihrem Rücken verborgen halten. In den Versen, in denen 'ibada Vergöttlichung meint, geht es um die Dämonen, Propheten, Standbilder, Engel und andere, die von den Menschen zu Gottheiten ernannt worden sind; der Koran betrachtet dies als null und nichtig und erklärt ausschließlich Gott zum legitimen Gegenstand der Vergöttlichung.«[204]

Diesem Aspekt, dass allein Gott die Anbetung gebührt, korrespondiert der andere, dass Gott allein die »Herrschaftsgewalt« (hakimiya, Souveränität) ausübt; seine alleinige Souveränität ist der einzige Garant gegen die willkürliche Machtausübung des weltlichen Herrschers.

Im Anschluss an Maududi liegt also für Qutb das entscheidende Kriterium dafür, ob eine Gesellschaft als islamisch oder als dschahilitisch einzustufen ist, in der Art und Weise, wie in dieser Gesellschaft Anbetung und Herrschaftsgewalt verstanden und praktiziert werden.

In dem Kapitel »Der Islam ist die Zivilisation« konkretisiert Qutb im Detail die unterscheidenden Kriterien, und der Leser von damals konnte leicht erkennen, dass auch die »Vereinigte Arabische Republik« Nassers zur »dschahiliya« zu rechnen ist:

»Der Islam kennt nur zwei Arten von Gesellschaften: die islamische Gesellschaft und die heidnische [dschahilitische] Gesellschaft. Die islamische Gesellschaft ... ist diejenige Gesellschaft, in welcher der Islam in allen seinen Dimensionen praktiziert wird: in Glaubenslehre, Kultus, Scharia, politischem System, Moral und ethischem Verhalten. Die heidnische Gesellschaft ... ist die Gesellschaft, in welcher der Islam nicht praktiziert wird, welche weder durch seine Glaubenslehre und seine begrifflichen Grundlagen, seine Werte und Kriterien, seine politische Ordnung und seine Gesetze, noch seine moralischen und ethischen Maßstäbe regiert wird. Die islamische Gesellschaft ist nicht diejenige, die Menschen umfasst, die sich selbst »Muslime« nennen, ohne aber dass die scharia des Islam das Gesetz dieser Gesellschaft ist – mögen sie auch beten, fasten und zum Hause Gottes pilgern. Ferner ist die islamische Gesellschaft nicht diejenige, welche für sich selbst einen Islam aus sich selbst heraus kreiert – anstelle dessen, was Gott bestimmt hat und was sein Prophet detailliert dargelegt hat. Dies nennen sie zum Beispiel »den entwickelten (fortschrittlichen, progressiven) Islam.«[205]

Nach Qutb kann die dschahilitische Gesellschaft verschiedene Gesichter zeigen. Sie stellt sich in vielfältigen Formen dar, die jedoch alle dschahilitisch sind:

»Sie kann in der Gestalt einer Gesellschaft auftreten, die die Existenz Gottes leugnet, die Geschichte im Sinn des dialektischen Materialismus interpretiert und den sogenannten ›wissenschaftlichen Sozialismus‹ als politisch-gesellschaftliches System anwendet.

Sie kann aber ebenso in einer Gesellschaft auftreten, die zwar die Existenz Gottes nicht leugnet, diesen jedoch in die Herrschaft der Himmel verweist, um ihn aus der Herrschaft über die Erde zu vertreiben. Denn diese Gesellschaft praktiziert nicht sein göttliches

Gesetz (scharia) in der Ordnung ihres Lebens, noch urteilt sie aufgrund seiner Werte, die er (Gott) den Menschen als unabänderliche Werte gegeben hat. Diese Gesellschaft erlaubt zwar den Menschen, Gott in den Synagogen, Kirchen und Moscheen anzubeten, aber sie nimmt ihnen das Recht zu fordern, dass nach der Scharia Gottes in ihrem Leben geurteilt wird. Damit aber leugnet sie das Gott-Sein (uluhiya) Gottes oder setzt diesen Anspruch praktisch außer Kraft, den Gott in seinen eigenen Worten ausgedrückt hat: ›Er ist es, der Gott im Himmel und Gott auf der Erde ist‹ (Sure 43,84). Aus diesem Grund lebt diese Gesellschaft nicht in der Religion Gottes, welche er in seinem Wort so definiert: ›Die Entscheidung steht allein Gott zu. Er hat befohlen, dass ihr nur ihm dienen sollt. Das ist die richtige Religion‹ (Sure 12,40). Damit aber ist diese Gesellschaft eine dschahilitische Gesellschaft, selbst wenn sie die Existenz Gottes anerkennt und den Menschen erlaubt, Gott die religiösen Riten vorzubringen – in Synagogen, Kirchen und Moscheen.«[206]

Wie aber kann die Gesellschaft der dschahiliya überwunden und der Islam wiedererweckt werden? Keimzelle dafür muss eine avantgardistische Kerntruppe sein, die sich auf die Ursprünge, auf den Koran, zurückbesinnt und ihn in der Praxis wieder lebt:

»Wir müssen zum Koran zurückkehren und ihn in uns aufnehmen, um ihn dann anzuwenden und in die Praxis umzusetzen ... Und wir müssen uns von dem Druck der dschahilitischen Gesellschaft, ihren Vorstellungen und Traditionen befreien. Insbesondere in unserem Innern. Unsere vorrangigste Aufgabe ist es, die Gegebenheiten dieser Gesellschaft von Grund auf zu ändern ... Der erste Schritt auf unserem Weg muss es sein, uns von dieser dschahilitischen Gesellschaft, von ihren Werten und Vorstellungen, loszulösen, keineswegs aber unsere eigenen Werte und Vorstellungen so abzuändern, dass wir ihr auf halbem Wege entgegenkommen. Auf keinen Fall! Denn unsere Wege gehen in entgegengesetzte Richtungen. Wenn wir auch nur einen Schritt mit ihr gemeinsam gehen, verlieren wir unsere Orientierung und unseren eigenen Weg.«[207]

Zwei Phasen gibt es in diesem Prozess der Überwindung der dschahiliya bis hin zur Errichtung der islamischen Gesellschaft: die der geistigen Vertiefung und Verinnerlichung und die des praktischen, angestrengten Bemühens und Kämpfens (dschihad):

»Der Mensch verinnerlicht diese Überzeugung, die einer ihm unbekannten Quelle entspringt und die einzig durch die Macht Gottes gespeist wird; und wenn der Einzelne diese Überzeugung verinnerlicht, beginnt zwangsläufig die Existenz der islamischen Gesellschaft … Denn der einzelne Mensch empfängt die Offenbarung nicht, um sich auf sich selbst zurückzuziehen, sondern um sie in die Welt hinauszutragen, denn das ist das Wesen dieser Überzeugung … Und wenn die Zahl der Gläubigen, die diese Überzeugung annehmen, drei erreicht, wird diese Überzeugung selbst ihnen sagen: ›Ihr seid nun eine Gesellschaft, eine selbstständige islamische Gesellschaft, die von der dschahilitischen Gesellschaft, die diese Glaubenslehre nicht teilt, getrennt ist …‹; und damit beginnt die tatsächliche Existenz einer islamischen Gesellschaft. Aus drei werden zehn, aus zehn hundert, aus hundert tausend, aus tausend zehntausend … Unterdessen ist der Kampf entbrannt zwischen dieser neu geborenen Gesellschaft und der dschahilitischen Gesellschaft, von der sie sich getrennt hat. Was für die islamische Glaubenslehre und die aus ihr hervorgehende Gesellschaft kennzeichnend ist, ist die Bewegung (haraka), die es niemandem erlaubt, sich zu verstecken … Der Kampf kennt kein Ende und der dschihad dauert an bis zum Jüngsten Tag.«[208]

Qutb betont aber, dass bei aller Bedeutung von geistiger Verinnerlichung und von dem Kampf gegen das Böse und die Begierde im Innern des Menschen doch der Kampf auch nach außen gerichtet sein muss, zur äußeren Überwindung der dschahiliya, und das gelingt oft nicht nur durch Worte und Predigten:

»Das Reich Gottes auf Erden zu errichten und das Reich der Menschen auszulöschen, den Usurpatoren die Macht zu entreißen und sie Gott allein zurückzugeben, das göttliche Recht als einzige Autorität (siyada) anzuerkennen und die von Menschen erlassenen Gesetze abzuschaffen … all dies kann nicht allein durch Predigten und Reden erreicht werden. Denn diejenigen, die Gottes Macht auf Erden usurpiert haben, um Seine Diener zu ihren eigenen Sklaven zu machen, werden ihre Macht nicht durch die Kraft des Wortes allein abtreten – wäre dem so, hätten Seine Gesandten ihre Aufgabe ohne jede Mühe erfüllen können ... Während sich die Predigt gegen die Lehren und Vorstellungen wendet, beseitigt die ›Bewegung‹ (haraka) die materiellen Hindernisse, und das heißt vor allem die politische Macht.«[209]

Qutb ging mit dieser ganzen Argumentation ein gefährliches Risiko ein. In der langen Geschichte des Islam hatte es nur ganz selten Situationen gegeben, wo die Rechtsgelehrten (ʻulama) einem ungerecht herrschenden Fürsten die Legitimation abgesprochen hatten – dies konnte die öffentliche Ordnung gefährden und unabsehbare rechtliche Folgen haben; aber diese neue radikale Form der »Exkommunikation«, die Qutb initiierte, stellte alles bisher Dagewesene in den Schatten. Exkommunikation ist eine Waffe, die nur mit äußerster Vorsicht anzuwenden ist. Und der frühe Tod von Qutb durch den Galgen ließ seine Ideen an die Öffentlichkeit dringen, ehe er sie vervollständigen und präzisieren konnte. Viele Fragen waren noch offen geblieben: Durch wen wird eigentlich die dschahiliya vertreten? Allein durch den ungerechten Herrscher und seinen Apparat? Oder durch die Gesellschaft als Ganze? Ist kein einziges Mitglied dieser Gesellschaft mehr als Muslim anzusehen? Qutbs Leser sind jetzt allein gelassen mit ihren Antworten auf diese Fragen. Sie werden denn auch bald in die verschiedensten divergierenden Richtungen hinein handeln.

Wir werden später ein Beispiel anführen für die möglichen Konsequenzen, die aus diesem Aspekt des Programms Qutbs gezogen werden konnten, nämlich den Weg des Schukri Mustafa. Zuvor aber sei noch jene für die fundamentalistische Programmatik hoch bedeutsame Frage und ihre Beantwortung durch Qutb behandelt: Wie rechtfertigt der Koran die Idee einer islamischen Revolution? Wie argumentiert Sayyid Qutb in dieser entscheidenden Frage?

Die Grundlage allen Argumentierens liegt für ihn im Koran selbst. Er gilt als normativ für alle Zeiten und alle Orte. Sein göttlicher Ursprung garantiert seine absolute und ewige Wahrheit. Gott selbst hat den Islam als die Religion für alle Menschen erwählt. Der

Vers im Koran, der als der zuletzt offenbarte gilt, bringt das deutlich zum Ausdruck: »Heute habe ich euch eure Religion vollkommen gemacht (akmaltu), meine Gnade an euch erfüllt und habe Wohlgefallen am Islam als Religion für euch« (Sure 5,3). In diesem Sinne ist der Islam also die Religion Gottes: Er hat sie bestimmt und initiiert, er bewahrt und vollendet sie. Der Islam ist nicht eine von Menschen gesetzte Religion, mit der diese vielleicht eine bestimmte soziale und politische Ordnung »sakralisieren« wollen. Nur die »umma«, die Gemeinschaft konsequent gläubiger Muslime, kann und darf die angemessenen ethischen Normen für die Gesellschaft konkret festlegen, im Sinne von Sure 3,110: »Ihr seid die beste Gemeinschaft für die Menschheit; ihr bestimmt, was gut, ihr verbietet, was schlecht ist, und glaubt an Gott.«

Hier kommt für Qutb und seine Anhänger die Überlegenheit der islamischen Umma und ihre Führungsfunktion für die Weltgesellschaft deutlich zum Ausdruck. Die Umma sucht darum neue Formen gesellschaftlicher Beziehungen in der Menschheit zu schaffen.[210] Die Führungsrolle kommt der umma darum zu, weil sie allein sich Gottes Willen unterwirft und seine Ordnung verwirklicht.

So versteht Qutb den Koranvers 3,110 auch in diesseitig-weltlichem Sinne: Dieser Vers lenkt die Aufmerksamkeit auf das Hier und Jetzt, auf die Erlösung der menschlichen Gesellschaft in dieser Welt, nicht erst auf eine Vergeltung im Jenseits. Das gesellschaftliche System kann und darf in diesem Sinne niemals rein weltlich-säkular, niemals von Menschen und ihren Institutionen manipulierbar sein. Darum bedarf es, um die »Rechtleitung« in dieser Welt sicherzustellen, der politischen Macht. Nur mit ihr kann die geforderte Umgestaltung der Gesellschaft auf sozialem, wirtschaftlichem und kulturellem Gebiet erreicht werden. Letztlich aber ist die Erfüllung dieser Aufgabe schon von Gottes Versprechen selbst garantiert: »Meine guten Diener werden die Erde erben« (Sure 21,105, im Anschluss an Psalm 37,29).

Diese Verse haben in der langen Geschichte des Islam für Moslems verschiedener politischer Überzeugungen eine nicht zu überschätzende Bedeutung gehabt. Sie wurden immer und immer wieder zitiert, um dieses islamische Bewusstsein tief einzuprägen, um einen möglichen Defätismus zu verhindern und das Gefühl von Unterlegenheit und Bedeutungslosigkeit zu vertreiben, das zuletzt besonders in der Kolonialzeit und durch die militärischen Siege des Feindes Israel entstanden war. Diese Verse sollten das Gefühl von Würde und universaler Sendung wiederherstellen. Dadurch sollte sich auch die Attraktivität anderer kultureller Werte und Standards von selbst aufheben. Es entstünde gar nicht mehr erst der Zwang, wählen zu müssen zwischen den beiden im Wettstreit liegenden Systemen von Kapitalismus und Marxismus. Sayyid Qutb fasst denn auch seine Gedanken zu diesem Thema so zusammen: »Das Wesen des islamischen Weges ... ist das Beharren auf der Errichtung der Herrschaft (mamlakat) Gottes auf Erden und darin, die gesamte Menschheit von der Anbetung geschaffener Dinge zur alleinigen Anbetung Gottes zu bringen.«[211]

Diese Erwählung der umma durch Gott als seiner Gemeinschaft ist, wie sich zeigte, abhängig von deren Rechtschaffenheit. Sie ist nicht abhängig von vorherbestimmtem Schicksal, nicht bedingt durch Zugehörigkeit zu einer Rasse, sondern muss von jedem einzelnen Menschen dadurch errungen werden, dass er seine ihm aufgetragene Rolle als »Stellvertreter Gottes« auf Erden bestmöglich erfüllt, im Sinne von Sure 24,55: »Gott hat denjenigen von euch, die glauben und tun, was rechtschaffen ist, versprochen, dass sie seine Stellvertreter auf Erden sein werden, so wie es die vor euch waren, und dass er ihnen ihre Religion, die er für sie gut befunden hat, zur Geltung bringen wird und dass er ihre Furcht in Sicherheit verwandeln wird.« Diese Statthalterschaft des Menschen ist letztlich und entscheidend eine Angelegenheit des Tuns, nicht der nur verbalen Glaubensbekundung. Qutb betont, dass dieser praktische Glaube, durch den Gottes Versprechen in die Tat umgesetzt wird, eine große Sache ist, die den Menschen total in Anspruch nimmt. Er bedeutet totale Hingabe im Großen wie im Kleinen, das Ablegen aller Selbstsucht:

»Stellvertretung auf Erden ist die Fähigkeit zum Aufbau und zur Erneuerung, nicht Zerstörung und Verfall; sie ist die Fähigkeit, Gerechtigkeit und Gelassenheit zu verwirklichen, nicht Gewalt und Unterdrückung. Sie ist die Fähigkeit, die menschliche Seele und die Menschheitsordnung aufzurichten, nicht die Erniedrigung des Individuums und der Gemeinschaft auf die Stufe des Tieres.«[212]

Die oberste Autorität liegt auf Seiten der göttlichen Souveränität. Die menschliche Aktivität hat sich dem in allem unterzuordnen. So ist auch der Umfang der staatlichen Regierungsgewalt sehr begrenzt. Der Staat hat keine Gesetzgebungskompetenz – sie ist allein durch das göttliche Gesetz gegeben –, sondern nur die Aufsicht über die Einhaltung dieses vorgegebenen Gesetzes und die Verwaltung der »scharia«. Gottes Souveränität allein garantiert denn auch die Durchsetzung und den Sieg dieser Ordnung. Gott garantiert auch die absolute Gerechtigkeit dieser neuen sozialen Ordnung in dem Sinne, dass alle vor diesem souveränen Gott absolut gleich sind: »Die Gläubigen sind Brüder. Darum mache Frieden zwischen deinen Brüdern« (Sure 49,10). Göttliche Ideen durchdringen direkt alle sozialen und kulturellen Aspekte des Lebens.

Der verheißene Sieg der Gläubigen erfolgt aber nicht automatisch, sondern ist abhängig vom Erneuerungswillen und Verantwortungsbewusstsein des einzelnen Moslems. In diesem Zusammenhang wird seit über hundert Jahren innerhalb des Islam immer wieder ein bestimmter Vers aus dem Koran zitiert, der allen Befürwortern von Wandel, Veränderung, Innovation als Legitimation dient: »Gott wird nichts ändern an dem, was in einem Volk ist, es sei denn, sie verändern selbst, was in ihnen ist« (Sure 13,11).

Schon im 19. Jahrhundert hatte der einflussreiche ägyptische Reformer Al-Afghani besonders diesen Satz auf sein Programm geschrieben, mit dem er eine islamische »Revolution« anstrebte, die dann zur Befreiung von der europäischen Kolonialisierung führen sollte. Auch spätere revolutionäre Bewegungen, z.B. die sozialistische unter Nasser, haben diesen Satz auf ihre Fahnen geschrieben. Er galt als Gottes immerwährende Mahnung an die Eigeninitiative zur Veränderung und Wandlung im Islam.

So bezieht sich auch Sayid Qutb auf eben diesen Vers, um zu verdeutlichen, dass das wahre Wesen des Islam nicht rückwärtsgerichtet, sondern auf Dynamik und ständigen Fortschritt hin ausgerichtet ist. Der status quo ist ständig in Frage zu stellen. Eine romantisch-nostalgisch verklärende Sicht des Zustands muss jeweils überwunden werden. Die primäre Sendung des Islam »besteht in der Veränderung und Verbesserung der Situation ... Die Mission des Islam ist es immer, das Leben anzutreiben zu Erneuerung, Entwicklung und Fortschritt und die menschlichen Möglichkeiten, aufzubauen, weiterzugehen und in die Höhe zu erheben, herauszufordern«.[213]

Insofern haben Moslems niemals eine Entschuldigung von der Art, dass sie sich etwa auf ein unabänderliches Schicksal berufen. Sie sind niemals nur zur Untätigkeit verdammte Opfer einer höheren Gewalt. Ihr Schicksal ist zunächst in ihre eigenen Hände gelegt. Bedrängte und Bedrohte sind selbst verantwortlich für ihre Situation. Sie haben angesichts ihrer Freiheit und ihres Unterscheidungsvermögens darum die Strafe verdient, die sie erwartet, im Sinne etwa der Gerichtssituation von Sure 40,47 und 34,32: »Die Schwachen sagen dann zu denen, die hochmütig waren: ›Wir sind euch gefolgt. Werdet ihr uns etwas von dem Höllenfeuer abnehmen?‹« »Die Hochmütigen sagen zu den Unterdrückten: ›Haben wir euch etwa von der Rechtleitung, nachdem sie zu euch gekommen war, abgehalten? Nein, ihr wart selbst die Sünder!‹«

Gott selbst überwacht und kontrolliert die Gesetze des Wandels und der Veränderung in der Geschichte durch seine eigenen unfehlbaren und unwandelbaren Gesetze. Seine Weisheit durchwaltet diese Geschichte, auch wenn der Mensch dies nicht auf den ersten Blick durchschaut. Ereignisse sind nie zufällig, sie folgen der von Gott festgesetzten Reihenfolge der geschichtlichen Möglichkeiten und Rollen der einzelnen Völker. Jedes hat seine Zeit und seine Chance (Sure 10,49; »Sag: Ich vermag mir weder Schaden noch Nutzen zu verschaffen, so weit es Gott nicht anders will. Jede Gemeinschaft hat eine Frist. Wenn ihre Frist kommt, bleiben sie nicht eine Stunde dahinter zurück noch gehen sie voraus«; vgl. auch Sure 3,140).

Diese Tatsache gibt dem Gläubigen Sicherheit und Hoffnung. Einerseits kann ein Volk »seine« Zeit nicht vorziehen oder nachholen. Andererseits aber kann der Gläubige gewiss sein, dass der zeitweilige »Aufstieg« und die Herrschaft der westlichen Zivilisation und Macht nicht einer magischen Formel zuzuschreiben ist, welche nur dieser Westen besitzt, oder einem besseren System. Diese Tatsache enthebt den Moslem der Pflicht des nachahmenden Kräftemessens und der Aneignung des westlichen Wissens. Die westlich infizierten Moslems, die westliche Ideen übernehmen und aufgreifen wollen und allein darin das Heil und die Zukunft des islamischen Fortschritts sehen, sind so von vornherein zum Scheitern verurteilt.

Um Wandel und Veränderung zu bewirken, befürwortet Qutb einen ständigen Prozess des Bewusstmachens, indem Moslems über die Bedeutung des Islam belehrt werden und darüber, wer sie sind und welche Rolle ihnen in der Welt zugedacht ist. Diese Bewusstmachung geschieht durch »da'wa«, durch den »Ruf«. Für Qutb bedeutet diese »da'wa« insbesondere die Bewusstmachung der wahren Befindlichkeit der Menschen: ihrer Unterdrückung. Dadurch sollen sie zu einem Befreiungsprozess gedrängt werden, an dessen Ende dann eine wahrhaft gerechte Gesellschaftsordnung stehen muss. Die Gesamtheit all dieser Individuen, die diesen Prozess fördern, bildet die rechtschaffene »dschama'a«, die das entscheidende Medium zur Erlösung der menschlichen Gesellschaft ist. Diese Gemeinschaft ist sich der Wahrheit ihrer Mission und ihrer gerechten Sache absolut sicher und weigert sich, anderen, fremden Ideen gegenüber offen zu sein. Einzig und allein der Koran ist ihr Führer. Schließlich kann das Vorgehen auf dem Weg zur Veränderung unter Umständen auch Kampf bedeuten: dschihad, vielleicht sogar einen bewaffneten Konflikt erforderlich machen. Wie dem auch sei: Die »umma« und ihr Schicksal, der Islam als Gottes Weg für die Menschheit, steht auf der Skala der Prioritäten immer an erster Stelle und verdrängt alle individuellen Gesichtspunkte.

Die Koraninterpretation Qutbs enthält nicht von ungefähr längere Ausführungen zum Verhältnis Islam – Judentum bzw. Islam – Christentum. Qutb subsumiert beide Religionen, Judentum und Christentum, oft unter den Oberbegriff »der Westen«, der jahrhundertelang versucht hat, den Islam zu vernichten. Die beiden Koranverse, die Qutb in diesem Zusammenhang immer wieder zitiert, sind Sure 2,120 und Sure 2,109: »Die Juden und Christen werden nicht mit dir zufrieden sein, solange du nicht ihrer Religion folgst. Sag: ›Nur die Rechtleitung von Gott ist die Rechtleitung.‹ Solltest du aber nach dem dir zugekommenen Wissen ihren Wünschen folgen, wirst du Gott gegenüber keinen Freund und keinen Helfer haben. Viele von den Leuten des Buches möchten euch gern, nachdem ihr gläubig geworden seid, wieder zu Ungläubigen machen, aus Neid heraus, nachdem die Wahrheit ihnen manifest geworden ist.«

Schon der zu Kreuzzugszeiten schreibende berühmte Koraninterpret Ibn Kathir betrachtete diese Verse als Hinweis darauf, dass »weder die Juden noch die Christen euch [Moslems] jemals akzeptabel finden werden. Hört auf damit, danach zu suchen, was ihnen gefällt und mit was sie übereinstimmen könnten. Sucht das Angenommenwerden durch Gott und überzeugt sie von der Wahrheit, die Gott geoffenbart hat.«[214] In diesen Versen »warnt Gott seine gläubigen Geschöpfe, dem Weg der Ungläubigen der Leute des Buches zu folgen. Er belehrt sie über die versteckte und offene Feindschaft, die sie den Gläubigen aufgrund ihres Neides entgegenbringen«; Gott mahnt seine umma, »vom Weg der Juden und Christen abzulassen, nachdem ihr wisst, was im Koran und in der Sunna steht«.[215]

Qutb greift in seiner Exegese dieselben Ideen wieder auf und verstärkt sie noch einmal aufgrund seiner schmerzvollen Erfahrungen mit dem Kolonialismus und Zionismus. Er sieht in diesen Koranversen eine Warnung Gottes vor »jüdischen Intrigen und Verschwörungen gegen den Islam und die Muslime«; Gott hat den Muslimen verboten, »sie in Worten oder Taten nachzuahmen«; denn »das eigentliche Ziel der Leute des Buches, seien es nun Juden oder Christen, ... sei es, Muslime vom rechten Weg ihrer Religion irrezuleiten zur Religion der Leute des Buches«:[216]

»Es ist heute unsere Pflicht, diese warnende Stimme zu hören, da wir in nie dagewesener Dummheit die Meinungen der Orientalisten (Juden, Christen, ungläubige Kommunisten) in Sachen unserer Religion suchen. Wir lernen unsere Geschichte von ihnen, vertrauen ihren Darstellungen unseres Erbes, hören, welche Zweifel sie einfügen in ihre Studien von Koran, Hadithen unseres Propheten und Lebensbeschreibungen unserer ersten Glaubensgenossen. Wir schicken Abordnungen unserer Studenten zu ihnen, damit diese von ihnen die Lehren des Islam lernen. Sie erhalten von ihren Universitäten akademische Grade und kommen dann zu uns zurück, krank [wörtlich: besessen von fremden Mächten] im Geist und im Gewissen.«[217]

Insgesamt gesehen muss also die islamische Revolution den westlichen Einfluss, der die islamische Ordnung durch Veränderung ihrer sozialen, politischen und wirtschaftlichen Struktur unter dem Deckmantel des »Fortschritts« zu zerstören und zu ihrem eigenen Weg zu bekehren sucht, restlos eliminieren.

Nachdem die Kolonialzeit in Ägypten zu Ende war, zeigte sich allerdings, dass die neuen Führungsschichten durchaus nicht mit den revolutionären Ideen der Erneuerer sympathisierten, sondern, meist im Westen ausgebildet, versuchten, westliches Fortschrittsdenken auch in ihrer islamischen Heimat anzuwenden. Islamische Länder sollten Teil der Moderne werden. In den Augen der »Neo-Normativen« aber – diesen Namen trugen Qutb und seine ihm vorausgehenden und nachfolgenden Gesinnungsgenossen – handelten diese verwestlichten Regierenden bewusst oder unbewusst als Agenten der Feinde des Islam.

So wendete sich der Kampf zunächst gegen diese Feinde im Innern der islamischen Umma. Alle, die sich diesen »ungläubigen« Regierenden anschlossen und unterordneten, wurden nun selbst als Ungläubige angesehen. Rein halten konnte man sich nur durch »Auszug« aus einer solchen Gesellschaft. So wurde denn auch diese Gemeinschaft von außen »die Gemeinschaft der Exkommunizierenden und des Auszugs« (dschama'at al-takfir wa l-hidschra) genannt. Bezeichnend für die neue, die Revolution begründende Koraninterpretation ist die Exegese von Sure 5,44. Traditionell wurde übersetzt: »Derjenige, der nicht nach dem urteilt, was Gott offenbart hat, ist ein Ungläubiger.« Jetzt wurde der Begriff »der urteilt« geändert in »der regiert« (Maududi war vermutlich der Erste, der diese Interpretation eingeführt hat). Das arabische Wort, das jetzt gebraucht wird, ist »hakimiyah«, Führung durch Gott.

So ist jetzt die Pflicht des gläubigen Muslim klar. Hatte nicht der Koran die Mahnung ausgesprochen: »Lasst nicht Gläubige Ungläubige anstelle von Gläubigen zu Beschützern nehmen?« (Sure 3,28). Gläubige Muslime mussten also in allen islamischen Ländern die politische Macht erstreben, um die Führung durch Gott zu gewährleisten. Nur in einer solchen Gesellschaft lässt sich islamischer Glaube authentisch leben.

Um den bewaffneten Widerstand gegen solche inneren Feinde durchzuführen, berufen sich Revolutionäre wie Sayyid Qutb und andere auf Sure 2,193 und Sure 4,95: »Und kämpft gegen sie, bis es keine Verführung mehr gibt und nur noch Gott verehrt wird. Wenn sie jedoch aufhören, stellt die Feindlichkeit ein, ausgenommen gegen die Unterdrücker ... Gott hat diejenigen, die mit ihrem Vermögen und mit dem Einsatz ihrer Person kämpfen (almudschahidin), über die gestellt, die zu Hause sitzen.« Ein konkretes Beispiel für die Realisierungsversuche der genannten revolutionären Ideen haben wir in der Person des Mustafa Schukri vor uns, der wir uns jetzt zuwenden.

Die »Auswanderung« aus der dschahiliya-Gesellschaft: Mustafa Schukri

Mustafa Schukri, 1942 in Mittelägypten geboren, ein »Schüler« Qutbs, von 1965 bis 1971 im Konzentrationslager, führte eine relativ kleine, aber radikale Untergruppe der Moslem-Bruderschaft mit dem Namen »Gesellschaft der Muslime« (dschama'at al-muslimin), die über jeden »Ungläubigen« die »Exkommunikation« (takfir) aussprach. Diese Gruppe wanderte 1973 zeitweise in entlegene Grotten und Felsenhöhlen aus oder vollzog einen Exodus in die Armen-Ghettos von Kairo und anderer Städte. Hier bauten sie so etwas wie eine Gegen-Gesellschaft mit einer Gegenkultur zur dschahiliya auf.

Die »Gesellschaft der Muslime« sieht diese »Auswanderung« (hidschra) als in der islamischen Urtradition verankert, indem sie sich auf die hidschra des Propheten von Mekka nach Medina beruft. Sie ist Teil einer politischen Strategie als Antwort auf die dschahiliya, nämlich in einer Zeit der Schwäche, in der die Wahrscheinlichkeit einer erfolgreichen Konfrontation sehr gering ist, vor dem Gegner zunächst zurückzuweichen. Zugleich ist sie als innergesellschaftliche Emigration ein soziales Phänomen, das der damaligen Gesellschaft Ägyptens ein Bild von sich vorhält, einen Zerrspiegel, der all ihre Fehlformen und Missstände hervorhebt.

Zu der angestrebten »Synchronisierung« der eigenen gesellschaftlichen Realität mit der des Propheten gehört unter anderem auch die entsprechende Heiratspraxis. Hierbei handelte es sich darum, dass der Prophet für eine gültige Eheschließung nur den gemeinsamen Ehewillen und Zeugen verlangte. Die Wirklichkeit der siebziger Jahre in Ägypten sah aber ganz anders aus. Ein ehewilliger junger Mann musste erst beweisen, dass er eine eigene Wohnung besitzt, die aber nur mit Schmiergeldern auf dem schwarzen Markt zu haben war. So war er gezwungen, sich zunächst einmal auf den Ölfeldern Saudi-Arabiens das nötige Geld zu verdienen, während das Mädchen zu Hause wartete. Schukri schaffte diese Praxis prinzipiell ab. Er besorgte seinen Mitgliedern einfache, möblierte Mietwohnungen in den Armenvierteln am Rande von Kairo. Unverheiratete Männer und Frauen lebten in getrennten Wohneinheiten. Auch die Frühehe wurde so wieder möglich. Außerdem gehören zum Programm Schukris das Nein zum Militärdienst (zwischen Israelis und Ägyptern besteht ja kein Unterschied, beide leben in dschahiliya), Alkoholverbot sowie die Weigerung, in den Staatsdienst einzutreten.

Schukri ist der Überzeugung, dass das ganze Erziehungswesen samt den Alphabetisierungsbemühungen ohnehin nutzlos ist: Vielen Ägyptern hätte es überhaupt nichts genützt, lesen und schreiben zu können und zu studieren. Der staatlich garantierte Anspruch eines jeden Hochschulabsolventen auf einen Posten im öffentlichen Dienst hatte in Wirklichkeit nur ein gewaltiges Heer von verdeckten Arbeitslosen geschaffen, die sich in den Büros einer aufgeblähten Verwaltung drängten und deren Arbeitseffizienz genau so minimal war wie ihre Besoldung, sodass Zweit- und Drittjobs am Nachmittag und Abend zusätzliches Einkommen bringen mussten.

Schukri zeigte durch dieses Programm mit dem Finger auf diese entscheidenden Strukturprobleme und er wird von vielen Menschen verstanden. Der Staat musste also ein Interesse daran haben, Schukri zum Schweigen zu bringen. Er musste dazu aber die Hilfe der Armee in Anspruch nehmen. Die Militärgesellschaft war gezwungen, in Erscheinung zu treten. Die Entführung und Ermordung eines Ministers seitens der »Gesellschaft der Muslime« 1977 führt zur Verhaftung vieler Mitglieder. Schukri ist einer der fünf, über die das Todesurteil ausgesprochen und an denen es vollzogen wird. Damit hat er den Staat gezwungen, sein wahres, teuflisches Gesicht zu zeigen.

Die Errungenschaften, aber auch die Fehler der »Gesellschaft der Muslime« wurden jetzt von anderen aufgegriffen und reflektiert, nämlich von der Gruppierung, die sich »Al-dschihad« nannte. Sie plante die Ermordung Sadats und führte sie am 6. Oktober 1981 während einer großen Militärparade vor laufenden Fernsehkameras aus. Der Mörder Sadats, ein Oberleutnant der ägyptischen Armee, sagt unmittelbar nach der Tat nur diese Worte: »Ich bin Chalid al-Islambuli. Ich habe den Pharao getötet. Ich habe keine Angst vor dem Tod.«

Theoretiker und Vordenker dieser radikalen Gruppierung war ein Elektriker namens ʻAbd al Salam Faradsch. Seine Schrift mit dem Titel: »Die unterschlagene Pflicht«[218] gibt Aufschluss darüber, wie die Strategie der gewaltsamen Machtübernahme – um die ging es jetzt nur noch nach dem praktischen Scheitern aller anderen Theorien – aus der islamischen Tradition heraus begründet wurde, und ist darum für eine Analyse des Phänomens Fundamentalismus unverzichtbar.

Die Strategie der Machtübernahme: ʻAbd al-Salam Faradsch

Im Gegensatz zu Schukri bemüht sich Faradsch, seine Ideen aus der islamischen Tradition heraus zu begründen. Er stützt sich dabei im Wesentlichen auf den in konservativen Kreisen hoch geschätzten mittelalterlichen Rechtsgelehrten Ibn Taimiya (1263–1328), der zur Zeit der Mamelucken-Fremdherrschaft in Ägypten lebte, als ehemals türkische Sklaven die Herrschaft übernommen hatten. So wie damals Tartaren oder Mongolen muslimische Länder eroberten und dort ein nichtmuslimisches Recht einsetzten – was Ibn Taimiya dazu bewog, den dschihad auszurufen gegen einen Herrscher, der nach Art der Mongolen regierte –, so befiehlt Faradsch den dschihad gegen ein Regime, das nicht auf der Basis des islamischen Gesetzes allein herrscht, sondern ein nach westlichem Muster entworfenes und so entstelltes Recht anwendet.

Faradsch ist erstaunlich gleichgültig gegenüber der Suche nach neuen Gesellschaftsformen. Ihn interessiert einzig und allein die Frage der Staatsmacht, die, so sieht er es, sich in den Händen von Herrschern befindet, die als Ungläubige als vom Islam Abtrünnige anzusehen sind. Aus seiner Sicht haben alle seine »Vorgänger« wie z.B. Al-Banna, Qutb und Schukri die jetzt entscheidende und einzige Frage nach der Strategie der Machtübernahme ausgeklammert. Faradsch holt dies nach, indem er dem dschihad gegen den ungerechten Herrscher absolute Vorrangstellung einräumt.

Faradsch beginnt seine Schrift »Die unterschlagene Pflicht« mit der Feststellung, dass die zeitgenössischen islamischen Rechtsgelehrten (ulema) den dschihad trotz seines Gewichts und seiner außerordentlichen Bedeutung für die Zukunft des Islam vernachlässigt haben. Die falschen Götter verschwinden von der Erde nur durch die Macht des Schwertes. Die Gesetze, die heute die Muslime beherrschen, sind ungläubige Gesetze.

»Heute gilt, was auch zur Zeit der Tartaren galt, so wie es der Korankommentator Ibn Kathir[219] zur Sure ›Der gedeckte Tisch‹, Vers 50, dargelegt hat: Wünschen sie sich etwa die Entscheidungsweise der dschahiliya? Wer könnte für Leute, die überzeugt sind, besser entscheiden als Gott? Ibn Kathir schreibt: Gott verwirft alles, was außerhalb seines Gesetzes steht … Er hat aufgeräumt mit individuellen Meinungen, den Launen, der Willkür und mit allem, was den Menschen zu eigen ist, die sich nicht auf die scharia gründen, sondern die nach Art der Leute der dschahiliya gemäß ihrem Vergnügen regieren, in der Unwissenheit, oder aber nach Art der Tartaren mit königlichen Bestimmungen (siyasa malikiya). Dieser Ausdruck bezieht sich auf ihren König Dschingis Khan, denn er hatte ihnen die Yasa gegeben [Dschingis Khans Kodifizierung des mongolischen Gewohnheitsrechts], ein Gesetzbuch, das den Juden, den Christen, den Muslimen und anderen entliehene Gesetze zusätzlich zu den zahlreichen Gesetzen, die ganz einfach seinen eigenen Vorstellungen und Launen entspringen, zusammenstellt. Es ist Ungläubigkeit, ein solches Recht als die Grundlage einer Regierung zu präsentieren, die auf dem Koran und der Sunna des Propheten beruht; und es ist die Pflicht der Muslime, den Ungläubigen zu bekämpfen, bis er wieder dahin zurückfindet, gemäß den Vorschriften Gottes und seines Propheten zu regieren, von denen man auch nicht im Geringsten abweichen darf ... Die heutigen Herrscher sind Abtrünnige vom Islam und haben sich an den Tischen der Kolonisation, sei es die der Kreuzfahrer, der Kommunisten oder der Zionisten, genährt. Sie haben vom Islam einzig den Namen übernommen.«[220]

Faradsch betrachtet den dschihad als einen verborgen gehaltenen Teil der islamischen Tradition. Er will ihn wieder ans Licht bringen, weil er der einzige Weg ist, einen islamischen Staat zu errichten. Er kritisiert z.B. staatliche soziale Einrichtungen, die nach seiner Meinung versagt haben, weil ihr Beitrag zum Kampf für den Islam gleich null ist. Er kritisiert die neue Generation der »Moslembrüder«, die die Schaffung einer islamischen Partei fordern; denn ungestraft kann man nicht an einem von Ungläubigen gelenkten System mitwirken. Er kritisiert diejenigen, die der »Emigration«, der hidschra des Schukri Mustafa folgen, denn das sei nur ein Vorwand, um sich dem sofortigen Engagement im dschihad zu entziehen.

Mit diesem kritischen Scharfblick meinte Faradsch die gemeinsame Schwäche all seiner Vorgänger aufgedeckt zu haben: das Unvermögen, die Frage nach der Strategie der Machtübernahme zu stellen und realistisch und wirkungsvoll zu beantworten. Die Ereignisse von 1954 und 1965/1966, die Repressionen und Massaker ließen Faradsch von der Dialektik einer Phase der Schwäche und einer Phase der Stärke Abstand nehmen. Da schließlich doch alle Bemühungen zum Galgen und in das Konzentrationslager führen, muss man den ungläubigen Staat so schnell wie möglich attackieren und die Macht ergreifen. Faradsch entscheidet sich unwiderruflich für den gewaltsamen dschihad gegen die ungläubigen Herrscher: »In den islamischen Ländern ist der Feind vor Ort, er erteilt sogar die Befehle. Er wird verkörpert von jenen Regierenden, die die Macht über die Muslime ergriffen haben, und deshalb ist der dschihad eine Pflicht, die jedem Einzelnen obliegt.«[221]

Nun gibt es aber einen Unterschied in der Pflicht zum dschihad, je nachdem, ob der Feind sich im Innern des eigenen islamischen Territoriums oder in fremden nichtmuslimischen Staaten befindet. Wenn der dschihad außerhalb islamischen Territoriums als Expansionskrieg geführt wird, ist er eine kollektive Pflicht, d.h. ein Teil der Muslime kämpft, während ein anderer Teil davon befreit ist. Wenn aber die Muslime angegriffen werden, dient der Krieg der Verteidigung; er ist dann individuelle Pflicht eines jeden einzelnen Gläubigen, auch wenn er persönlich nicht angegriffen wird. Für Faradsch steht der Krieg gegen den Feind zu Hause weit über dem Krieg gegen den Feind draußen:

»Es gibt Menschen, die sagen, dass der Schauplatz des dschihad heute die Befreiung Jerusalems, des heiligen Bodens ist; sicher, das ist eine gesetzliche Pflicht für jeden Muslim ... Aber erstens: Der Kampf gegen den Feind daheim steht über dem Kampf gegen den Feind draußen. Zweitens: Da das Blut der Muslime bis zum Sieg vergossen wird, muss man sich fragen, wem dieser Sieg dient, dem islamischen Staat oder den ungläubigen Machthabern, deren Grundlage er konsolidiert? ... Jeder Kampf muss ausschließlich unter muslimischem Kommando erfolgen. Drittens: Die Verantwortung für die Existenz des Kolonialismus oder des Imperialismus liegt bei jenen ungläubigen Regierenden. Den Kampf gegen den Imperialismus zu eröffnen ist also eine unnütze, wenig ruhmreiche Tat und eine Zeitverschwendung; wir müssen uns auf unser islamisches Problem konzentrieren, nämlich die Einführung von Gottes Gesetz in unseren Ländern.«[222]

Im Gegensatz zu der, wie Faradsch es sieht, naiven politischen Einstellung der »Gemeinschaft der Muslime« lässt der Autor von »Die unterschlagene Pflicht« keinen Zweifel an seiner illusionslosen Meinung vom Staat; nur der direkte Kampf gegen den ungerechten Herrscher ist wichtig, alles andere ist unnützes, leeres Gerede. Selbst wenn dann dieser dschihad scheitert – der Versuch muss trotzdem unternommen werden: »Gottes Befehl ausführen heißt, den islamischen Staat zu errichten. Wir sind nicht verpflichtet, dieses oder jenes Ergebnis zu erzielen … allein schon durch den Fall des ungläubigen Regimes wird alles in die Hände der Muslime übergehen!«[223]

»Glaube kann nicht erzwungen werden« – Die Gegenposition zum militärischen »dschihad«

An dieser Stelle ist es notwendig, auch um gegen die im Westen vorherrschende Identifizierung von Islam im Allgemeinen und Fundamentalisten im Besonderen anzugehen, dieser radikalen Gewalttheorie die offizielle Auffassung der Gelehrten der Al-Azhar-Universität in Kairo, der höchsten islamischen Lehrinstanz im sunnitischen Bereich, gegenüberzustellen, wie sie in deren neuester autoritativer fatwa (Rechtsgutachten) zum Thema »dschihad« enthalten ist.[224]

Islamische Fundamentalisten rechtfertigen heute ihre terroristischen Gewaltakte oft mit dem Hinweis, dass der Islam die Anwendung von Gewalt im Rahmen des »Aufrufs« (da'wa) zum Islam zulasse. Von den Gelehrten der Al-Azhar wird diese Auffassung heftig bestritten, und zwar unter Verweis auf die Lehre, dass der Islam eine Religion des Friedens sei, die die Gewalt ablehne. Bassam Tibi bemerkt zunächst einmal dazu, dass unabhängig von dieser kontroversen Diskussion der sachliche Historiker feststellen muss, dass die Geschichte der Verbreitung des Islam seit der großen, vom Propheten selbst geführten Schlacht von Badr gegen die ungläubigen Mekkaner eine Kriegsgeschichte ist und sich die primäre Aktivität der islamischen Gemeinschaft von da an auf Eroberung und Kriegführung richtet.

Die Muslime unterscheiden zwischen *dschihad* und *harb*. Die deutsche Übersetzung von dschihad mit »heiliger Krieg« ist – da stimmen wir mit Bassam Tibi voll überein – deshalb falsch, weil dschihad auch friedlich ausgeübt werden kann, zum Beispiel durch Überzeugung und Anstrengung; doch die Muslime nennen ihre militärischen Eroberungen ebenfalls dschihad. Das entspricht aber nach muslimischem Selbstverständnis dennoch nicht einer Kriegsführung, weil nämlich nur die Ungläubigen »Krieg« (harb) führen, weshalb nicht-islamisches Territorium »dar al-harb« (Haus des Krieges) heißt, im Gegensatz zu und in Abgrenzung von »dar al-islam« (Haus des Friedens).

Dschihad in seiner gewaltförmigen Gestalt unterliegt sehr strengen Regeln und Restriktionen. Der Koran verbietet Muslimen jegliche Aggression, wenn er sagt: »Und begeht keine Übertretung! Allah liebt die Aggressoren nicht« (Sure 2,190). Es muss sich bei der Konzession der Tötung auf jeden Fall um einen Akt der Verteidigung handeln. Die Tötung von Muslimen durch Muslime ist strengstens untersagt: »Wer einen Gläubigen tötet, dessen Lohn ist die Hölle; er wird ewig darin weilen« (Sure 4,93). Nach Meinung von Tibi ist es illegitim, wenn muslimische Fundamentalisten sich bei der Tötung anderer Muslime darauf berufen, Letztere seien nur dem Namen nach Muslime; denn nach dem Koran gilt jeder Mensch als Muslim, der das Glaubensbekenntnis, die »schahada«, spricht, d.h. die Einheit und Einzigkeit Allahs und das Prophetentum Muhammads bekennt. Alle übrigen religiösen Handlungen gehören in das »forum internum« der Beziehung zwischen Mensch und Gott. Insofern ist die Tötung eines solchen bekennenden Muslim nicht ein Dschihad-Fall, sondern purer Mord.

Als dschihad können individuelle terroristische Aktionen auch dann nicht ausgelegt werden, wenn sie sich gegen »Ungläubige« richten. Der militärische Teil des dschihad, der sogenannte »qital«, besteht nämlich aus einer regelrechten Kriegsführung, und für diese gilt die Vorschrift der Vorwarnung des Feindes. Terroraktionen geschehen aber aus dem Hinterhalt heraus, und das gilt nach dem Koran als »Aggression« (idwan). Der islamische Terrorismus kann also nach der klassischen, traditionellen Doktrin nicht als dschihad eingestuft werden. Vor dem Hintergrund dieser Kontroverse ist es nun interessant, die neueste Sicht der höchsten Autorität der Al-Azhar-Gelehrten in dieser Frage genauer zu studieren.

Die Fatwa hebt zunächst hervor, dass die Idee des dschihad nicht gleichbedeutend mit Krieg ist. Krieg in seinem speziell militärischen Aspekt heißt in der islamischen Terminologie »bewaffneter dschihad« (al-dschihad al-musalla), im Gegensatz zum täglichen dschihad gegen Armut, Krankheit, Unwissenheit: »Die Suche nach Wissen ist die höchste Stufe des dschihad.« Der »Aufruf zum Islam« (da'wa) kann auch ohne Kampf (qital) erfolgen; dies setzt die Bedeutung des bewaffneten Kampfes stark herab. »In früheren Zeiten war das Schwert notwendig, um den Weg der da'wa zu sichern. In unserer Zeit jedoch hat das Schwert seine Bedeutung verloren, obwohl der Rückgriff darauf immer noch wichtig ist: für den Verteidigungsfall gegen diejenigen, die wünschen, dem Islam und seinen Menschen Böses anzutun. Für die Verbreitung der da'wa gibt es heute jedoch eine Vielzahl an Möglichkeiten …, diejenigen, die sich in unserer Zeit auf Waffen konzentrieren, sind von schwachen Werkzeugen in Besitz genommen.« Die heute zur Verfügung stehenden modernen Transport- und Kommunikationsmittel bieten eine viel bessere Grundlage für den »Aufruf zum Islam«. Im Übrigen kann man die da'wa prinzipiell nicht als Auferlegung des Islam anderen gegenüber betrachten: »Die Da'wa ist ein Angebot, daran teilzunehmen, kein Zwang … Der Glaube kann nicht mit Gewalt auferlegt werden.«

Dies ist durchaus eine »substantielle Neuinterpretation«;[225] die »da'wa« als Aufruf zum Islam soll getrennt werden von jeglicher Verbindung mit qital und bewaffnetem dschihad. Zu diesem Zweck werden wiederholt frühmekkanische Verse zitiert wie: »Ihr habt *eure* Religion und ich habe *meine.*« Doch hält das Al-Azhar-Rechtsgutachten daran fest, dass der Islam prinzipiell eine universale Religion für die gesamte Menschheit ist.

Der Staat – und das ist ganz im Sinne der Tradition – findet in dem Dokument überhaupt keine Erwähnung. Es geht immer nur um die islamische Gemeinschaft (umma) als eine Einheit auf der einen und den Rest der Welt auf der anderen Seite. Die Beziehung zwischen beiden muss durch Verträge, also friedlich geregelt werden. Diese Verträge bleiben aber in dem Dokument letztlich eine ungelöste Frage. Es wird der bekannte klassische Koran-Kommentar des Al-Qurtubi zitiert, nach dem Verträge unter dem Aspekt von »Waffenstillstand« zwischen Muslimen und Nicht-Muslimen nur eine Gültigkeit von einem bis zu maximal zehn Jahren haben können. Wenn die Muslime die Macht haben, ist es ihnen verboten, einen Waffenstillstand für länger als ein Jahr zu halten; im gegenteiligen Falle, wenn sie dem nicht-muslimischen Gegner militärisch unterlegen sind, ist ein Waffenstillstand bis zu zehn Jahren erlaubt. Auf die Frage, was nach dieser Zeit geschehen soll, wird in dem Dokument keine Antwort gegeben; denn die Gelehrten befanden sich hier in einem Dilemma; einerseits durften sie nicht die klassische Doktrin revidieren, das wäre »Neuerung« (bid'a) gewesen, Häresie; andererseits wollten sie sich der Realität der Gegenwart anpassen. So pendeln sie zwischen Dogmatismus und Konformismus hin und her, jedoch ohne das Bemühen, den sozialen Wandel wirklich auch kulturell zu bewältigen: ein Grundproblem des Islam heute.

Insgesamt gesehen macht also die Al-Azhar-Fatwa den bewaffneten Kampf nicht mehr zu einer Pflicht für Muslime. Der Status von militärischem Kampf (qital) wird herabgesetzt zugunsten des nicht-militärischen dschihad gegen solche Übel wie Krankheit, Armut, fehlende Bildung usw. Was die Koran-Hermeneutik im Allgemeinen betrifft, so versuchen die Al-Azhar-Autoritäten, den geoffenbarten Text des Heiligen Koran vor dem Hintergrund der Gegenwart zu lesen, in dieser Hinsicht in betontem Gegensatz zu den Fundamentalisten, die an der buchstäblichen Bedeutung starr festhalten und umgekehrt die Wirklichkeit im Lichte des Heiligen Buches anschauen, »sola scriptura« sozusagen, mit dem Buchstaben der Schrift allein. Die Autorität des Textes wird von ihnen auf Kosten der Wahrnehmung des Welt-Kontextes wiederhergestellt.[226]

Innerislamische Kritik an der Instrumentalisierung von Religion durch Politik

Eine spezielle, gravierende Kritik am islamischen Fundamentalismus, genauer: an der Ineinssetzung von Religion und Politik (din wa dawla) bzw. an der durch diese geförderten Instrumentalisierung der Religion, kommt nicht von einem aufgeklärten, liberalen Intellektuellen, der alle Äußerungen tiefer religiöser Überzeugung a priori mit Misstrauen und Skepsis betrachtet, sondern von einem

Verteidiger des islamischen Fundamentalismus gegen dessen taktisch-politische Entstellung und Aushöhlung, von dem ägyptischen Rechtsgelehrten und Richter Muhammad Said Al-Aschmawi in seinem 1987 in Kairo erschienenen Buch »Der politische Islam«, dessen Thesen in der islamischen Welt größtes Aufsehen erregt und sowohl begeisterte Zustimmung wie auch schroffe Ablehnung gefunden haben.[227]

Das Hauptleiden, an dem die islamische Zivilisation seit ihren frühesten Ursprüngen kranke, sieht Al-Aschmawi in der Instrumentalisierung bzw. Vereinnahmung der Religion durch die Politik. Nach ihm geht die Vermischung von Politik und Glauben auf die alte Kalifatstheorie zurück, nach der der Nachfolger (chalifa) des Propheten wie dieser selbst unumschränkte geistliche und weltliche Macht in sich vereinige. Schon der »Vorgänger« Aschmawis, Ali Abd Ar-Raziq, hatte aber gezeigt, dass diese gängige Theorie nicht haltbar sei.[228] Es kann nämlich in keiner Weise als historisch gesichert gelten, dass der Prophet Muhammad weltliche Macht für sich beansprucht habe; er hat ja z.B. für den Aufbau eines islamischen Staatswesens überhaupt keine Anweisungen hinterlassen und keinerlei Verfügungen über seine Nachfolge(r) getroffen. Dieses die Trennung von Staat und Religion implizierende Verhalten gelte exemplarisch auch für den nachprophetischen Islam.

Der schon nach dem Tode des zweiten Kalifen ʿUmar einsetzende Niedergang der islamischen Zivilisation hat aber nach Al-Aschmawi seinen entscheidenden Grund in eben der Nichtrespektierung dieser Trennung. Von Anfang an habe dieser »Integrismus« dazu geführt, dass das politische Handeln der Religion seine Gesetze aufgezwungen hat. Dadurch sei es aber nicht zu einer Hebung der Politik gekommen, sondern im Gegenteil zu einer Instrumentalisierung der Religion für politische Zwecke. »Wo aber politische Opportunität zu religiöser Wahrheit hochstilisiert wird, bringt diese Radikalisierung des politischen Kampfes die Integrität des Glaubens selbst in Gefahr. So ist die Zersplitterung des Islam in unzählige Sekten nur der religiöse Reflex politischer Partikularinteressen, zu deren Durchsetzung in der Geschichte immer wieder theologische Kategorien missbraucht wurden. Ihrer universellen Geltung beraubt, wird Religion zu einem Mittel der Abgrenzung und Selbstdefinition vor allem ethnischer Interessengruppen, so wie in vorislamischen Zeiten die Stämme Arabiens ihre Identität durch ihre unterschiedlichen Götterwelten religiös zu festigen suchten.«[229]

Um die notwendige Übereinstimmung des Rechts mit der Praxis des Propheten zu garantieren, wurden im Gefolge dieser Entwicklung die islamischen Theologen und Rechtsgelehrten zu Instrumenten ihrer Herrscher, immer geneigt und bereit, die geschichtlichen Traditionen den Erfordernissen des Tages gemäß zu verfälschen. Insgesamt machten sich immer wieder andere und neue Herrschende auf immer andere und neue Weise die politische Theorie zur Verteidigung ihrer Ansprüche dienstbar; deshalb konnten sich im Gesamtislam zusammenhängende und übergreifende Traditionen von Polit-Doktrin nicht bilden. Das politische Bewusstsein war immer nur auf einzelne Persönlichkeiten fixiert; die Herrschenden wurden so nicht als Teil eines größeren, von ihnen unabhängigen politischen Systems wahrgenommen. Genau diesem Individualismus als Gestalt islamischer Regierungen entsprachen individualistische Tendenzen in der Bevölkerung, die dann auf die Korruption des öffentlichen Lebens sehr oft mit einem Rückzug in die Privatsphäre reagierte. Dass heute so viele islamische Staaten zu egoistischen Konsumgesellschaften ohne Sozialengagement und Arbeitsethik geworden sind, hängt auch damit zusammen.

Nun könnte die Analyse Aschmawis mit ihrer kompromisslosen Entlarvung der negativen Seiten der islamischen Geschichte zur Resignation führen. Doch Aschmawi selbst ist der festen Überzeugung, dass der universale Anspruch des durch den Propheten Muhammad geoffenbarten Koran bzw. des Islam seine geschichtlichen Manifestationen durchaus übersteigt. Die Formen des politischen Islam sind nach seiner Meinung zwar gescheitert, doch die grundlegende Wahrheit der islamischen Religion bleibt absolut unangefochten. Man muss sich allerdings vom politisch-taktischen Fundamentalismus der Vergangenheit lösen und sich neu auf die geistlichen, spirituellen Werte des Islam besinnen.

Der falsche Triumphalismus der islamischen Geschichtsschreibung hat, so Aschmawi, bis heute verhindert, historische Fehlschläge für die Zukunftsgestaltung fruchtbar zu machen. Die Lehren aus der Geschichte müssen gelernt werden. Erst dann, wenn die geistige und spirituelle Dimension des gesellschaftlichen Lebens wieder Priorität erhält vor z.B. materiellem Konsumdenken, kann die Verwirklichung eines »theozentrischen Humanismus« des Islam beginnen. Unabdingbar ist dafür auch eine authentische Arbeitsethik: »Arbeit ist die Pflicht eines jeden Einzelnen, und die guten Werke bestehen neben dem rituellen Gebet und Almosen darin, als ehrlichen Lebensunterhalt eine nützliche Arbeit zu verrichten.«[230] Arbeit ist also ein Stück »Gottesdienst« und »Anbetung«! So appelliert Al-Aschmawi aus wachsender Sorge heraus an die Regierenden heute, gegen diese (eben beschriebene) Art von Fundamentalismus aus der Kenntnis seiner Ursachen heraus vorzugehen.

Nach dieser detaillierten Analyse der verschiedenen Facetten des ägyptischen Fundamentalismus wende ich mich nun der kultursoziologischen, philosophisch-anthropologischen und theologischen Perspektive der Fundamentalismus-Thematik im Allgemeinen zu.

Fundamentalismus und Moderne

Der Fundamentalismus will nur die »halbe Moderne«

Wenn die Beschreibungen, Analysen und Diagnosen von Bassam Tibi stimmen, sind islamische Fundamentalisten keine Traditionalisten. Der islamische Fundamentalismus, so Tibi, richtet sich gegen die Moderne und ist zugleich aus der Konfrontation mit ihr hervorgegangen. Seine Ursache hat er im Misslingen der islamischen Säkularisierungsversuche und Modernisierungsversuche der Gegenwart. Das bedeutet, dass seine historischen Wurzeln genau so weit zurückreichen wie die Begegnung zwischen dem Islam und der europäischen Moderne. Seit den militärischen Niederlagen der Türken gegen die technologisch überlegenen Armeen der Europäer hat der Islam immer wieder seine Botschafter, Forscher und Studenten in den Westen geschickt, um dem Geheimnis des Erfolges des Westens auf die Spur zu kommen.

Diese haben das Geheimnis schnell entdeckt: Es heißt Wissenschaft und Technologie. Was sie aber nicht erkannt haben oder vielleicht nicht zur Kenntnis nehmen wollten, war die Untrennbarkeit, die innere und äußere Zusammengehörigkeit von Technologie und Wissenschaft als zivilisatorische Leistungen einerseits und dem modernen Weltbild und seiner »Logik« andererseits. Sie hatten jedenfalls die illusionäre Vorstellung, das Instrumentarium wissenschaftlich-technologischer Modernität trennen zu können von der kulturellen Moderne und ihrem Weltbild als solchem. Es ging ihnen nur um die instrumentelle Aneignung der westlichen Technologie, vor allem der Kriegstechnologie – natürlich auch zu dem Zweck, den »ungläubigen« Westen mit seinen eigenen Mitteln schwächen zu können. Das rationalistisch-menschenzentrierte Weltbild der Moderne lehnten sie ab zugunsten ihres theozentrischen Weltbildes.

Bassam Tibi spricht in diesem Zusammenhang von der »halben Moderne«, die sich der Islam aneignen wollte. Nach seiner Meinung ist dieser Versuch gescheitert, weil die Moderne sich von ihrem kulturellen Projekt nicht trennen lässt. Den Muslimen ist die Aneignung der kulturellen Fähigkeit, die Modernität selbst zu schaffen, nicht gelungen. Aus diesem Grund sind alle islamischen Reformversuche seit dem vergangenen Jahrhundert gescheitert. Dieses Scheitern und die damit verbundene Unfähigkeit der Muslime, den sozialen Wandel kulturell zu bewältigen, hat, so Tibis These, letztlich den Aufstieg des islamischen Fundamentalismus der Gegenwart verursacht.[231]

Worin bestehen aber nun das Wesen und die spezifischen Merkmale des Phänomens, das wir die »Moderne« nennen?

Die Kennzeichen der Moderne

Jürgen Habermas hat, im Anschluss an Hegel und Max Weber, in seinem Buch »Der philosophische Diskurs der Moderne«[232] eine mittlerweile als »klassisch« geltende Beschreibung der Moderne geliefert, auf die wir uns im Folgenden stützen.

Acht Kennzeichen bilden die Signatur der Moderne. Der Entzauberungsprozess des Rationalismus hat in Europa dazu geführt, dass die in diesem Vorgang zerfallenden geschlossenen religiösen

Weltbilder eine profane Kultur aus sich entließen. Diese Profanisierung der westlichen Kultur ist von drei Merkmalen geprägt bzw. legt sich in drei kulturellen Wertsphären aus.

(1) Die modernen Erfahrungswissenschaften sind in einen Lernprozess eingetreten, in dem es um die Erkenntnis der äußeren Welt geht.

(2) Hinsichtlich gerechter Normen des sozialen Handelns und Zusammenlebens geht es um die Möglichkeit allgemeiner Anerkennung von Begründungen für Moraltheorien und Rechtstheorien aus vernunftgemäßen Prinzipien.

(3) In den autonom gewordenen Künsten geht es um den Ausdruck der inneren Erfahrung des von allen Zwängen und Konventionen freien modernen Subjekts. In allen diesen drei Wertsphären werden jetzt Lernprozesse jeweils nach den inneren Gesetzmäßigkeiten der anstehenden Probleme ermöglicht und dadurch Wahrheitsansprüche begründet. Parallel zu dieser Profanisierung der westlichen Kultur findet eine Rationalisierung der modernen Gesellschaft statt.

(4) Es entsteht der kapitalistische Betrieb mit seiner einzelwirtschaftlich zweckrationalen Rechnungsführung und

(5) der bürokratische Staatsapparat mit seiner rational kalkulierbaren und damit verlässlichen Gesetzgebung und Verwaltung. In dem Maße, in dem der Alltag von dieser kulturellen und gesellschaftlichen Rationalisierung ergriffen wird, sind auch die individuellen Handlungsnormen davon beeinflusst.

(6) Die rationalisierte Lebenswelt als symbolisch strukturiertes Sinn-Universum des Einzelnen wird zunehmend geprägt von einem reflexiv gewordenen Umgang mit Traditionen, die ihre Naturwüchsigkeit jetzt eingebüßt haben und nicht mehr fraglos gültig sind.

(7) Handlungsnormen werden zunehmend universalisiert. Die Handlungen des Einzelnen und der Gesellschaft folgen nicht mehr den tradierten Gruppennormen. Die Anwendung der so universalisierten Handlungsnormen auf die jeweils konkrete Situation geschieht nur aus der Verantwortung und der Interpretationsbemühung des Einzelnen. Werte werden generali-

siert. Sie entbinden das kommunikative Handeln in erweiterten Optionsspielräumen von eng umschriebenen Kontexten.

(8) Schließlich ist die moderne Lebenswelt geprägt durch neue Sozialisationsmuster, die auf eine Ausbildung abstrakter Ich-Identitäten angelegt sind und die Individuierung der Heranwachsenden forcieren. In der Prämoderne ging das Ich noch organisch in seiner Umwelt auf. In der Moderne fühlt und weiß es sich legitimiert und zugleich verurteilt, seine Handlungsnormen und seinen Lebensentwurf aus sich selbst heraus zu kreieren und zu rechtfertigen.

Diese von Jürgen Habermas herausgestellten acht Wesenselemente der Moderne hat Thomas Meyer mit Recht noch ergänzt durch vier auf die politische Organisation der Gesellschaft bezogene Elemente.

(9) Der moderne Staat gründet in der Idee der Souveränität, einer umfassenden und höchsten Hoheitsgewalt, die gekennzeichnet ist durch ein Abdrängen der Religion in den Bereich privater Glaubensentscheidungen.

(10) Außerdem unterliegt die Ausübung dieser Herrschaft einer rationalen Legitimation.

(11) Die Menschenrechte haben sich als Grundlage dieser Herrschaftsausübung durchgesetzt.

(12) Die Volkssouveränität gilt als offizielle Basis auch in solchen Staaten, in denen die Herrschenden sich nominell darauf berufen, um sie aber zugleich mit Füßen zu treten.

Diese zwölf kulturellen, gesellschaftlichen, politischen und lebensweltlichen Merkmale der Moderne in ihrem unauflöslichen Zusammenhang und in ihrer wechselseitigen Abhängigkeit voneinander bilden ihren eigenen Kosmos von Werten, Normen, Strukturen, der absolut unvergleichbar ist mit allem, was die Menschheitsgeschichte bis heute hervorgebracht hat. Ich stimme Meyer zu, wenn er zusammenfassend herausstellt, dass der innere Zusammenhang dieses modernen Universums und die besondere metaphysische Stimmungslage, die es erzeugt, pointiert markiert werden in den beiden Leitbegriffen »generalisierte Ungewissheit« und

»generelle Offenheit«. Diese beiden Leitbegriffe charakterisieren den allgemeinen Aggregatzustand, in den unausweichlich alle Lebensformen, Strukturen und Denkweisen der Moderne geraten.[233]

Diese generalisierte Ungewissheit und generelle Offenheit wird noch verstärkt durch Tendenzen und Entwicklungen, die wir mit dem Begriff der »Postmoderne« belegen und die ich im Folgenden darlegen will.

Die Kennzeichen der Postmoderne

Nach einer Definition des Philosophen Wolfgang Welsch ist derjenige ein »Postmoderner«, der »sich jenseits von Einheitsobsessionen der irreduziblen Vielfalt der Sprach-, Denk- und Lebensformen bewusst ist und damit umzugehen weiß«.[234] Einem Postmodernen geht es, bei ständiger Abwehr religiöser und pseudoreligiöser Absolutheitsansprüche und Totalitarismen von »Wahrheitsbesitzern«, um vorbehaltlose und ressentimentlose Anerkennung der faktischen Pluralität von Überzeugungen und Optionen.

Diese Pluralität muss aber nicht nur einfach akzeptiert, sondern in ihrer Positivität und in ihrem inneren Wert erkannt und begrüßt werden. Es geht überhaupt nicht mehr um die eine und einzige Wahrheit, sondern um vielfältige Formen des Wahren in unterschiedlichen Sprach- und Denkartikulationen. Jetzt tritt das individuelle und soziale Arrangement mit Brüchen, Diskontinuitäten und Widersprüchen an die Stelle des einstigen Identitätsbedarfs mit seinem Einheitsanspruch. Die Postmoderne ist »diejenige Epoche, wo die Reibungen heterogener Wissens- und Lebensformen nicht mehr gefürchtet und ignoriert oder unterbunden werden, sondern zugelassen und ausgetragen werden, weil man realisiert, dass menschliche Sprache und humanes Leben nur im Plural möglich sind«.[235]

Alle Versuche einer universalisierenden Vernunft scheitern daran, dass die Sprache aus heterogenen, nicht kommensurablen, unübersetzbaren Sprachspielen und Diskursen besteht, die eine verbindend-verbindliche Metasprache verhindern. Widerstreit ist angesagt anstelle von Kommunikation. Die Postmodernisten wenden sich aber gegen den Vorwurf, ihre Rede sei eine Ideologie für flexible Trendsetter und ein Plädoyer für Beliebigkeit nach dem Motto »anything goes«. Es gehe nicht um gleichgültige Beliebigkeit, sondern um höchst aufmerksames Wahrnehmen des Möglichen, an dem sich eigene Wertungen und Einstellungen ständig reiben und revidieren: »Man urteilt und verurteilt nicht mehr mit dem Pathos der Absolutheit und der Einbildung der Endgültigkeit, sondern man erkennt auch dem anderen mögliche Wahrheiten grundsätzlich zu – noch gegen die eigene Entscheidung.«[236]

Einer der geistigen Väter des Postmodernismus, Jacques Lyotard,[237] hat konstatiert, dass die »großen Erzählungen«, die »Meistergeschichten«, die »Metatheorien« der Moderne, zu Ende und überholt sind – er meinte damit z.B. den Idealismus Hegels und den Marxismus. Diese Meistergeschichten, die in der Moderne die Funktion hatten, die Institutionen, sozialen und politischen Praktiken, Gesetzgebungen, Ethiken und Denkweisen zu legitimieren, finden keinen Glauben mehr. Die großen Erzählungen oder »Metanarrativa« werden jetzt ersetzt durch die kleinen Erzählungen oder Mythen. In diesem Sinne wird die Welt wieder neu remythologisiert, und auch das Christentum ist jetzt ein Mythos unter anderen, die alle miteinander konkurrieren. Diesen Zustand bezeichnet Odo Marquard als »Polymythie« – ein Soll-Zustand der Gesellschaft, in welchem nicht ein Monomythos vorherrscht, sondern wo es um ein Spiel der Weltanschauungen und Weltbilder geht.[238]

Kritisch bemerkt hierzu der christliche Philosoph Peter Koslowski: »Das Spiel würde in einer solchen remythologisierten polytheistischen Postmoderne zur Grundkategorie der Wirklichkeit. Es geht nicht mehr um die Wahrheitsfrage in der Debatte der Weltbilder und um das richtige Leben, sondern um den Sieg in einem Spielwettbewerb zwischen verschiedenen ›Kleinen Erzählungen‹.«[239] Koslowski sieht darin eine Rückkehr zum Polytheismus und ein Verlassen von Moderne und Christentum. Er schreibt der Postmoderne-Theorie von Lyotard das Verdienst zu, die Metatheorien der Moderne, die großen Erzählungen vom werdenden Absoluten als Mythen dekonstruiert, eine neue Freiheit der Geschichten und Ansätze des Wissens geschaffen und den latent totalitären Charakter der hegelianischen und marxistischen Geschichtsphilosophie aufgewiesen zu haben; ihre Gefahr sei jedoch, dass sie dem Abgleiten des postmodernen Wissens in die Beliebigkeit eines (letzten Endes ja die Vielfalt und die Differenz kultivierenden) Polytheismus Vorschub leiste.

Als mögliche positive Aspekte der Postmoderne führt die Literaturwissenschaftlerin Henriette Herwig an: »Trat die Moderne im Sinne des innerweltlichen Fortschrittsglaubens der Aufklärung als Negation der metaphysischen Begründung des Menschen, der Welt und der Geschichte auf, so könnte man die Postmoderne als Negation dieser Negation bestimmen, als doppelte Negation also, die formallogisch zu einer neuen Position führen kann, lebenspraktisch aber nicht muss. Postmoderne Wertorientierung könnte sich neben der Rückkehr zur Religion, zum Mythos und zur Metaphysik auch im Aushalten eines Wertevakuums äußern oder in der Suche nach einer dialektischen Verbindung des Besten beider Welten, der Vormoderne und der Moderne. Die Wiederkehr des Phantastischen, Irrationalen, Sinnlichen, Visionären, Wunderbaren und Religiösen wäre dann nicht nur negativ als Rückfall in voraufklärerische Positionen zu bewerten, sondern möglicherweise auch positiv im Sinne der notwendigen Wiederkehr des von der Aufklärung Verdrängten und der kreativen Erneuerung von Erstarrtem.«[240] Unsere Sensibilität für Unterschiede kann verfeinert, unsere Fähigkeit, Inkommensurables zu ertragen, kann gestärkt werden.

Nun produziert aber das postmoderne Defizit an den großen Erzählungen, die bislang für den Einzelnen und für Gesellschaften Identität, Motivation und Handlungswissen bedeuteten, möglicherweise einen Verlust an Gemeinschaftlichkeit (die »Kälte der Moderne«) und eine zu einer wachsenden Brutalisierung führende Entsolidarisierung der Gesellschaft. Man spricht von Sinnverlust, Geschichtsverlust, Identitätsverlust, Subjektverlust.

Der Fundamentalismus als Rettung aus Postmoderne und Moderne

Angesichts eines solchen Zersetzungsprozesses haben Fundamentalismen leichtes Spiel. Sie scheinen dem im postmodernen »Markt der Möglichkeiten« verunsicherten und überforderten, nervösen und bekehrungsanfälligen Individuum von neuem seelischen Halt, weltanschauliche Gewissheit geben zu können. Einfache, überschaubare Weltverstehensmuster haben Hochkonjunktur gegenüber differenzierten Reflexionen und erleichtern die Wahl- und Entscheidungsnotwendigkeit angesichts eines Pluralismus von Sinnangeboten. Die Anfälligkeit für »integralistische« Weltdeutungsmuster wächst angesichts der postmodernen Vielfalt. Der Fundamentalismus scheint dem Bedürfnis nach einem eindeutigen, übersichtlichen, einfach zu »handhabenden«, aber dennoch oder gerade deswegen tragfähigen Lebensfundament angesichts immer komplexerer Lebensfragen Rechnung zu tragen.

Der Fundamentalismus versteht sich aber nicht nur als Fluchtweg aus dieser Art von Postmoderne, sondern auch als Rettung aus der Krise der Moderne. Denn diese hat in den zwei Jahrhunderten ihrer bisherigen Karriere »nicht nur Vorurteile, Barrieren und alle Verbindlichkeit von Traditionen hinweggefegt, sondern ebenso gründlich die Gewissheiten, tröstenden Fiktionen, Nischen, die aus machtvollem Bedürfnis in den Jahrtausenden zuvor geschaffen wurden. Das Licht der aufgeklärten Vernunft löst mit der Zeit alle Geltungsansprüche auf, die keine überzeugenden Gründe ins Feld führen können.«[241]

Die Moderne und die Aufklärung haben zwar Freiheit und die Chance zu Selbstdenken und Selbsthandeln geschaffen; sie haben Hierarchien und Besitzansprüche vom Thron gestürzt; sie haben durch die eminente Steigerung von Produktion und Konsum die Chance der Freiheit für unvergleichlich mehr Menschen als jemals zuvor in der Menschheitsgeschichte geschaffen. Doch diese Moderne hatte von Anfang an das Janusgesicht der Doppeldeutigkeit. Befreiung bedeutete zugleich Freisetzung, Emanzipation bedeutete Einsamkeit, Öffnung bedeutete Schutzlosigkeit. Dieses Janusgesicht konnte man solange ertragen, als man glaubte und hoffte, es sei nur ein bald *vorübergehendes* notwendiges Intermezzo und danach werde der Mythos von der Erfüllung der alten, prämodernen Verheißungen der Erlösung, jetzt aber ohne Aberglauben und Illusion, nur mit den Mitteln der aufgeklärten Vernunft, endgültig triumphieren: Der Mythos von der Versöhnung des Menschen mit sich selbst, mit der Natur und mit seinen Mitmenschen; der Mythos von der vernünftigen Organisation der menschlichen Arbeit und viele andere Verheißungen mehr.

Doch heute erlebt dieser Mensch der Moderne, dass dieses Janusgesicht wohl die *endgültige* Gestalt eben dieser Moderne ist, ja, dass es sich auflöst in eine fatale Eindeutigkeit der Bedrohung des menschlichen Lebens selber und seiner Grundlagen. Das so hoffnungsvolle und verheißungsvolle Programm der Moderne ist schon dabei, die Naturgrundlagen der Menschheit dort gefährlich zu bedrohen und zu beseitigen, wo dieses Programm am weitesten fortgeschritten ist. Der vermeintliche Erlösungsweg erweist sich mehr und mehr als Holzweg. Die Zumutungen der Moderne einerseits und die Verheißungen andererseits ergeben keine ausgeglichene Bilanz mehr. Die Vernunft der Moderne sitzt als Betrügerin auf der Anklagebank.

Die Moderne mit ihren Schlüsselphänomenen Reformation, Aufklärung und Revolution hat den Menschen, den sie voraussetzen musste, um ihr gewachsen zu sein, offenbar überfordert. Die Moderne setzt zur Entwicklung der in ihr angelegten Möglichkeiten, menschenkundlich gesehen, Ich-Stärke, Selbstgewissheit, Orientierungssicherheit voraus. Denn sie kann dem nach Geborgenheit, Sicherheit und Orientierung Suchenden und Fragenden letztlich immer nur den Rückverweis auf ihn selbst bieten.

In die Kultur der Moderne ist nämlich ein innerer Widerspruch eingebaut, der eine andauernde Orientierungskrise und Identitätskrise hervorruft. Das hat der amerikanische Soziologe Peter Berger schon in seinem Buch »Das Unbehagen in der Modernität«[242] aufgezeigt: Einerseits soll der moderne Mensch alle für sein Denken, Handeln und Leben erforderliche Gewissheit nur aus sich selber schöpfen. Andererseits aber ist eben dieser Mensch der Moderne wegen der zunehmenden Ungewissheiten und des wachsenden Pluralismus dazu immer weniger befähigt. Es mangelt ihm offenbar sehr an Ich-Stärke. Er ist gerade wegen der vielfältigen Wandlungen, denen er ständig in dieser sich rapide wandelnden Welt unterliegt, besonders offen, unabgeschlossen, labil, verunsichert. Und so ist es insgesamt nicht verwunderlich, dass dieser so gezeichnete Mensch sich hineinrettet in jene Fluchtbewegung, die man heute Fundamentalismus nennt.

Thomas Meyer hat diesen Vorgang in unüberbietbarer Klarheit – mittlerweile häufig geradezu schon als »klassisch« zitiert – in Anlehnung an und im Gegensatz zu berühmten Aussagen Kants so formuliert: »Fundamentalismus ist der selbst verschuldete Ausgang aus den Zumutungen des Selberdenkens, der Eigenverantwortung, der Begründungspflicht, der Unsicherheit und der Offenheit aller Geltungsansprüche, Herrschaftslegitimationen und Lebensformen, denen Denken und Leben durch Aufklärung und Moderne unumkehrbar ausgesetzt sind, in die Sicherheit und Geschlossenheit selbsterkorener absoluter Fundamente. Vor ihnen soll dann wieder alles Fragen Halt machen, damit sie absoluten Halt geben können, genauso wie vor ihnen wieder alles andere relativ werden soll, damit sie der Relativierung entzogen bleiben. Die Argumente, Zweifel, Interessen und Rechte desjenigen, der sich nicht auf ihren Boden stellt, sollen nicht mehr berücksichtigt werden ... Fundamentalismus ist eine willkürliche Abschließungsbewegung, die als immanente Gegentendenz zum modernen Prozess der generellen Öffnung des Denkens, des Handelns, der Lebensformen und des Gemeinwesens absolute Gewissheit, festen Halt, verlässliche Geborgenheit und unbezweifelbare Orientierung durch irrationale Verdammung aller Alternativen zurückbringen soll. Seine Beute ist dort am reichsten, wo Zumutungen und Kosten der Moderne ihre Chancen und Segnungen hoffnungslos übersteigen. Fundamentalistische Situationen, in denen die Versuchung wächst und den Rückfall nahe legt, sind vielfältig und unterschiedlich wie die Ungleichzeitigkeiten und kulturellen Traditionen der Gesellschaften, die sich auf die Bahn der Modernisierung begeben haben. Je nach dem Zeitpunkt des fundamentalistischen Rückfalls im Verlauf der Modernisierung und der Nähe, in der eine Kultur sich noch zu ihren vormodernen Traditionen weiß, je nach der Art des auslösenden Modernisierungswiderspruches und den Traditionen der politischen Kultur entwickelt sich die fundamentalistische Feindschaft gegen die Moderne in ihrer je eigenen Form und Vehemenz.«[243]

Diese treffende Analyse von Thomas Meyer ist, wie gesagt, inzwischen fast zu einem »Klassiker« geworden. Das darf nun aber nicht darüber hinwegtäuschen, dass diese Analyse bei ihm geleitet ist von bzw. übergeht in eine Normvorstellung, die ihre Fragen mit sich bringt, wie sie der Theologe und Sozialethiker Stephan Pfürtner formuliert hat: »Sollte als Alternative zur fundamentalistischen Mentalität und zu dem von ihm geprägten Menschen wirklich nur der so gekennzeichnete moderne Mensch verbleiben – ein Mensch ohne Möglichkeit zu letzten Gewissheiten – ein Mensch des radikalen Orientierungsverlustes, der Beliebigkeit und der Heimatlosigkeit – ein Mensch, allein auf sich selbst und seine kritische Vernunft gestellt? Wenn lediglich diese Alternative verbliebe, wäre eine Entscheidung für den Fundamentalismus nur allzu verständlich.«[244] Meyers anthropologische Normvorstellung unterschiede sich dann nur noch wenig vom »kritischen Rationalismus« eines Karl Raimund Popper und eines Hans Albert, wonach Wissenschaften keine unwiderruflichen Sätze als endgültig wahre Aussagen aufstellen könnten, alle Thesen immer nur Vorläufigkeitscharakter hätten und immer nur Hypothesen seien, dass alles Wissen wesentlich hypothetisch sei, dass nur ein auf diesen Voraussetzungen fußender absolut »offener Diskurs« vor der Gefahr fundamentalistischen Denkens geschützt sei.

In dieser radikalisierten Methodik ist der kritische Rationalismus durchaus fragwürdig. Ein solcher Nominalismus vergleichbar dem des späten Mittelalters ist eben nur *eine* und dazu einseitige Auslegung menschlicher Erkenntnismöglichkeit. Mit ihm sind aber alle anderen Verstehensdeutungen gegenstandslos geworden. Das menschliche Individuum ist eben nicht ganz allein auf sich selbst als Subjekt zurückgeworfen; es wachsen ihm vielmehr von der Wahrnehmungswirklichkeit, von Natur, Gesellschaft und Geschichte, durchaus Orientierungshilfen zu. Eigenes begriffliches Denken von innen heraus und Wahrnehmung der Realität von außen her sind die zwei wesentlich zusammengehörenden Komponenten menschlicher Erkenntnis.

Wenn das so ist, »dann ist auch das Verhältnis von Offenbarungsgeschehen und kritischer Rationalität nicht durch völlige

Unvereinbarkeit bestimmt. Offenbarung meint hier wiederum nicht, dass sich ihre Vergewisserung ohne oder außerhalb des Menschen als Subjekt ereigne ... Gleichzeitig aber besagt Offenbarung, dass das Subjekt in seiner Rationalität nicht der alleinige Grund dieses Geschehens und dessen ist, wessen der Mensch darin inne wird ... Übrigens ist die rationale Unverfügbarkeit keineswegs nur bei Offenbarung im religiösen Sinn zu beachten. Offenbarung kann sich vielfältig ereignen, zum Beispiel in der Bewegung zweier Liebender oder im ästhetischen Erleben. Auch in diesen Lebensvollzügen kann sie Gewissheiten vermitteln, ohne dass sie in kritischer Vernunft begründet oder von ihr erfasst zu werden vermögen. Rationalität ist eben nicht alles im Menschen. Es gibt unendlich viel mehr, auch eine ›Vernunft des Herzens‹ (Pascal).«[245]

Aus diesen Gegebenheiten heraus bestätigt sich, dass eine durch den puren kritischen Rationalismus definierte Moderne als Epochenbegriff nicht das kritische und maßgebende Prinzip bieten kann, mit dem man das Phänomen des erkenntnistheoretischen Fundamentalismus beurteilen darf. Die lebenswichtige Frage: »Wie viel Gewissheit braucht der Mensch?« ist damit jedenfalls noch nicht beantwortet.

Zum Vergleich von islamischem und katholischem Fundamentalismus

Fundamentalismus im kirchlichen Raum: Lebenssicherung für Freiheitsungeübte

Die obigen Analysen und Reflexionen lassen sich teilweise auch auf den kirchlichen Raum im engeren Sinne anwenden. Bei christlichen Fundamentalisten dominiert ja der Begriff der »Wahrheit« bzw. der autoritativ gesicherten »Wahrheit« im Sinne von Fremdorientierung, nicht der Begriff der Freiheit aus Liebe. Und mit einem solchen programmatischen Begriff von »Wahrheit« gehen sofort die Programm-Begriffe Gehorsam, Geschlossenheit, Ordnung einher. Fundamentalismus ist Lebenssicherung für Freiheitsungeübte.

Es ist das Dilemma unserer Freiheitskultur, dass die Voraussetzungen für ein selbst verantwortetes Leben in Freiheit immer mehr schwinden. Weil Selbststeuerung statt Fremdsteuerung oft misslingt, kippt Lust an der Freiheit um in ein Leiden an der lästig werdenden Freiheitslast. Es kommt zur Identitätsanleihe bei starken Gurus, Führern, Gruppen. Autoritäten bieten eben Entlastung. Fundamentalisten leben von Identitätsanleihe. So ist Fundamentalismus als eine Form von Identitätssicherung in erster Linie eine Überlebensstrategie von Menschen, die ihr eigenmächtiges, freiheitskundiges Ich lebensgeschichtlich nicht hinreichend stark ausgebildet haben.[246]

Ein typisches Merkmal für fundamentalistisches Verhalten ist das Auswählen aus der Tradition. Bestimmte Anteile aus der Glaubenstradition werden einseitig ausgewählt und so lange einseitig gedeutet und damit verformt, damit und bis sie für die fundamentalistische Überlebensstrategie brauchbar werden.

Weil Fundamentalisten ihrem Wesen nach unsichere Selbstsucher sind, brauchen sie einen unveränderlichen, fixen, nicht der Entwicklung unterliegenden religiösen bzw. weltanschaulichen Kosmos. Sie brauchen eine geschlossene Lebenswelt. Offenheit, Dialog, Wahrheitssuche, Zweifel sind für sie bedrohlich. Eine extrem ausgeweitete »Unfehlbarkeit« kirchlicher Autoritäten gewährt Sicherheit, verringert die Angst, bewirkt Verlässlichkeit.

So wird auch in der Vielfalt, im Pluralismus religiöser Lebensformen bzw. theologischer Ausdeutungen grundsätzlich eine Störung und Bedrohung gesehen, während Einheitlichkeit, Uniformität, den sicheren Frieden finden lässt.

Im Übrigen zeigt die Erfahrung, dass mit Fundamentalisten nur schwer zu diskutieren ist. Der diskursive Weg wäre ja auch das Eingeständnis der fehlenden Verlässlichkeit der eigenen Meinung. Darum sei an dieser Stelle folgende pastoraltheologische Anmerkung aus christlich-biblischer Sicht erlaubt: Wenn überhaupt, wäre von daher die einzige Möglichkeit, mit Fundamentalisten ins nicht nur theoretische, sondern lebensmäßige Gespräch zu kommen, das gemeinsame *Tun,* auch der gemeinsame Gottesdienst. Sinnvoll ist alles, was die Verunsicherten mit ihrem Mangel an Selbstwertgefühl und Selbstvertrauen Wertschätzung und Liebe erfahren lässt. Vielleicht müssten zu diesem Zweck Freiheitsgeübte aus Liebe gelegentlich auf die Ausübung ihrer Freiheit verzichten, um so der Einheit doch noch eine Chance zu geben. Den Freigewordenen kann die Unfreiheit anderer nicht mehr bedrohen. Hat nicht Paulus solches verlangt, als er von denen, die aus Freiheit Opferfleisch essen wollten, den Verzicht verlangte, damit die Ängstlichen nicht verunsichert würden?

Der fundamentalistische katholische Offenbarungsbegriff

Ein Sonderfall katholisch-fundamentalistischen Denkens ist der Offenbarungsbegriff. »Gott teilt unmissverständlich mit, was der Fall ist, weil er es so will.« In diesem so formulierten Satz sind alle wesentlichen Merkmale des traditionellen katholischen Begriffs von Offenbarung enthalten. In ihm sind auch wesentliche Merkmale des katholischen Fundamentalismus mit enthalten. Der Sohn Gottes als Offenbarer und »Ausleger« des Vaters bezeugt und teilt mit, was er beim Vater gesehen hat. Er, der es wissen muss, teilt als kompetenter Zeuge wahrhaftig mit, was der Fall ist, weil Gott es so will. Anhand des Mitgeteilten können sich die passiv aufnehmenden Gläubigen ein zutreffendes Erkenntnisbild von den göttlichen Wirklichkeiten machen. Sie müssen dem Migeteilten zustimmen, wenn sie nicht ihr endgültiges Heil und ihr Lebensziel verfehlen wollen. Wenn es im Laufe der Geschichte der Kirche und des Einzelnen Missverständnisse über das Mitgeteilte geben sollte, ist es Sache des kirchlichen Lehramtes, eine normative und unmissverständliche Interpretation vorzulegen (nicht: zu argumentieren, sondern einfach »vorzulegen«, proponere). Inhalt der Mitteilungen sind die von Gott gesetzten Fakten.

Glaubenswissen ist also Faktenwissen, ein Wissen auch darüber, welche Anordnungen und Gesetze Gott für den Weg zum Heil vorgegeben hat. Der juristische Charakter des Offenbarungsverständnisses kommt hier sehr deutlich zum Ausdruck. Insgesamt gesehen beinhaltet dieser Begriff von Offenbarung eine »instruktionstheoretische« Verkürzung, insofern hier Offenbarung als Belehrung über natürliche, aber besonders über übernatürliche Sachverhalte durch einen göttlichen Lehrer verstanden wird. Es geht um geoffenbarte »Wahrheiten«, also um Lehre bzw. Glaubenswissen. Diese Lehren sind in Predigt und Religionsunterricht unverkürzt und unverändert weiterzugeben. Letztlich geht es also um einen alle Wahrheiten enthaltenden Text.

Dieses Offenbarungsverständnis war lange Zeit in der katholischen Theologie vorherrschend und ist es heute wieder. Das Zweite Vatikanische Konzil (1962–1965) hat zwar – so argumentieren die Kritiker dieses Offenbarungsverständnisses heute – in seiner Dogmatischen Konstitution »Dei Verbum« (Gottes Wort) ein kommunikativ-partizipatives Offenbarungsverständnis vorgelegt – Gott offenbart *sich selbst*, nicht *etwas*, es geht um Selbstoffenbarung im Sinne einer *Selbst*mitteilung –, aber die Theologie tut sich schwer, es zu rezipieren und gegenüber dem vorkonziliar-neuscholastischen Verständnis deutlich zu machen.

Jürgen Werbick[247] hat die Vorgeschichte des Selbstoffenbarungsgedankens in der Theologie der frühen Kirchenväter (Klemens von Alexandrien, Origenes, Dionysios Areopagita im Anschluss u.a. an Plotin), im Mittelalter (Thomas von Aquin, Richard von St. Viktor), bei Oetinger und Böhme und im Deutschen Idealismus (vor allem bei Hegel und Schelling) deutlich herausgearbeitet. Mit Letzterem stellt er fest: »So ist Inhalt dieser Offenbarung nicht eine Lehre, sondern ›eine Geschichte, in die das Göttliche selbst verflochten ist‹ … genauerhin: ›Christus selbst, nicht was er gesagt, sondern was er ist, was er getan hat‹. Entsprechend ist das Christentum ›unmittelbar nicht eine Lehre, es ist eine Sache, eine Objektivität, die Lehre ist immer nur Ausdruck dieser Sache‹.«[248]

Von Schelling ist zu lernen: Wenn das Faktum der Offenbarung nicht als Gottes Selbstoffenbarung verstanden wird, dann ist der fundamentalistischen Positivierung der Offenbarung Tür und Tor geöffnet, dann liefert man sich dem Offenbarungspositivismus aus in dem Sinne: Gott teilt in der Offenbarung vielerlei mit, was man wissen muss, ohne es aber in seiner inneren Notwendigkeit verstehen zu können, damit man im Umgang mit Gott nichts falsch macht und nichts Falsches von ihm denkt.

Die Leitidee dieses Offenbarungsfundamentalismus ist die »Unmittelbarkeit«: Die Fundamente, auf die man sich im Glauben und im Leben verlässt und einlässt, müssen unmittelbar gegeben sein, sie können und dürfen nicht erst durch die Vermittlung der Vernunft erreichbar sein. Gegen eine solche Vermittlungskompetenz der Vernunft muss sich das Weitergabe-Lehramt behaupten, indem es eine der Vernunft unzugängliche, von ihr nicht mehr erreichbare Positivität schlechthin kontingenter Heilsfakten geltend macht, von denen der Mensch selbst prinzipiell nicht wissen kann, über die er nur belehrt werden kann. »Das unmittelbare Gegebensein der göttlichen dogmata durch den Offenbarer Jesus Christus und in der Kirche lässt hier eine Würdigung der menschlich-geschichtlichen Vermittlungsprozesse nicht zu. Das unmittelbar Gegebene wird nur – in der Kirche – weitergegeben; und die Weitergabe – die traditio – wird selbst weitgehend vergöttlicht.«[249]

Gegen eine solche, heute wieder sehr verbreitete Vorstellung von Offenbarung gilt das Wort Hans Urs von Balthasars: »Nie fällt Offenbarung unvermittelt vom Himmel, um den Menschen von außen und oben überweltliche Geheimnisse kundzutun; Gott spricht zum Menschen mitten aus der Welt, ausgehend von dessen eigenen Erfahrungen, indem er so innig in seine Kreatur eingeht, dass die göttliche Kenosis, die sich in der Menschwerdung vollenden wird, … schon im Worte des Alten Bundes anhebt.«[250] Daraus zieht Werbick die Konsequenz: »Das Göttliche in menschlich-geschichtlicher Vermittlung – das ist die wichtigste Grenzziehung gegen jeden christlichen Fundamentalismus, der sich schon in seinem Affekt gegen historische Kritik als latenter Doketismus erweist.«[251]

Der christliche Fundamentalismus als Fundamentalismus eines »Textes«, eines fertigen, unvermittelt vom Himmel gefallenen Textes, der von den Lippen des göttlichen Boten nur abzulesen ist, eines Textes, der in der Wiedergabe der ihn Überliefernden, d.h. aber ihn bloß Repetierenden, fixiert ist, verfällt einem »doktrinalistischen Offenbarungsdoketismus« (Werbick). Im Sinne von Hans Urs von Balthasar müsste die Theologie wieder lernen, die »Sprache des Fleisches«, der menschlichen Gebärden zu verstehen, in denen der Logos »offenbar« wird. Das ist aber nicht ein für allemal auf den Begriff zu bringen. Ein solches »Verstehen« des Gott-Logos ist ein unabschließbarer Prozess. Ein solches Verstehen ist ausschnitthaft, perspektivisch, überholbar, korrekturbedürftig, vorläufig. Der Wegcharakter der Theologie muss wieder ins Bewusstsein gerückt werden: Gottes Selbstmitteilung in Christus Jesus ist nicht besitzbar, ein für allemal zu haben; sie kann nur jeweils existentiell als Weg-Wahrheit ausprobiert werden. Sie lässt sich finden, wenn, aber nur wenn, der Mensch sie sucht.

Christliches Offenbarungsverständnis kann nicht von der »Fertigkeit« und Abgeschlossenheit der Offenbarung ausgehen. »Abgeschlossenheit« müsste, im Gegenteil, das Eintreten in einen fortdauernden, lebendigen Traditionsprozess und Verstehensprozess bedeuten. Das gälte für das Christentum genauso wie für den Islam. Ansätze dazu gibt es in der Geschichte der katholischen Theologie genauso wie in der Geschichte des Islam, beispielsweise in der schiitischen Theologie. Auch das paulinische Offenbarungsverständnis ist in diesem Sinne durchaus antifundamentalistisch, weil es allen Christen aller Zeiten die Fähigkeit des Empfanges von Offenbarungen und auch ihrer Deutung und Interpretation zugesteht.[252]

Gemeinsamkeiten von islamischem und katholischem Fundamentalismus

Eines der wichtigsten und bedeutsamsten Dokumente des katholischen Fundamentalismus ist der »Syllabus« Pius' IX. vom 8. Dezember 1864. Er beinhaltet eine Zusammenstellung von 80 verurteilten Irrtümern der Moderne.[253] Eine genauere Analyse von Inhalt und Sprachgestalt der 80 Irrtümer zeigt eine überraschende Übereinstimmung mit Grundthesen des islamischen Fundamentalismus.[254] Man kann mit Sicherheit davon ausgehen, dass die Fundamentalisten der arabischen Welt, z.B. die Moslembrüder oder ein

Sayyid Qutb oder der Sadatmörder Chalil Al-Islambuli, niemals von diesem »Syllabus« gehört haben. Um so erstaunlicher ist der Konsens. Nur einige wenige Beispiele dafür seien im Folgenden dargestellt.[255]

Der Syllabus wurde damals als Kriegserklärung der katholischen Kirche gegen die moderne Gesellschaft und Kultur verstanden. In Deutschland war der sogenannte »Kulturkampf« Bismarcks eine Reaktion auf dieses kirchliche Vorgehen. Zu den wichtigsten Irrtümern zählen u.a. der Rationalismus, der Säkularismus, der Liberalismus, der Modernismus, die Religionsfreiheit, das Fortschrittsdenken, die These von der Unabgeschlossenheit und Entwicklungsmöglichkeit der göttlichen Offenbarung, die Trennung von Kirche und Staat, die Versöhnung der Kirche mit der Kultur der Moderne. Der Anti-Modernisten-Streit zu Beginn des 20. Jahrhunderts ist nur die konsequente Fortsetzung dieses »Syllabus«-Denkens.

Es gab bereits in der Geschichte der frühen Kirche einen ähnlichen Vorgang. Gegen die Durchdringung der Theologie mit griechischem Denken etwa seitens des Origenes geht der Häresiograph (der Geschichtsschreiber der Häresien) Epiphanius von Salamis (»Panarion haeresium«) vor. Auch er listete bereits die Irrtümer der »heidnisch« infizierten Theologen – der Hellenismus kann als die »Moderne« des frühen Christentums gesehen werden – auf und verurteilte sie. Nun hat auch der Islam seinen Origenes und seinen Epiphanius: Al-Ghazali setzt den Kampf des Epiphanius fort mit seinem »Syllabus« von 20 Grundirrtümern, »Neuerungen« (bid'a), denen die islamischen Origenes-Gestalten angeblich erlegen waren: ein Al-Kindi, ein Al-Farabi, ein Avicenna. So heißt sein »Panarion haeresium« denn auch »Die Unverträglichkeit der Philosophen« (Tahafut at-tahafut).

Heutige islamische Fundamentalisten verdammen noch viel lautstarker und kräftiger die »Neuerungen« (bid'a) der »Moderne«. Sie vergleichen diese Moderne des Heidentums und der Gottlosigkeit mit der vorislamischen Zeit der Unwissenheit, der »dschahiliya« (vgl. S. 173ff.): »Wenn in den Zeiten der Rückständigkeit die Despoten sich hinter den Götzen von Al-Lat, Manat,

Hubal und Baal versteckten, dann sind Freiheit, Demokratie, Gleichheit, Nationalismus, Humanismus und Fortschrittsglaube die modernen Götzen, hinter denen die [modernen] Despoten die Schwärze ihrer Seelen und die Verwerflichkeit ihrer Taten verbergen.«[256]

Auch der römisch-katholische »Fundamentalist« Marcel Lefebvre, der mit Vorliebe immer wieder Papst Pius IX. zitierte, verband die Moderne mit dem Heidentum der Antike: »Von der Gewissheit durchdrungen zu sein, in einer Zeit des Abfalls vom Glauben zu leben, hat nichts Erhebendes. Lasst uns dennoch stets bedenken, dass alle Zeiten und alle Jahrhunderte unserem Herrn Jesus Christus gehören.«[257] »Statt die Göttlichkeit unseres Herrn Jesus Christus zu verherrlichen, wurde ein Pantheon aller Religionen eingerichtet ... «[258] Lefebvre ruft in Erinnerung, dass die zutiefst heidnische Häresie des Arianismus im 4. Jahrhundert ihre Wurzeln in der Tradition des Origenes und in der griechischen Philosophie jener Zeit gehabt habe. Er sieht die Ursprünge der »Dunkelheit« von europäischer Moderne u.a. auch in der »Renaissance«, von der aus er die Spuren bis zum antiken Heidentum zurückverfolgt.[259]

Um zum Vergleich von Syllabus und islamischem Fundamentalismus zurückzukommen: Wenn man den letzten Satz dieses Syllabus hernimmt und nur statt des Wortes »römischer Pontifex« den Begriff »der Rektor von Al-Azhar« einsetzt, dann erhält man genau das, was führende ägyptische Fundamentalisten, z.B. Mustafa Schukri, verdammt haben: »Der Rektor von Al-Azhar kann und soll sich mit dem Fortschritt, mit dem Liberalismus und mit der modernen Kultur versöhnen und anfreunden« (vgl. Nr. 80). In der Tat greifen solche Fundamentalisten immer wieder die »Al-Azhar« an, weil ihre geistigen Führer und Repräsentanten genau jenen Kräften nachgegeben hätten, die Papst Pius IX. in Schach zu halten versuchte.

Ein anderes Beispiel für die Austauschbarkeit der Formulierungen wäre die Nr. 13 des Syllabus, wenn man statt »scholastische Lehrer« den islamischen Terminus »Rechtsgelehrte« (fuqaha oder imam) einsetzt: »Die Methode und die Grundsätze, nach denen die alten islamischen Rechtsgelehrten die Theologie ausbildeten, entsprechen keineswegs den Erfordernissen unserer Zeit und dem Fortschritt der Wissenschaften.« Auch eine solche Auffassung hat z.B. Mustafa Schukri immer energisch angegriffen.

Wer die 80 Irrtümer des Syllabus studiert und anschließend folgende Sätze von Mustafa Schukri, bleibt in demselben geistigen und sprachlichen »Milieu«. »Wer da glaubt, dass die Verantwortlichkeiten beim Aufbau einer modernen Gesellschaft nicht im Gegensatz zu den Geboten der Gottesverehrung stehen, und wer da glaubt, dass es den westlichen Wissenschaftlern und Zivilisationsarchitekten möglich ist, gleichzeitig auch gehorsame Diener Gottes zu sein, legt einfach nur Zeugnis von seiner eigenen Schamlosigkeit und Anmaßung ab. Denn sie [die westlichen Wissenschaftler] sind jene, die das Jenseits zugunsten dieser Welt vergessen haben ... Könnten der Prophet Muhammad und seine Gefährten, die Einsiedler der Nacht und Ritter des Tages im Dienste Gottes, wirklich auch Physiker und Mathematiker, Pionicre der Raumfahrt und Bildner der modernen Gesellschaft sein? ... Dreizehn Jahre lang lehrte der Prophet Allahs die Mekkaner Muslime den Islam. Nichts als den Islam. Weder Astronomie noch Mathematik, weder Physik noch Philosophie.«[260] Diese Sätze zeigen, dass im wesentlichen Kern christlich-fundamentalistische Thesen problemlos und ohne große Umwege islamisiert werden können. Man braucht nur einige formale Ersetzungen vorzunehmen.

Ein anderes Beispiel für die Nähe beider Geisteshaltungen ist das Thema der Nr. 55 des Syllabus: die Trennung von Kirche und Staat. Im Syllabus wird folgende Meinung verworfen: »Die Kirche ist vom Staat und der Staat von der Kirche zu trennen.« Das Verwerfen dieser Meinung entspricht präzise dem Verständnis des fundamentalistischen Islam von der absoluten inneren und äußeren Zusammengehörigkeit, Untrennbarkeit von »din wa daula«, von Religion und politischer Gemeinschaft. Die Religion umfasst und regelt zudem lückenlos alle Gebiete des Lebens: Fundamentalismus als »Integralismus« (intégrisme).

Islamische Fundamentalisten treten heute kompromisslos für die offizielle und unzweideutige Wiedereinführung des Islam als der einen und einzigen Religion in den islamischen Staaten ein und für das Verbot und die Unterdrückung aller »Ideen, die in Widerspruch zu Gottes Religion und Gesetz stehen ... wie jene, die zu Atheismus, Verdorbenheit und Neuerung ermuntern«.[261] Im Syllabus wird unter der Nr. 77 die folgende Überzeugung verurteilt: »In dieser unserer Zeit ist es nicht weiter dienlich, die katholische Religion als die einzige Staatsreligion zu haben und alle übrigen Formen der Gottesverehrung auszuschließen.«

Was das Thema »kirchliche Einflussnahme auf staatliche Bildungspolitik und Bildungsinstitutionen« angeht, so vergleiche man folgende zwei Stellungnahmen: einmal die Nr. 47 des Syllabus, zum andern einen Auszug aus dem »Sendschreiben des Glaubens« des Saleh Sirriya. Zunächst die vom Syllabus verurteilte Lehre: »Es ist zum Besten der bürgerlichen Gesellschaft erforderlich, dass Volksschulen, die allen Kindern jedweder Klasse aus dem Volke offen stehen, und allgemein die öffentlichen Einrichtungen, die für die Vermittlung von Bildung und ernsteren Wissenschaften sowie für die Sorge um die Jugenderziehung bestimmt sind, von jeglicher Autorität, Leitungsbefugnis und Einflussnahme der Kirche frei gemacht und völlig der Entscheidungsbefugnis der bürgerlichen und politischen Autorität unterworfen werden nach den Beschlüssen der Herrschenden und nach Maßgabe der allgemeinen Auffassung der Zeit.«

Im Vergleich dazu Saleh Sirriya: »Ein islamischer Staat ist jener, dessen innerstes Anliegen es ist, den Islam zu verbreiten und für ihn in toto einzutreten, innerlich und äußerlich ... Dies bedeutet: Herrschaft über alle staatlichen Apparate und über alle Lebenszusammenhänge. Jegliche Information würde dann im Dienste der islamischen Mission stehen. Und nichts, was dem Islam entgegengesetzt ist, würde in Funk oder Presse veröffentlicht. Der Zweck der Erziehung bestünde darin, Generationen heranreifen zu lassen, die an den Islam glauben, mit ihm vertraut sind, ihn als ihre Richtschnur akzeptieren und sich für sein Wohl opfern. Daher müssten alle Curricula in diese Richtung ausgearbeitet werden, einschließlich der Wissenschaften. Und niemand wird Verantwortung in den Bereichen Information und Erziehung erhalten, wenn er nicht ein Missionar für den Islam ist.«[262]

Integralistische Elemente in der katholischen Kirche der Gegenwart

Am Ende dieses Vergleichs könnte ein Apologetiker für das Katholische einwenden, die hier dargelegten Positionen seien »Schnee von gestern« und nicht mehr aktuell. Es könnte sogar noch auf das Zweite Vatikanische Konzil hingewiesen werden, das ja z.B. die Religionsfreiheit und Gewissensfreiheit, auch die relative »Autonomie der irdischen Wirklichkeiten« hervorhebt. Theoretisch ist das richtig. Doch ein Blick in die tatsächliche gegenwärtige kirchenpolitische und lehramtsmäßige Situation zeigt überdeutlich, dass das Rad der Kirchengeschichte hinter dieses Konzil zurückgedreht werden soll. So wurden zum Beispiel im Verlauf der Arbeiten am neuen Kirchenrecht aus den Entwürfen eines eigentlich und schon lange geplanten Grundgesetzes für die katholische Kirche (Lex Fundamentalis) die Passagen über die individuelle Religionsfreiheit wieder gestrichen. Im neuen Kirchlichen Gesetzbuch von 1983 (canon 204, § 2) ist wieder die Vorstellung von der Kirche als einer dem Staat ebenbürtigen »vollkommenen Gesellschaft« (societas perfecta; vgl. Syllabus Nr. 19) zu finden.[263]

Außerdem ist der Einfluss des höchst fundamentalistischen »Opus Dei« auf allen kirchlichen Ebenen gewaltig gewachsen und mittlerweile besorgniserregend. Eine »katholische Mafia« greift hier nach der Macht.[264] Der bedeutende katholische Theologe Hans Urs von Balthasar, ein unverdächtiger Zeuge,[265] hat eindringlich vor der Gefahr eines katholischen Integralismus (ein anderer Name für »Fundamentalismus«) auch und vor allem im Hinblick auf das »Opus Dei« gewarnt.[266] Im Anschluss an den französischen Religionsphilosophen Maurice Blondel (1861–1949), der als erster christlicher Denker tief erschrocken das Phänomen des heute so genannten »Integralismus« in den Blick bekam und dann auch sogleich die bislang unübertroffene akuteste Symptomatik und Diagnostik dieser Erscheinung gab,[267] beschreibt von Balthasar die Geschichte und Wesensart des Integralismus als eine »post-revolutionäre Denkart und Bewegung, welche die mehr als tausendjährige Liga zwischen geistlicher und weltlicher Macht im Gedächtnis und im

Blut hat und sie, soweit sie in der früheren Gestalt unwiederbringlich ist, in neuer, diesmal innerkirchlicher Form abzubilden bestrebt ist. Hieraus erklären sich übrigens die steten Annäherungen zwischen kirchlichem Integralismus und politischem Royalismus: zur Zeit der Restauration ... und wohl auch im spanischen Opus Dei«.[268] Balthasar spricht von »latentem Terror« von Geheimgesellschaften innerhalb der Kirche während der letzten Jahrzehnte des 19. und der ersten beiden Jahrzehnte des 20. Jahrhunderts (mitten darin der »Modernismusstreit«).

Integralisten charakterisiert Hans Urs von Balthasar als Menschen, die der Ansicht sind, die Wirklichkeit könne in abstrakten, fixen und unabänderlichen Begriffen ausgeschöpft werden, sodass es genüge, im Blick auf die rechten Begriffe zu handeln, um die Welt auch recht zu bewegen. Offenbarung ist, integralistisch gesehen, primär ein System von Lehrbegriffen, die definitionsgemäß in der Menschenwelt nirgends vorzufinden sind, Offenbarung kann daher nur von einer rein absteigenden kirchlichen Autorität dem Laienvolk zur passiven Annahme vorgestellt werden.

Aus diesem rationalistischen Ansatz der integralistischen Erkenntnistheorie folgt, in der Beurteilung der Kritiker Balthasar/Blondel, die Rückbildung der christlichen Botschaft zu einem Gesetz der Furcht und des Zwanges, statt seelenbefreiendes Gesetz der Liebe zu sein. Im Namen des Herrn wird eine Härte ausgeübt, die er selbst nie geübt hätte. Der von den Untertanen geforderte blinde Konformismus ist die denkbar radikalste Perversion des Evangeliums, die sich gegen den Modernismus als nicht minder mörderischer »Veterismus«[269] stellt. Eine menschgestaltige Theokratie ist die Folge. Weil der weltliche Arm für diese Herrschaft nicht mehr verfügbar ist, ersetzt man ihn notgedrungen durch eine innerkirchliche Machtanwendung. Die Kirche als ganze liegt dann im »Belagerungszustand«. Weil der ideale kirchliche Untertan der blind gehorchende ist, geht die Tendenz dahin, alle nicht restlos Gefügigen aus der Kirche hinauszutreiben. Während Jesus die 99 Schafe auf der Weide zurückließ, um dem einen verlorenen nachzueilen, möchten manche Integralisten heute bei dem einzigen getreuen verharren, um es noch besser anzubinden.

Zusammenfassend formuliert Hans Urs von Balthasar: »Integralismus herrscht überall dort, wo Offenbarung primär als ein System wahrer, zu glaubender Sätze von oben vorgestellt und wo infolgedessen die Form über den Inhalt, die Macht über das Kreuz gestellt wird. Der Integralist strebt mit allen Mitteln, sichtbaren und verborgenen, öffentlichen und geheimen, zuerst die politische und soziale Machtstellung der Kirche an, um dann von dieser errungenen Festung und Kanzel aus die Bergpredigt und Golgotha zu verkünden. Das scheinbar rein taktische ›Zuerst‹ birgt wesensnotwendig, bewusst oder unbewusst, eine Höherwertung in sich. Der Ziel-Wert, um dessentwillen primär und zuerst das Geld, die irdische Macht und Organisation gesammelt, gehortet, lanciert wird, gerät unfehlbar ins Schlepptau des angeblichen Mittelswertes, wenn der Zielwert eben das gedemütigte Lamm, die gekreuzigte Liebe ist.«[270]

Daraus versteht sich auch, warum die Integralisten so gern im Verborgenen, im Dunkeln, arbeiten. Hans Urs von Balthasar konzediert zwar, dass, theologisch gesehen, die Kirche als ganze für das blinde oder scheele Auge der Welt ein »heilig öffentlich Geheimnis« sein kann – darin lag der Sinn der altchristlichen Diskretion (Arkandisziplin) -, aber im Innenraum der Kirche muss überall lichte Durchsichtigkeit herrschen. Bei all diesen Beschreibungen und auch bei der folgenden hat Hans Urs von Balthasar immer auch das Opus Dei im Auge, von dem er sagt, es sei ohne Zweifel die »stärkste integralistische Machtballung in der Kirche«:[271] »Was kann und soll hier überhaupt verborgen werden? Zweifellos doch nur Ballungen weltlicher Macht, die angeblich zum Vorteil des Reiches Gottes lieber im Dunkeln arbeiten wollen. Aber jede Undurchsichtigkeit im Kirchenraum schafft erfahrungsgemäß ein tiefes Missbehagen; und wenn die Terrorkrise des Jahrhundertanfangs heute überwunden ist, so hat das Unbehagen neue Formen angenommen, ausstrahlend von Machtgebilden, die sich nicht selten Säkularinstitute nennen und diese fruchtbare neue Form christlicher Existenz in der Welt schwer kompromittieren.«[272]

Hans Urs von Balthasar spricht aber nicht nur indirekt, sondern auch sehr direkt über die Praktiken und die Spiritualität des Opus Dei, dessen Machtimperium und »apostolische Taktik« er sehr konkret beschreibt und dem er eine integralistische Umwertung der Exerzitien des Ignatius von Loyola vorwirft.[273] In einem offenen Brief[274] an das Opus Dei fragt von Balthasar dessen Mitglieder, zu welchem Zweck sie ihre Macht, ihr Geld, ihre politischen und kulturellen Posten und Positionen und ihre Schlüsselstellungen wollen, was sie damit anfangen wollen, welchen Geist sie mit diesen Mitteln zu verbreiten gedenken. In diesem Brief prangert er noch einmal besonders die Geheimnistuerei an und schreibt: »Der geheime oder halbgeheime Charakter mancher Weltgemeinschaften ist genau so lange tragbar, als sie sich nur als Einzelne drunten in der Masse engagieren, nur den anderen dienen und ihnen den christlichen Geist vorleben wollen; untragbar wird er, sobald dahinter eigene weltliche Machtkomplexe stehen.«

Mit dieser Feststellung sei die Beschreibung fundamentalistischen Denkens und Handelns in der so einflussreichen Gruppierung der katholischen Kirche, wie sie das »Opus Dei« ist, abgeschlossen.

Der Todesstoß für den ethischen Individualismus

Was das Verhältnis zur »Moderne« und zum »Modernismus« angeht, so hat die römische Kurie zwar im Jahre 1967 den 1910 eingeführten »Antimodernisteneid« abgeschafft, dafür aber, von der breiten kirchlichen Öffentlichkeit relativ unbemerkt, im Jahre 1989 ein sogenanntes »Glaubensbekenntnis und Treue-Eid«[275] eingeführt. In der diese Einführung im nachhinein theologisch begründenden, von der »Kongregation für die Glaubenslehre« herausgegebenen und vom Papst ausdrücklich gutgeheißenen »Instruktion über die kirchliche Berufung des Theologen« vom 24. Mai 1990 heißt es z.B. wörtlich: »Wenn man sich von den Hirten trennt … setzt man die Verbindung mit Christus unwiderruflich aufs Spiel« (Nr. 38). Und in Frontstellung zu einem »philosophischen Liberalismus« wird ausdrücklich die Meinung jener verworfen, die sagen, »ein Urteil sei um so authentischer, je mehr es vom Individuum und dessen eigenen Kräften ausgeht« (Nr. 32). Mit solchen Anathematismen ist dem »ethischen Individualismus« der Todesstoß versetzt.

Diese Beispiele zeigen, dass sich die tatsächliche geistige Situation in Teilen der römisch-katholischen Kirche, jedenfalls was diesen Aspekt betrifft, heute vom Syllabus von 1864 nicht wesentlich und grundlegend unterscheidet. Insofern bleibt auch der partielle Vergleich zwischen islamischem und katholischem Fundamentalismus, cum grano salis natürlich, durchaus gültig.

Zum Abschluss unserer Analyse der geistigen Grundhaltung des Fundamentalismus werfen wir noch einen Blick auf eine andere wirksame Fundamentalismus-Variante der Gegenwart, nämlich auf den »grünen« Fundamentalismus.

Der »grüne« Fundamentalismus

Der geistige Vater: Rudolf Bahro

In den Darstellungen und Auflistungen der verschiedenen Versionen des Fundamentalismus heute, auch in dem mittlerweile diesbezüglich als »Klassiker« geltenden Werk von Thomas Meyer, ist auch von einem »grünen« Fundamentalismus die Rede. Gemeint ist damit nicht die Partei der Grünen als solche, nicht das ökologische Programm als solches, auch nicht die Radikalität der ökologischen Forderung und Herausforderung, sondern eine zunächst schwer zu fassende, in ihren Manifestationen, Argumenten und Vertretern sehr wechselhafte »Bewegung«, Ideologie, die aber mehr oder weniger offen und direkt, ständig und überall im »grünen Spektrum« anzutreffen ist.

Der geistige Vater dieser Bewegung lässt sich allerdings genau und konkret angeben: Es ist Rudolf Bahro, vor allem mit seinem Buch »Logik der Rettung. Wer kann die Apokalypse aufhalten? Ein Versuch über die Grundlagen ökologischer Politik«.[276]

Bahros Weg ist – in der Charakterisierung durch Thomas Meyer – ein prinzipiell antimoderner und irrationaler Weg, eine »Metapolitik«, die die Begründung und Durchsetzung ihrer Ziele bewusst von allem abtrennt, was Politik im Zeitalter von Aufklärung und Moderne ausmacht, besonders von den Wertmaßstäben der Vernunft, der Menschenrechte und der Demokratie, und dies alles unter Berufung auf ein Fundament, das außerhalb des Diskurses der Vernunft liegt und deren Handlungsregeln nicht respektiert. Bahro, kurz nach seiner programmatischen Rede auf dem Hamburger Parteitag der Grünen 1984 aus der Partei der Grünen ausgeschieden, ist dennoch allgegenwärtig im alternativen Spektrum: »Hohe Auflagen für seine neuen Bücher ... und der Gleichklang mit der immer mehr in die Breite schwappenden New-Age-Welle zeigen an, dass Bahro weit mehr ist als ein ins intellektuelle und politische Abseits weggedrifteter Einzelgänger. Er ist auch außerhalb der Partei der Grünen, mit weiterwirkenden Einflüssen in sie hinein, ein Guru, von dessen Stimmungen, Schwingungen, Verdikten, Argumenten und Symbolen eine breite Stimmung in unserem Land ihre Selbstdeutungen und Handlungsperspektiven bezieht, wenn auch überwiegend in bekömmlicher Verdünnung.«[277]

Bahros Fundamentalismus-Definition

In der Tat versteht Bahro seine »Logik der Rettung« ausdrücklich als Fundamentalismus, als »meine fundamentalistische Position«,[278] die nicht nur hinter die Position von Aufklärung und Moderne zurückstreben, sondern die Menschheitsgeschichte von Anfang an noch einmal neu und besser wiederholen will. Bahro selbst hat seinen Fundamentalismus klar definiert; wegen der Bedeutung zitieren wir diese Passage am Anfang seines Buches ausführlich:

»Was ist ›Fundamentalismus‹, wenn das Wort mehr als ein falsches Etikett sein soll? Anfang 1984 hatte ich geantwortet: Außen – gemeint war, im Hinblick auf die Abwehr der Naturzerstörung in der äußeren Wirklichkeit – geht ihm Ökologie vor Ökonomie, gehen ihm die fundamentalen und langfristigen vor die unmittelbaren und kurzfristigen Interessen, und zwar im Sinne einer Priorität, nicht in dem der Ausschließlichkeit. Und was die Innenseite angeht: Schon um durchzuhalten, muss er eine Politik mit spirituellem Antrieb und moralischem Anspruch sein. Eine Politik der Umkehr in den Metropolen – so nenne ich en bloc die Länder der Ersten Welt – beginnt mit einer Bereitschaft zur Selbstveränderung, ja in einem gewissen Sinne sogar zur Selbstaufgabe des bürgerlichen Individuums ... Fundamentalismus kann sich nie an den Objekten, die in den Parlamenten verhandelt werden, als konstruktiv oder destruktiv erweisen, weil er auf die Haltungen zielt. Die Dynamik des Industriesystems kann nur dann in der äußeren Wirklichkeit gestoppt werden, wenn sie zuvor in der Motivation zusammengebrochen ist.«[279]

Rettung durch den »Fürst der ökologischen Wende«

Die Fundamente dieses Fundamentalismus liegen für Bahro denkbar tief: in einer »anthropologischen Revolution«, in einem »Sprung in der Evolution des menschlichen Geistes«, in einer »Neugründung der Gesellschaft auf bisher unerschlossene, unentfaltete Bewusstseinskräfte«.[280] Seine nicht von dieser Welt stammende starke Selbstsicherheit liegt jenseits aller intellektuellen, wissenschaftlichen und politischen Anfechtungen. Sein archimedischer Punkt liegt ganz außerhalb aller heute gängigen theoretischen und politischen Argumentationen.

Es bedarf in dieser apokalyptischen Situation der Todgeweihtheit der Menschheit eines »Führers«, der die Weltgesellschaft tatsächlich »regiert«, d.h. sie aus dieser Krise herausführt; mit einer schleichenden, anpasserischen, wenn auch reformerischen Parteipolitik ist Rettungspolitik nicht mehr zu machen. Ein »Fürst der ökologischen Wende« muss her.[281] Dieser muss durchaus nicht ein Einzelner, ein Diktator, sein; auch ein kollektives Subjekt, eine kleine Gruppe von schon Erleuchteten, die die notwendige »anthropologische Revolution an sich bereits vollzogen haben, wäre dazu geeignet.

Bahro spricht von einer »neuen Art von ›Gemeinschaft der Heiligen‹«,[282] von »unsichtbarer Kirche« bzw. »unsichtbarer Gemeinschaft«, einer »letzten Kirche«, eines »offenen Ordens«,[283] von der Idee eines »Bundes«, für dessen Zustandekommen wiederum »innere Mission« in der alltäglichen Praxis notwendig ist.[284]

Diese neue Rettungskirche wird zunächst Minoritätscharakter haben. Die neuen Lebenszusammenhänge müssen aus kleinen und kleinsten Zellen heraus aufgebaut werden, die, zunächst inmitten einer noch unerleuchteten Mehrheit der Masse, das angezielte erlöste Leben im Einklang mit dem Geist der Natur schon vorwegnehmen und vorwegleben, in Erwartung der Stunde, in der es auch der Masse wie Schuppen von den Augen fällt. Bahro spricht in diesem Zusammenhang von einer Entschließung, »sich einer letzten, äußersten Alternative anzuvertrauen«, einer Entschließung, die »plötzlich – morgen, übermorgen – über Millionen von Menschen kommen und den Horizont des politisch Möglichen über Nacht erweitern« kann.[285]

»Persönlichkeit« und »Pluralismus« als Fehlkonstruktionen

Für Bahro verbietet es sich, sich weiterhin mit dem »Projekt der Moderne« zu befassen, denn durch sie könnte sich die Massenselbstausrottung, die »Extermination« der Menschheit und alles Lebendigen nicht aufhalten lassen. »Die Persönlichkeit ist eine Fehlkonstruktion«,[286] – gemeint ist die bürgerliche, sich in ihrem Ich abgrenzende Persönlichkeit eben dieser Moderne, die Persönlichkeit, die das Geliebtwerden-Wollen vor das Lieben stellt, dem anderen nur noch ihre »Festungswerke« zukehrt und für ihr empirisches Ich ständig Bestätigung, Validierung ihrer Selbstdarstellung sucht.

Als Realpolitik versteht Bahro angesichts der apokalyptischen Menschheitssituation nicht mehr das Mitmachen und Weitermachen in einer Politik des parlamentarisch getragenen und parteipolitischen Minimalkonsenses, sondern die Vorbereitung der Seelen, die Revolution im Bereich des Spirituellen. Mehrheitsentscheidungen innerhalb einer pluralistischen Gesellschaft, rational argumentierende politische Überzeugungsarbeit, sind sinnlose Zeitvergeudung. »Je stärker ... eine Neuordnung objektiv notwendig wird, desto mehr erweist sich der Pluralismus bloß als eine Ideologie mehr, sich um das Notwendige zu drücken«.[287] Irrtümer sind zahlreich, die Wahrheit ist nur eine. Die pluralistische Konkurrenz wird abgelöst durch einen ewigen, immer währenden Konsens, welcher die Gottheit in unserer Tiefe selbst und als solche ist. Diese ist das neue Fundament in uns selbst.

Von diesem Grundgedanken aus ergibt sich selbstverständlich auch die Forderung nach einer Wiedervereinigung von Religion und Politik, von »Kirche« und »Staat«, ein Grundzug übrigens fast jeder Art von Fundamentalismus.[288] Ein anderer gemeinsamer Grundzug ist im Übrigen auch die dualistische Einteilung und Sicht der Welt: die absolute und radikale Trennung von Licht und Finsternis, von Gut und Böse, von eigener Position und der der »anderen«. Es gibt hier nur ein Entweder-Oder, nur Exklusivität. Auf der einen Seite die grünen Retter der Welt, auf der anderen das »exterministische System«.

Politisierung des Spirituellen mit einem »Moment der Tyrannis«

Worin besteht nun die »Logik der Rettung« inhaltlich konkret und genau? Es geht für Bahro um den »Weg der Wiederannäherung an den Logos als das natürliche (göttliche) Bewusstsein, das mit dem menschlichen Bios gegeben ist. An sich ist der Logos Bios, er ist dessen intelligible Seite. In erleuchteten Momenten ist unser Denken nicht von ausgedachten Zwecken erfüllt, sondern vom Logos des Lebens«.[289] Wir sind dann »offen für die Botschaft des Seins«.

Bisher war allerdings, so Bahro, nahezu die gesamte spirituelle Tradition naiv individualistisch, sie muss heute unbedingt wieder ihre politisch-gesellschaftliche Dimension wiederfinden, auch gemäß dem von vielen immer wieder zitierten esoterisch-hermetischen Grundsatz: »Wie außen so innen, wie innen so außen.«[290] Der »Christusimpuls« aber unterscheidet sich vom spirituellen Individualismus der fernöstlichen Traditionen gerade dadurch, dass er die Pflicht zum Politischen mit sich bringt.[291] Statt sich nur mit sich selbst zu identifizieren, muss der spirituelle Mensch der Zukunft sich mit der ganzen belebten Erde (Gaia-Konzept), ja mit dem Universum identifizieren, indem er sich als Mikrokosmos begreift und erfährt. Dann werden sich diese Menschen »als Ausflüsse eines evolutionären Gefäßes begreifen und erfahren lernen, als die eines Grals, einer Idee vom Menschen«.[292] Jeder wird sein eigener Gralskönig.

Das eigentliche Fundament liegt in jedem einzelnen Menschen selbst, in der Tiefe seines Wesensgrundes. Es besteht im Einssein und Sich-eins-Fühlen mit der All-Einheit des Bios-Logos. Der Urgrund in uns ist identisch mit der impliziten »Großen Ordnung, die in Natur und Gesellschaft dieselbe ist«.[293] Es gibt eine Ordnung, einen Satz Gesetzmäßigkeiten im Kosmos und auf unserem Planeten, der als Verhaltensgrund in uns hineinreicht. »Wir können deshalb auch immer so viel wissen, wie nötig ist, um eingefügt zu sein.«[294] Am Ursprung der menschheitlichen Entwicklung stand diese vollkommene All-Einheit und sie ist in den Tiefenschichten des Menschen auch heute noch anwesend. Die dieser Tiefenschicht der Natur noch am nächsten stehende Schicht des Menschen ist sein Unbewusstes bzw. sein Unterbewusstes. Diese muss an die Stelle der Ratio der Moderne treten. »Die spontane Weisheit und Vitalität der archaischen, magischen und mythischen Bewusstseinsverfassung ist ein unersetzlicher Regulator.«[295]

Bahro spricht in diesem Zusammenhang, indem er Gedanken von Jean Gebser aufgreibt, von einem anthropologisch unverzichtbaren »Stufenfundament«, auf dem sich das moderne Bewusstsein undankbar erhebe. Und die eigentliche Entfremdung des modernen Menschen bestünde in der »Entfremdung von unserem natürlichen Potential, einschließlich des Potentials zur Weiterentwicklung unserer geistigen Fähigkeiten«.[296] »Die Ich-Transzendenz, die Überwindung der egozentrischen Position, setzt das Ich voraus. Es wird überstiegen, nicht ausgelöscht in dem höheren Selbst.«[297] Die egozentrische Perspektive wird abgelöst »durch die gelebte psychische Grundposition ›Das Zentrum ist überall‹«.[298] Durch die Kraft der »Intuition« und mit Hilfe einer körperfreundlichen, gefühlsbefreienden und denkschulenden Meditation können wir uns mit diesem Zentrum wieder verbinden.[299]

Ein solcher fundamentaler Umbau der menschlichen Gesellschaft, wie ihn Bahro vor Augen hat, kann nicht von heute auf morgen stattfinden. Notmaßnahmen müssen her. Ein großer »ökologischer Kulturrat« muss darüber wachen, dass der Rettungsweg konsequent beschritten wird. Ein »Moment der Tyrannis, ohne das so eine soziale Formation unvorstellbar ist«, wird dabei unter Umständen vorübergehend unvermeidbar sein.[300] Der Rechtsstaat und die parlamentarische Demokratie sind für Bahro kein Tabu.[301] »Es wird genauso weit totalitär, ökodiktatorisch oder wie immer wir das nennen wollen, wie der/die Einzelne nicht wenigstens den Versuch macht, sich aus eigener Einsicht auf die Höhe der geschichtlichen Herausforderung zu bringen.«[302] Dazu sagt kommentierend Thomas Meyer: »Es liegt also immerhin an uns, ob wir uns der höheren Einsicht beugen oder in Widerspruch und Eigensinn verharren. Dann allerdings haben wir alle Rechte verwirkt. Bahro hat einen fundamentalistischen Entwurf geliefert, der in schöner Gründlichkeit nichts auslässt und überall die Konsequenzen bis zum wirklichen Endpunkt zieht. Fundamentalismus pur, sozusagen.«[303]

Die engen Grenzen für einen ökumenischen Dialog

Testfall Ökumene

Für die Beantwortung der Frage, wie fundamentalistisch und wie erneuerungsfähig der Islam von seiner Stiftungsintention her ist, kann die Möglichkeit und Bereitschaft zu inter-religiöser Toleranz, Offenheit und ökumenischem Dialog, hier speziell gegenüber dem Christentum, als ein besonders wichtiger und erhellender »Testfall« gelten.

Nun ist bisher über die Frage, wie der Koran christliche Elemente darstellt und beurteilt, relativ viel geforscht und geschrieben worden. Der Schwerpunkt der Forschung lag dabei allerdings fast ausschließlich auf zwei Gebieten: einmal bei der Frage, wie der Koran christliche Lehrinhalte (z.B. Jesus, Trinität) dargestellt und beurteilt hat, und zum andern, inwiefern und wie stark der Koran das Christentum *kritisiert* hat. Es fehlte bislang an Darstellungen zu der Frage, ob und inwiefern im Koran auch *positive* Aussagen bezüglich des Christentums zu finden sind. Darum widme ich mich speziell diesem Thema: die Christen als religiös-soziale Gruppe aus tendenziell positiver Sicht des Koran. Es handelt sich dabei eigentlich (nur) um sieben Stellen, die ich im Folgenden zunächst in einer vorläufigen Übersetzung vorstelle.[304]

Mit der thematischen Perspektive wird hier zugleich ein Beitrag und Beispiel geliefert für die Vielfalt der Deutungen des Koran in der vierzehnhundertjährigen Geschichte seiner Auslegung. Berücksichtigt wurden insgesamt zehn herausragende Kommentatoren aus verschiedenen sprachlichen und »konfessionellen« Teilbereichen oder »Schulen« des Gesamt-Islam:

(1) Tabari (838–923), der erste große Meister des »Tafsir« (der Koranexegese);
(2 Al-Tusi (995–1067; Schiit);
(3) Al-Zamakhshari (1075–1144; Mutazilit[305]);
(4) Al-Futuh Razi (1087–1131; iranischer Schiit);
(5) Al-Jauzi (1116–1201);
(6) Fakhr Al-Din Al-Razi (1150–1210; nordiranischer Ascharit[306]);
(7) Ibn Kathir (1300–1373);
(8) Kashani (gest. 1580; iranischer Schiit);
(9) Rashid Rida (1865–1935); in Zusammenarbeit mit Muhammad Abduh (1849–1905);
(10) Tabataba'i (1903–1982; iranischer Schiit).

Den Leser, der sich nicht der Mühe der Detailexegese unterziehen will, verweise ich auf die abschließende Zusammenfassung der Interpretations-Ergebnisse (siehe S. 255).

Leitende Fragestellungen bei der Darstellung sind:

- Können diese Verse, so wie sie durch Generationen muslimischer Kommentatoren hindurch verstanden wurden, wirklich als Beweise dienen für den Toleranz-Anspruch seitens des Islam?
- Finden Interpretationen des Koran, die zu einer Anerkennung des Christentums als eines gültigen Heilsweges hinführen könnten, eine ausreichende Stütze und Bestätigung in der islamischen Geschichte der Exegese?
- Deckt sich der koranische Begriff »Christ« mit dem Selbstverständnis des Christen?
- Gibt es von daher im Koran zukunftsweisende, positive Ansätze für eine ökumenische Grundhaltung oder ist es realistisch, die im Koran implizierten Möglichkeiten für einen ökumenischen Dialog als äußerst gering einzuschätzen?

Der Kommentar bzw. die Zitate aus traditionellen Kommentaren beziehen sich in der Regel nur auf einige grundlegende Formulierungen in den sieben Texten. Er ersetzt auch nicht die eigene Mitarbeit des Lesers, der zumindest die deutsche Übersetzung der Verse und deren größeren Surenkontext ständig zur Hand haben sollte.

Die sieben »ökumenischen« Koran-Texte

(1) *Sure 2,62*
Wahrlich, solche, die glauben, und solche, die Juden sind, die Christen und die Sabi'un, wer immer an Gott und den Jüngsten Tag glaubt und recht tut: Für die ist ihr Lohn nahe bei ihrem Herrn. Sie werden keine Furcht haben und nicht betrübt sein.

(2) *Sure 3,55*
Als Gott sagte: Jesus, ich bin derjenige, der dich nehmen und dich zu mir hinaufheben wird, der dich von den Ungläubigen reinigen wird, der diejenigen, die dir folgen, über die stellen wird, die nicht glauben, bis zum Tag der Auferstehung. Dann ist eure Rückkehr zu mir. Ich werde zwischen euch entscheiden in dem, worin ihr nicht übereinstimmtet.

(3) *Sure 3,199*
Wahrlich, unter dem Volk des Buches sind solche, die glauben an Gott und an das, was zu euch und zu ihnen hinabgesandt wurde, Gott ergeben. Sie verkaufen die Zeichen Gottes nicht für einen geringen Preis. Sie werden ihren Lohn nahe bei ihrem Herrn haben. Gewiss, Allah ist schnell im Rechnen.

(4) *Sure 5,66*
Wenn sie der Thora und dem Evangelium und dem, was von ihrem Herrn hinabgesandt worden war, angehangen hätten, würden sie von dem über ihnen und von dem unter ihren Füßen gegessen haben. Unter ihnen ist ein gemäßigtes Volk; aber viele von ihnen sind Übeltäter.

(5) *Sure 5,82–83*
Du wirst finden, dass die den Gläubigen am meisten feindlich Gesinnten die Juden und die Götzenanbeter sind. Du wirst mit Sicherheit finden, dass diejenigen, die den Gläubigen am nächsten in Freundschaft verbunden sind, diejenigen sind, die sagen: »Wir sind Christen.« Das ist darum so, weil unter ihnen Priester sind und Mönche, und weil sie nicht hochmütig sind. Als sie hörten, was zu dem Boten hinabgesandt worden war, wurden ihre Augen von Tränen überflutet aufgrund dessen, was sie als Wahrheit anerkannt hatten. Sie sagen: »Unser Herr, wir glauben, so schreibe uns unter diejenigen, die bezeugen.«

(6) *Sure 28,52–55*
Diejenigen, welchen wir das Buch vor ihm gaben, glauben ihm! Und als es ihnen vorgelesen wurde, sagten sie: »Wir glauben ihm. Es ist mit Sicherheit die Wahrheit von unserem Herrn. Wahrlich, wir waren Muslime vor ihm.«
Denen wird ihr Lohn doppelt gegeben werden aufgrund dessen, dass sie beharrlich waren. Sie vergelten Böses mit Gutem. Von dem, was wir ihnen gegeben haben, spenden sie.
Wenn sie leeres Geschwätz hören, wenden sie sich von ihm ab und sagen: »Unsere Taten für uns, und eure Taten für euch. Friede mit euch! Wir wünschen nicht Unwissende.«

(7) *Sure 57,27*
Dann veranlassten wir unsere Gesandten, ihren [Noahs und Abrahams] Fußstapfen zu folgen. Wir sandten Jesus, den Sohn der Maria, [ihnen] zu folgen, und gaben ihm das Evangelium. Wir legten in die Herzen derer, die ihm folgten, Mitleid, Erbarmen und mönchisches Wesen, das sie erfanden. Wir schrieben es ihnen nicht vor, es sei denn als Suche nach Annahme durch Gott. Aber sie befolgten es nicht genau. So gaben wir denen von ihnen, die glaubten, ihren Lohn; aber viele von ihnen sind Sünder.

Einzelexegese

Sure 2,62
Wahrlich, solche, die glauben, und solche, die Juden sind, die Christen und die Sabi'un, wer immer an Gott und den Jüngsten Tag glaubt und recht tut: Für die ist ihr Lohn nahe bei ihrem Herrn. Sie werden keine Furcht haben und nicht betrübt sein.

Eine erste Frage betrifft die Herkunft des koranischen Ausdrucks für »Christen«: nasara. Tabari bietet drei Möglichkeiten an:[307] (1) die Herkunft vom Konsonantenstamm NSR in der Grundbedeutung »helfen«, was bedeutet, dass die Mitglieder dieser religiösen Gruppe in besonderem Maß anderen und sich selbst gegenseitig helfen; (2) die Herkunft von dem Ort Nasirah (Nazareth), wobei Jesus selbst »al-nasiri« (der Nazarener) genannt wird; (3) die Herkunft von Sure 61,14, wo Jesus seine Jünger fragt: »Wer will einer von meinen Helfern (ansar) für Gott sein?« (Ähnlichkeit mit der ersten Lösung). Tabari selbst neigt zu der zweiten Lösung. Viele andere klassische Kommentatoren bevorzugen die erste Lösung, was mindestens indirekt ein Kompliment für die Christen beinhaltet.

Die Bedeutung von »sabi'un« ist noch nicht definitiv geklärt. Für manche gehören sie zu den »Völkern des Buches«, die eine Offenbarung empfangen haben; für andere gehören sie nicht dazu. Rashid Rida hält sie für eine eigene religiöse Tradition, eine christliche Sondergruppe, die er darum positiv hervorhebt, weil sie »dem

Geist des Christentums näher sind als die Christen selbst, insofern sie Askese und Selbsterniedrigung praktizieren, zwei Elemente, die immer wieder vom Messias berichtet werden«.[308] Er stellt sie in enge geistige Nähe zu den Hanifen. Nach Tabataba'i haben sie ein heiliges Buch, das sie dem Propheten Johannes (dem Täufer) zuschreiben.[309] J. Horovitz und H.H. Schaeder zählen sie auch zu den Täufern, vergleichbar den Mandäern.[310]

Mit dem Versuch, die Beziehung des ersten Ausdrucks »solche, die glauben« – damit sind diejenigen gemeint, die vor dem Kommen Muhammads an Jesus glaubten, vor allem aber diejenigen, die, nachdem Gott den Propheten Muhammad gesandt hatte, diesem folgen – zu dem späteren »wer an Allah und den Jüngsten Tag glaubt« zu klären, beginnt bei den Kommentatoren gleichzeitig auch der Prozess einer deutlichen Abgrenzung, indem sie nämlich in den letzteren Ausdruck ein interpretatorisches »unter ihnen« (minhum) einfügen und damit diesem Versteil die Bedeutung geben: Nur diejenigen von den genannten Gruppen, die die göttlichen Kriterien von Glauben und Handeln – letztlich im Sinne des Islam – erfüllen. Das »Glauben« derer, die dem Propheten Muhammad folgen, ist ein vollständiger, schon vollkommener Vorgang, ein sicheres, festes Stehen, während das »Glauben« von Juden, Christen und Sabi'un ein noch im Werden begriffener Prozess ist, der letztlich vom Jesusglauben zur Nachfolge Muhammads führt.

Als Kommentator des 20. Jahrhunderts widmet Tabataba'i diesen traditionellen Überlegungen nur kurze Aufmerksamkeit. Nach seiner Meinung ist Gruppenidentifizierung – wie sie von der exegetischen Tradition in diesem Vers gesehen und für wichtig gehalten wurde – in Gottes Augen überhaupt nicht von Bedeutung. »Diejenigen, die glauben« am Anfang des Verses ist eine offene Formulierung. Kein Name, sei es der »der Glaubenden, der Juden, der Christen oder der Sabi'un, verpflichtet Gott, Belohnung oder Schutz vor Strafe zu gewähren.«[311] Ein Name beinhaltet keine Heilsgarantie. Was allein zählt, ist wahrer Glaube an Gott und an den Jüngsten Tag und rechtes Handeln. So ist für ihn der zweite koranische Ausdruck: »wer glaubt« völlig ausreichend. Es gibt keine Notwendigkeit für die Einschränkung: »unter ihnen«, für den Versuch, die zweite Formulierung in die erste und in die drei anderen Gruppenbezeichnungen hineinzuziehen. »Wonne und Gnade drehen sich um die Achse demütiger Verehrung.«[312] Niemand, auch nicht Muhammad selber, ist entbunden von diesen beiden Forderungen nach wahrem Glauben und rechtem Handeln. Tabataba'i fasst seine Interpretation in dem Satz zusammen: »Würde liegt in der Wirklichkeit, nicht in einem äußeren Etikett.«[313]

Das in der Tradition der Exegese dieses Verses vorherrschende Moment der Einschränkung und engen Begrenzung des Heilsversprechens Gottes, das damit die im Hinblick z.B. auf das Christentum auf den ersten Blick so positive Einstellung wieder sehr stark relativiert, kommt auch in der Beantwortung der wichtigen Frage nach dem Anlass der Offenbarung (sabab al-nuzul) dieses Verses, seinem »Sitz im Leben« der islamischen Urgemeinde, zum Ausdruck. Diese Frage wird in der Tradition unter Rückgriff auf zwei von Al-Suddi überlieferte Hadithe übereinstimmend beantwortet: Anlass für die Offenbarung dieses Verses war eine bestimmte Situation im Leben des Persers Salman al-Farisi.

Salman war ein junger Aristokrat aus Gondischapur, dem Sitz des damaligen persischen Sassanidenkönigs Schapur. Zusammen mit dem Sohn des Königs begegnete Salman einem Menschen, der weinend aus einem Buch las. Auf die Frage der beiden jungen Menschen nach dem Grund seiner Tränen erklärte er, dass dieses Buch von Gott herabgesandt worden sei und darin bestimmte Gebote und Verbote zu finden seien – es handelte sich um das von Jesus geoffenbarte Evangelium. Als sie ihn so reden hörten, öffneten sich ihre Herzen der Wahrheit dessen, was sie hörten; sie stimmten ihr zu und »gaben sich Gott hin (aslama)«,[314] was heißt: sie konvertierten zum Christentum. Als der Sohn des Königs nach seiner Rückkehr mit seinem Vater disputierte und sich weigerte, Opferfleisch von Tieren zu essen, weil sie unrein seien, als er dazu seine Landsleute »Ungläubige« nannte, ließ der König den »Prediger« kommen und drohte ihm mit Verbannung. Salman selbst schloss sich einer Mönchsgemeinschaft an, in der er sich durch die Strenge seiner asketischen Übungen besonders hervortat.

Als er den Leiter des Klosters nach Jerusalem begleitete, ließ er sich von christlichen Gelehrten unterrichten. Er wurde aber traurig, als er erfahren musste, dass prophetische Wunderzeichen der Vergangenheit angehörten. Um ihn zu trösten, erzählte ihm der Leiter, dass in Arabien bald ein Prophet erscheinen werde. Auf der Rückreise von Jerusalem wurde Salman gefangen genommen und in die Sklaverei verkauft. Als Schafhirte bekam er die Nachricht, dass in Medina ein Prophet aufgetreten sei. Salman eilte dorthin und begegnete dem Propheten. Als Salman ihm von seiner klösterlichen Gebetsgemeinschaft berichtete, antwortete Muhammad: »Sie gehören zu dem für die Hölle bestimmten Volk.«[315] In großer innerer Not rief Salman: »Hätten sie von dir gewusst, dann hätten sie an dich geglaubt und wären dir gefolgt.«

Das Hadith schließt mit der üblichen Feststellung: »Aus diesem Anlass schickte Gott diesen Vers herab.« Damit deutet das Hadith an, dass der Vers geoffenbart wurde, um Salmans Geist zu beruhigen, indem er die notwendigen Kriterien des Glaubens im Einzelnen konkret darlegte. Salman al-Farisi gilt also der islamischen Tradition als leibhaftige Verkörperung für die Lehre, dass das Christentum nur eine mögliche, eben vorletzte Stufe der Offenbarung ist und so der endgültigen Manifestation von Gottes Heilswillen vorausgeht.

Muhammad 'Abduh versteht übrigens diesen Vers als ein Versprechen, eine Ausnahme zu machen von den in dem vorhergehenden Vers angekündigten Strafmaßnahmen gegen die »Stämme Israels«; denn diese Strafankündigung war so stark, dass, wäre sie nicht gemildert worden, »jeder Jude auf der Erde mit Recht die Hoffnung fahren ließe«.[316] Doch warum wird diese Ausnahme plötzlich auch auf die Christen und Sabi'un ausgedehnt? Abduh beantwortet diese Frage, indem er den Bereich der von Gott zu Züchtigenden noch weiter ausdehnt: Alle Menschen, die Gottes Gesetz nicht beachtet haben, nicht nur die Juden, unterliegen seinem Urteil. Wie später Tabataba'i unterstreicht Muhammad 'Abduh, dass sozialer Status oder äußeres Wohlergehen ebensowenig eine Garantie sind für die Anerkennung von Seiten Gottes als ein religiöses Bekenntnis und ein bestimmtes Credo. Was allein zählt, ist ein reines Zeugnis für den Glauben an Gott.

Tabari nimmt das Beispiel von Salman zum Anlass für allgemeine theologische Erörterungen zur Frage nach den verschiedenen geschichtlichen Stufen von Offenbarung: Judentum (Tora durch Moses), Christentum (Evangelium durch Jesus), Islam (Koran durch Muhammad). Dieses Thema wird dann bei Rashid Rida wieder aufgegriffen und vertieft. Rida erörtert dabei besonders die Frage nach der prophetischen Vakanz-Zeit zwischen Jesus und Muhammad. Welchen geistig-geistlichen Status hatten die Menschen in dieser Zwischenzeit (Rida nennt sie »Volk der Unterbrechung«, ahl al-fatrah)?

Die Bewertung des Status dieser Menschen hing davon ab, inwieweit man Glauben als unbedingt von einer vorgelegten Offenbarung (da'wah) abhängig ansah, oder ob wahrer Glaube auch allein durch die menschliche Vernunft zu erlangen sei. Diese letztere Meinung vertrat in der Geschichte des Islam eine Minderheit, vor allem die Mutaziliten. Für Rida ist der entscheidende Punkt der Glaube an Gott und den Jüngsten Tag. Wer einmal, auf welche Weise auch immer, mit dieser Lehre konfrontiert wurde, ist zum Glauben daran verpflichtet, ob er nun den Vorzug einer ihm vorliegenden Offenbarung genoss oder nicht. Nach Rida bestätigen Gottes Boten sowieso nur, was der Verstand erkennt, indem sie in Themen von lebenswichtiger Bedeutung wie z.B. Leben nach dem Tod oder Gott wohlgefällige Verehrung Klarheit bringen.[317]

Im Anschluss an Al-Ghazzali unterscheidet Rida drei Kategorien von Glaubensverantwortung bzw. Heilserlangung. Zur ersten gehört es, kein Wissen zu besitzen, wie beispielsweise die Bewohner des amerikanischen Kontinents zur Zeit zwischen Jesus und Muhammad. Diese stehen im Heil, solange keine andere authentische Offenbarung sie erreicht. Die zweite Kategorie bezieht sich auf diejenigen, die zwar eine echte Offenbarung erhalten haben, aber zu nachlässig oder gar verstockt sind, um sie anzunehmen. Sie sind (im Gericht) voll zurechnungsfähig und verantwortlich. Die dritte Kategorie betrifft diejenigen, die die Offenbarung, auch die Muhammads, nur in einer (vielleicht durch Polemik) verfälschten, uneigentlichen Form erreicht hat. Sie stehen zwischen der ersten und der zweiten Kategorie.

Was die Interpretation der Formulierung: »wer glaubt ...« im zweiten Teil von Sure 2,62 angeht, so lässt Rida damit »das Volk der göttlichen Religionen« gemeint sein und beschreibt damit diejenigen, die eine verlässliche und vollständige prophetische Botschaft – es muss nicht unbedingt die Botschaft Muhammads sein – erreicht hat und die daraufhin in der vom Propheten erklärten richtigen Weise an Gott und den Jüngsten Tag glauben und gute Taten vollbringen. Das sind die Einzigen, die aus Gottes Sicht gerettet werden und ihren Lohn erhalten. Durch Verfälschung des Glaubens oder durch Unterlassung von guten Handlungen werden sie schuldig und ziehen sich göttliche Strafen zu.[318]

Was die anderen beiden Kategorien angeht, so stellt Rida eine Kompromissformel auf: »Gott wird alle, denen keine Kenntnis von der Offenbarung zuteil geworden ist, auf der Grundlage ihrer Gedanken über und ihres Glaubens an Wahrheit und Güte bzw. ihre Gegenteile zur Rechenschaft ziehen.«[319] Grundsätzlich aber ist die Erlangung des göttlichen Lohnes auch für Rida nicht absolut gebunden an die Gefolgschaft einer bestimmten religiösen Gruppe. Innerhalb von Judentum, Christentum und Islam zu beobachtende Bestrebungen, auf religiöser Überlegenheit zu insistieren, interessieren Gott überhaupt nicht. Sie bilden nicht seine Urteilsgrundlage. Hier ist die Idee von einem vielfältigen, pluralen Heilsweg Gottes in greifbare Nähe gerückt.

Sure 3,55
Als Gott sagte: Jesus, ich bin derjenige, der dich nehmen und dich zu mir hinaufheben wird, der dich von den Ungläubigen reinigen wird, der diejenigen, die dir folgen, über die stellen wird, die nicht glauben, bis zum Tag der Auferstehung. Dann ist eure Rückkehr zu mir. Ich werde zwischen euch entscheiden in dem, worin ihr nicht übereinstimmtet.

Hinsichtlich der Exegese dieses Verses beschränken wir uns im Wesentlichen auf die Ausführungen von Tabataba'i. Die Beurteilung der Christen als Gemeinschaft ist bei ihm hineingestellt in einen – theologisch gesprochen – *christologischen* Rahmen. Der unmittelbar vorhergehende Vers lautet: »Und sie [die Kinder Israels] schmiedeten Ränke, und Gott schmiedete Ränke. Aber Gott kann es am besten« (3,54). »Ränke schmieden« bedeutet, etwas neutraler ausgedrückt, in Bezug auf Gott dessen zielgerichtetes Handeln, sein gezieltes Eingreifen in die Geschichte, hier sein Zorn gegen das jüdische Volk, das Jesus nicht gefolgt ist. Gott will Jesus in Schutz nehmen vor den Nachstellungen dieses Volkes bis zu dem Tag, wo er ihn abberuft. »Ich werde dich [zu mir] nehmen«,[320] wobei offen gelassen werden kann, ob nach dem Sterben oder ohne den Tod zu erleiden.

Tabari hatte diese Stelle so gedeutet, dass Jesus am Ende seines Lebens nicht stirbt, sondern von Gott zu sich genommen wird, dann, zu seiner zweiten Ankunft, wieder auf der Erde erscheint, um den Antichristen zu besiegen, eine Zeit lang auf der Erde verweilt, dann erst stirbt und zu Gott zurückkehrt.

Tabataba'i präzisiert dann: »Al-tawaffi bedeutet: Etwas in seiner Ganzheit nehmen. Es bezieht sich darum auf den Tod, weil Gott zur Todesstunde die Seele des Menschen von seinem Leib nimmt.«[321] Doch als Fazit seiner Prüfung des koranischen und allgemeinen Wortgebrauchs betont er, dass die Bedeutung »empfangen« und »bewahren« hier sehr stark mitschwingt. Sterben bedeutet nach ihm nicht Auslöschung und Stillstand, weil die menschliche Seele bleibt, weiterexistiert. Gott »nimmt sie in seine Obhut, bis zu dem Zeitpunkt, an dem er nach ihr schickt, damit sie zu ihm auferstehe«.[322] Dieses »Auferstehen« habe aber nichts mit einem »Ort« zu tun, genauso wie das anschließende »Reinigen« nichts mit einer vorgängigen Unreinheit zu tun habe, sondern einen spirituellen Prozess darstelle. Es bedeute, Jesus »von den Ungläubigen fern zu halten, ihn vor ihren Angriffen und vor Berührung mit ihren Gruppen zu schützen«.[323] So weit reicht der christologische Teil dieses Verses.

Danach werden nun auch diejenigen in die Reihe der Empfänger von Wohltaten von Seiten Gottes einbezogen, die diesem Jesus folgen. Von diesen sagt Gott selbst, dass er sie »über diejenigen stellen wird, die nicht glauben, bis zum Tag der Auferstehung«. Wer nun sind die, die Jesus folgen? Wer sind die, die nicht glauben? Was bedeutet »stellen über« konkret? Tabataba'i präsentiert zunächst die traditionelle Exegese und weist mit dieser darauf hin, dass Gott mit den »Nichtgläubigen« eine sehr offene Formulierung gebraucht. »Jesus nachfolgen« bedeutet nach ihm: der Wahrheit und dem Willen Gottes folgen. Das sind einerseits diejenigen unter den Christen, »die vor der geschichtlichen Erscheinung des Islam und der Aufhebung der Religion Jesu durch ihn aufrecht blieben (al-mustaqimun), und andererseits die Muslime nach dem Erscheinen des Islam, denn sie sind in Wahrheit seine [= Jesu] Nachfolger«.[324]

Tabataba'i paraphrasiert die Bedeutung der Formulierung »stellen über« mit Hilfe des auch von der Tradition an dieser Stelle benutzten Begriffs »hudschdschah« (›überzeugender Beweis‹) folgendermaßen: »Der überzeugende Beweis derer unter den Christen und Muslimen, die dir folgen, wird höher stehen als der Beweis derjenigen unter den Juden, die nicht an dich glauben, bis zum Tag der Auferstehung.«[325] Bemerkenswert ist hier die Tatsache, dass die Christen in einem Atemzug zusammen mit den Muslimen genannt werden, ohne dass ein zeitlicher Unterschied beachtet wird zwischen denen, die *vor*, und denen, die *nach* dem Erscheinen des Islam lebten. Das aber ist wohl gerade der Schlüssel zum Verständnis der eigenen Sicht Tabataba'is, die er dem genannten traditionellen Verständnis gegenüberstellt.

Tabataba'i stellt zunächst fest, dass alle in diesem Vers ausgesprochenen Verheißungen Feststellungen für die Zukunft sind, die erst in späterer Zeit verwirklicht werden können. Die Überlegenheit der Jesus-Jünger ist aber keine andere als die Überlegenheit Jesu selbst. Sie liegt nicht in politischer Führungsmacht und auch nicht in zahlenmäßiger Überlegenheit. Denn von damals bis heute ist die Zahl des »Volkes des Irrtums gewachsen«, nicht aber die Zahl des »Volkes der Wahrheit« (als was ja die Jesus-Befolger bezeichnet werden). Tabataba'i kommt so zu der Schlussfolgerung, dass »diejenigen, die nicht glauben«, mit den Juden zu identifizieren sind, »diejenigen, die dir folgen«, mit den Christen, »deren Glaube an Jesus und deren Nachfolge nach ihm ein ausreichender Glaube und eine echte Nachfolge waren, selbst wenn Gott nach dem Erscheinen des Islam mir ihrer Nachfolge nicht zufrieden war«.[326]

Der letzte Teil des Verses betont einen bestimmten »eschatologischen Vorbehalt«: Bei allem geschichtlich bedingten und schon jetzt zugewiesenen Lob bzw. Tadel ist immer, und zwar bei allen angesprochenen Parteien, zu bedenken, dass ein letztes und endgültiges Urteil über die interreligiösen Auseinandersetzungen, auch z.B. über die »Christologie«, dem Gericht Gottes zusteht. Das wiederum stellt alle vorher aufgestellten Prinzipien in ein neues Licht.

> *Sure 3, 199*
> *Wahrlich, unter dem Volk des Buches sind solche, die glauben an Gott und an das, was zu euch und zu ihnen hinabgesandt wurde, Gott ergeben. Sie verkaufen die Zeichen Gottes nicht für einen geringen Preis. Sie werden ihren Lohn nahe bei ihrem Herrn haben. Gewiss, Allah ist schnell im Rechnen.*

Auf den ersten Blick kommen in diesem Vers die Christen namentlich gar nicht vor. In der Tat ist es nicht so sehr der buchstäbliche Text des Koran, sondern der Rückgriff auf die exegetische Tradition, der es erlaubt und nahe legt, diesen Vers unter dem Thema »Christen im Koran« zu behandeln. Während in Sure 2,62 die Christen direkt als solche benannt wurden, die Benennung in Sure 3,55 sich noch auf den Namen Jesus stützen konnte, ist in diesem Vers die Identifizierung nur viel indirekter möglich. Außerdem ist das Verständnis der hier zur Debatte stehenden koranischen Wendung »Volk des Buches« in den klassischen Korankommentaren und in der islamischen Theologie durchaus nicht eindeutig und einheitlich.

Ein wichtiger Faktor im hermeneutischen Prozess ist immer die Identifizierung des geschichtlichen Anlasses zu der Offenbarung eines Textes, bibelwissenschaftlich gesprochen, seines »Sitzes im Leben«. In diesem Vers wäre es die Konversion zum Islam, sei es aus dem Judentum, aus der Zarathustra-Religion oder aus dem Christentum heraus. Die Kommentatoren führen hier drei verschiedene konkrete Möglichkeiten an, unter ihnen auch die Konversion des persischen Zarathustra-Anhängers und späteren Christen Salman al-Farisi und die des abessinisch-koptischen Königs

(Negus, Nadschaschi) Ashamah, für den er betete, als er durch den Engel Gabriel von seinem Tod hörte. Über dem Grab des Königs hatte der Prophet ein Licht »gesehen« und ließ seine Gefährten als für seinen »Glaubensbruder« Gebete verrichten, was aber von diesen nur widerwillig ausgeführt wurde, da er kein Muslim gewesen sei und seine Gebete nicht in Richtung Mekka verrichtet habe (bei Ashama hatten Moslems aus Arabien Asyl gefunden). Die Entgegnung auf diesen Einwand seitens der Prophetengefährten ist der »Sitz im Leben«, der Anlass der Offenbarung, dieses Verses.

Zum »Volkes des Buches« gehören Juden, Christen und (nach der Meinung mancher Kommentatoren auch) Zarathustra-Anhänger. Bei den »Büchern« handelt es sich im Wesentlichen um Thora und Evangelium. Die Formulierung »sie verkaufen die Offenbarung Gottes nicht für einen geringen Preis« zielt auf die im Koran oft ausgesprochene Veränderung und Verfälschung der geoffenbarten »Bücher«, aber auch auf die Gefahr, geistliche Güter für weltliche Vergnügungen zu »verkaufen«. Tabataba'i erläutert, dass diejenigen aus dem »Volk des Buches«, die alle Propheten anerkennen, zusammen mit den Moslems die Freuden des Jenseits erlangen werden. Insgesamt formuliert auch dieser Vers aus der Sicht der Kommentatoren strenge Konditionen für eine Belohnung der Mitglieder des Volkes des Buches im Jenseits. Aus ihnen ergibt sich, dass nur ein kleiner Teil der Christen diesen Lohn erlangen wird.

Sure 5,66
Wenn sie der Thora und dem Evangelium und dem, was von ihrem Herrn hinabgesandt worden war, angehangen hätten, würden sie von dem über ihnen und von dem unter ihren Füßen gegessen haben. Unter ihnen ist ein gemäßigtes Volk; aber viele von ihnen sind Übeltäter.

Hier kann weder von einem in der Formulierung »Volk der Schrift« implizierten Christentum ausgegangen werden noch gibt es einen Hinweis auf die Person Jesu, noch ist gar der Ausdruck »al-nasara«, die Christen, direkt gebraucht. Der Begriff »Evangelium« (indschil) ist Anlass für die Beschäftigung mit diesem Vers.

Die Bedeutung des Verbums des Bedingungssatzes »wenn sie … *angehangen* hätten« ist für die Kommentatoren das erste Problem. Die Tendenz der Deutung geht in die Richtung von »beharrliches Befolgen der in diesen Schriften vorgeschriebenen sozialen und religiösen Verhaltensnormen; Festhalten an den Glaubenslehren dieser Bücher; keine Veränderung daran; Anerkennung, dass in diesen Schriften schon deutlich auf den Propheten Muhammad hingewiesen worden ist« (so konkretisiert z.B. Rashid Rida). Der sich anschließende Ausdruck »und was zu ihnen von ihrem Herrn herabgesandt worden war« wird unterschiedlich gedeutet: als Koran, als die übrigen prophetischen Bücher, als die Psalmen Davids oder die Weisheit Salomos. Tabataba'i betont, dass das Befolgen von Thora und Evangelium nur dann und insofern gültig ist, als ihre Inhalte nicht durch den Koran abrogiert, widerrufen worden sind.

Hinsichtlich der anschließenden Formulierung »… würden sie von dem über ihnen und von dem unter ihren Füßen gegessen haben« entsteht die Frage, ob dies wörtlich, materiell, oder metaphorisch, geistig zu verstehen ist. Manche plädieren für ein sehr irdisches Verständnis: was sie von den Bäumen über ihnen gepflückt und vom Acker unter ihnen geerntet haben, also materielles Wohlergehen. Andere, vor allem die Späteren, verstehen diese Formulierung im übertragenen Sinn von geistigen Gütern, ja als Symbol des nachirdischen Paradieses. Ibn Arabi bietet eine ungewöhnliche Deutung: Es geht hier um das Ernährtwerden durch die von Gott geschenkte Erkenntnis, und zwar »von oben« im Sinne einer speziellen Gotteserkenntnis, eines tieferen Eindringens in religiöse Wahrheiten im engeren Sinne, und »von unten« im Sinne einer Natur-Erkenntnis, die durch die Sinneswahrnehmung erreicht wird; durch beide zusammen werden die Menschen zu einer Erkenntnis Gottes geführt, zur Erkenntnis sowohl seines »äußeren« (exoterischen, zahir) als auch seines »inneren« (esoterischen, batin) Namens.[327]

Nach Rashid Rida hätten sich für diejenigen, die früheren Offenbarungen treu gewesen wären, zwei Konsequenzen ergeben: eine materielle und eine spirituelle. Sie wären der Tyrannei und der Korruption entkommen, von der die Historie berichtet; mehr noch: Sie hätten sich nicht in solcher Verhärtung dem früheren Prophetentum entgegengestellt. Die Religion der vom Koran gemeinten Gruppe ist für Rida durch Neuerungen (bid'a) und eine ererbte Haltung unkritischer Aufgeschlossenheit charakterisiert; ihre Anhänger pendeln hin und her zwischen den Extremen von Übertreibung und Verkürzung, von Zuviel und Zuwenig.[328]

Tabataba'i sieht im letzten Teil dieses Verses einen Zusammenhang zwischen menschlicher Verhaltensweise und der richtigen Ordnung des Universums: Wenn die Menschheit gut wäre, »dann wäre auch die Weltordnung gut, das heißt: Die für ein glückliches menschliches Leben notwendigen Dinge wären frei erwerbbar, Konflikte wären überwindbar, es gäbe Wohlergehen und Freude im Überfluss«.[329] Darauf weisen nach Tabataba'i auch andere Koranverse hin, wie z.B. Sure 30,41 und Sure 42,30: »Verderben ist auf dem Festland und auf dem Meer sichtbar geworden für das, was die Hände der Menschen begangen haben«, und: »Welches Unheil auch immer euch trifft, es trifft euch für das, was eure Hände begangen haben.«

Ein gemäßigter Ton mit einem Hoffnungsschimmer auch für die Christen tritt dann in der einschränkenden Formulierung auf: »Unter ihnen ist eine gemäßigte Gruppe (ummatun muqtasidatun)«, was aber sofort wieder relativiert wird durch den Zusatz: »Aber viele von ihnen sind Übeltäter.« Tabari sieht dieses »Gemäßigtsein« der Christen konkret in »ihrer Lehre über Jesus, den Sohn der Maryam, darin, dass sie die Wahrheit über ihn sagen, dass er nämlich der Gesandte Gottes und sein Wort ist, das in Maryam hineingelegt worden war, und dass er Geist von ihm ist; so übertreiben sie nicht, indem sie ihn Gottes Sohn nennen – möge Gott über eine solche Rede erhaben sein! – noch verkürzen sie, indem sie ihn einen ungesetzlich Geborenen nennen«.[330] In diesen Worten Tabaris spiegeln sich in Kurzform die wesentlichen Gesichtspunkte der christologischen Kontroverse zwischen Christen und Moslems. Allgemeiner ausgedrückt bedeutet »gemäßigt« bei Tabari: »Es sind solche, die religiöse Dinge weder ignorieren noch die ureigenen Grenzen des Religiösen überschreiten.«[331] Andere Kommentatoren beziehen diese Mäßigung auf diejenigen des »Volkes des Buches«, die zum Islam konvertiert sind (die maslamah).

Das Wort »viele« im letzten Satz des Verses ist von der überwältigenden Mehrheit der Korankommentatoren im Sinne von »die meisten« gedeutet worden; dadurch ist wiederum eine Verschärfung im negativen Sinne eingetreten. Ein zugunsten dieser Interpretation oft zitiertes Hadith hatte betont, dass eine Gruppe gerettet werden würde und die anderen siebzig für das ewige Feuer bestimmt seien. Tabataba'i sieht in diesem Hadith die zahlenmäßige Übersetzung der Grundintention dieses abschließenden Versteiles.

Sure 5,82–83
Du wirst finden, dass die den Gläubigen am meisten feindlich Gesinnten die Juden und die Götzenanbeter sind. Du wirst mit Sicherheit finden, dass diejenigen, die den Gläubigen am nächsten in Freundschaft verbunden sind, diejenigen sind, die sagen: »Wir sind Christen.« Das ist darum so, weil unter ihnen Priester sind und Mönche, und weil sie nicht hochmütig sind.
Als sie hörten, was zu dem Boten hinabgesandt worden war, wurden ihre Augen von Tränen überflutet aufgrund dessen, was sie als Wahrheit anerkannt hatten. Sie sagen: »Unser Herr, wir glauben, so schreibe uns unter diejenigen, die bezeugen.«

Als das eindrucksvollste Beispiel für die Wertschätzung des Christentums durch den Koran gilt Sure 5, 82–83, Verse, die dann immer wieder und sofort zitiert werden, wenn es gilt, von Seiten der Muslime für den christlich-muslimischen Dialog Grundlagen im Koran zu finden. Für die Exegeten stellen diese Verse eine Herausforderung ersten Ranges dar.

Ausgangspunkt ist meist die Suche nach dem Anlass der Offenbarung dieser Verse. Die Kommentatoren sind sich fast alle einig, dass es sich dabei um Ereignisse im Zusammenhang mit der Begegnung von mekkanischen Moslems und christlichen Abessiniern handelt. Der abessinische König, der einer Gruppe aus Mekka exilierter Moslems Asyl gewährt hatte, schickte eine Delegation seiner christlichen Untertanen, unter ihnen eine Anzahl von Mönchen und Priestern, zum Propheten, der vor ihnen aus dem Koran rezitierte. Als sie das hörten, waren sie überwältigt und erklärten sich sofort zu Moslems. Nach ihrer Rückkehr berichteten sie dem König alles, was sie gelernt hatten, und auch er selbst bekannte sich zum Islam. Er machte sich selbst auf nach Arabien, starb aber auf der Reise. Als Muhammad von seinem Tod hörte, betete er für ihn und gebot seinen Gefährten, in dieses Totengebet miteinzustimmen.

Die in diesem Hadith implizierte Identifikation der in Vers 52 »Christen« genannten Personen wäre dann beschränkt auf diese spezielle Gruppe von Christen, die sich nachträglich dem Islam zuwandten. Eine verallgemeinernde Ausdehnung dieser engste Freundschaft mit den Moslems beinhaltenden Wertschätzung auf *alle* Christen wäre damit nicht angemessen.

Eine andere Deutung ist weniger historisch konkret und allgemeiner gehalten: Gemeint sind diejenigen, die früher an Jesus glaubten und seinen Lehren folgten, aber dann, als sie vom Propheten hörten, ihn als wahren Gesandten Gottes anerkannten und seine Lehre für wahr hielten. Tabari führt beide Versionen vor, plädiert aber, in exegetischer Selbstbescheidung, selbst für eine andere, dritte: Was mit Sicherheit behauptet werden kann, ist, dass Gott ein Volk bezeichnete, das von sich selbst sagte: »Wir sind Christen« und das der Prophet als am meisten muslimfreundlich qualifizierte. Aber, so betont Tabari, »er hat sie für uns nicht näher mit einem Namen bezeichnet«.[332] Die vorherrschende Tendenz der Kommentatoren geht in Richtung der engen Beschränkung der lobenden Anerkennung auf eine konkrete Gruppe von Christen.

Eine Ausnahme von dieser engen Beschränkung ist u.a. bei Rashid Rida zu finden, der wiederum diese Restriktion für unangemessen hält; der Koran treffe hier keine eingrenzende, sondern eben doch eine sehr generelle Feststellung: »Der wahre Grund für die Feindlichkeit der feindlich Gesinnten und für die Freundlichkeit der freundlich Gesinnten ist ihre geistige Einstellung, die das Ergebnis ihrer religiösen Traditionen und ihrer Gebräuche sowie ihrer moralischen und sozialen Erziehung ist.«[333] Feindschaften haben nach ihm in der Geschichte eher politische als religiöse

Gründe gehabt. Was die Juden und die »Götzenanbeter« angeht, so legt Rida eine Liste von Schwächen vor: Unglauben, Hochmut, Ungerechtigkeit, Neigung zu Überheblichkeit, rassistisches Zusammengehörigkeitsgefühl, ethnischen Protektionismus, Egoismus, Grausamkeit, fehlende Gefühle von Sympathie und Mitleid. Insgesamt findet Rida bei den Heiden weniger Schuld als bei den Juden, weil Erstere nach seiner Ansicht altruistischer und liberaler waren. Das Bemühen der Juden, mit Moslems relativ friedlich in einem Land zusammenzuleben, z.B. in Spanien, kommentiert er mit dem Satz: »Sie handeln nur zu ihrem eigenen Nutzen.«[334]

Was die »Priester« und »Mönche« als Gründe für die Wertschätzung des Christentums angeht, so ist das Fazit der Exegese bei den Kommentatoren: Der Islam denkt nicht positiv vom ehelosen Mönchsstand. Der Aspekt des Mönchseins kann also nicht den Grund hergeben für die positive Sicht dieses Standes.

Für Zamakhshari, der hier stellvertretend auch für andere bedeutende Kommentatoren steht, sind »Lernfähigkeit«, «Gelehrsamkeit« und »Hingabefähigkeit« Synonyme für die beiden genannten »Stände«. Diese Qualitäten, so Zamakhshari, sind natürlich auch bei anderen Menschen anzutreffen, nicht nur bei Mönchen und Priestern. Die fehlende Arroganz bedeutet, positiv gewendet, ständige Offenheit für die Wahrheit und entspricht so der »Lernfähigkeit«.

Ibn Kathir stellt geradezu eine Lobesliste für die Christen auf: Wissen, Anbetung und Verehrung, Demut, Wahrheitsliebe, Gerechtigkeitssinn.[335] Rashid Rida deutet das Wort »Priester« (qissisun) noch speziell im Sinne von Lehrer und Erzieher im Bereich der Religion, was voraussetzt, dass diese selbst Gebildete und »Gelehrte« auf jenem Sektor sind.

Nach Tabataba'i ist das Vorhandensein von gebildeten Menschen, die die Wahrheit kennen und sie weitergeben, als auch von Menschen, die dieser Wahrheit entsprechend handeln, sodass die Menschen erleben, dass es möglich und gut ist, so zu sein und zu handeln, eine Grundvoraussetzung für die Annahme dieser Wahrheit in einer solchen Gesellschaft.[336] Die Christen – und das ist der Grund für die lobende Anerkennung – haben diese Voraussetzungen nach seiner Ansicht erfüllt: »Unter ihnen sind gebildete Menschen, die durch ihr Wort immer an die wichtige Bedeutung der Wahrheit und an das erinnern, was man über diese Religion wissen muss; unter ihnen sind Asketen, die sie an die Größe ihres Herrn und an die Bedeutung ihres irdischen und himmlischen Glücks erinnern durch ihre Tat; bei ihnen gibt es keine, die zu überheblich sind, um die Wahrheit anzunehmen.«[337]

Die Formulierung »die bezeugen« (shahidun) wird entweder auf alle Monotheisten, also auch auf Juden und Christen bezogen (die die Shahada, das Glaubensbekenntnis von dem einen Gott sprechen) oder aber im engeren Sinne auf die Mitglieder der islamischen Gemeinde (umma). Inneres Anerkennen der Wahrheit muss sich jedenfalls im äußeren Bekenntnis verbalisieren.

Wenn man die Exegese dieser beiden Verse durch die verschiedenen Kommentatoren in der Geschichte der Koranauslegung überblickt, fällt auf, dass hier eine ziemlich genaue Trennungslinie gezogen werden kann zwischen sunnitischen und schiitischen Gelehrten. Letztere neigen zu engerer, restriktiver Deutung der Gruppe der gelobten und anerkannten Christen, Erstere zu einer weiteren, offenen Deutung. Nur der Schiite Tabataba'i bildet hier eine Ausnahme.

Bei aller Wertschätzung des Christlichen durch den Islam, die in diesen Versen und Versinterpretationen ihren Höhepunkt findet, darf man aber auch hier nicht aus dem Auge verlieren, dass die letzte Vervollkommnung dieser christlichen Qualitäten erst dann stattfindet, wenn der Koran wahrgenommen und anerkannt wird. Daran lassen alle Kommentatoren keinen Zweifel. Relativierung und Eingrenzung in letzter Konsequenz also auch hier!

Sure 28,52–55
Diejenigen, welchen wir das Buch vor ihm gaben, glauben ihm!
Und als es ihnen vorgelesen wurde, sagten sie: »Wir glauben ihm. Es ist mit Sicherheit die Wahrheit von unserem Herrn. Wahrlich, wir waren Muslime vor ihm.«

Denen wird ihr Lohn doppelt gegeben werden aufgrund dessen, dass sie beharrlich waren. Sie vergelten Böses mit Gutem. Von dem, was wir ihnen gegeben haben, spenden sie.
Wenn sie leeres Geschwätz hören, wenden sie sich von ihm ab und sagen: »Unsere Taten für uns, und eure Taten für euch. Friede mit euch! Wir wünschen nicht Unwissende.

Die Verbindung dieser vier Verse mit dem Thema »Christentum im Koran« kann nicht direkt aus dem Wortlaut des Korantextes hergestellt werden, sondern ergibt sich deutlich erst aus der exegesegeschichtlichen Tradition.

Erste interpretatorische Schwierigkeiten kommen von dem Bezug der Personalpronomina in den Versen 52 und 53. Bezieht sich das zweifache arabische Pronomensuffix »hi« in Vers 52 auf den Koran oder auf den Propheten? Die weit überwiegende Anzahl der Kommentatoren entscheidet sich hinsichtlich des ersten für den Koran als Bezugspunkt, hinsichtlich des zweiten für Muhammad und sie paraphrasieren diesen Vers dann wie folgt: »Diejenigen, denen wir das Buch vor dem Koran gaben, glauben an Muhammad.« In Vers 53 ist der erste Bezugspunkt des Personalpronomens das Buch »vor ihm [dem Koran]«, der zweite der Inhalt dieses Buches, das und insofern es aber auch schon Hinweise auf den Propheten Muhammad enthält.

Die konkrete Identifizierung des Satzsubjektes in Vers 52 betrifft entweder generell »das Volk des Buches«, insofern es seinem Propheten glaubt, oder, einschränkend, einige Personen wie z.B. Salman al-Farisi, die sich zum Islam bekehrten.

Zur Formulierung von: »Wahrlich, wir waren Muslime vor ihm« wird deutlich einschränkend bemerkt, dass es sich nur um diejenigen handelt, die an Muhammad glaubten, und zwar sowohl an die Tatsache, dass er gesandt werden würde, als auch an das Buch, das ihm geoffenbart werden würde – jedoch auf der Grundlage ihrer eigenen Schriften und vor der Koranoffenbarung.[338]

Bemerkenswert ist in diesem Zusammenhang eine etwas weiter reichende Äußerung von Al-Zamakhshari, für den die »muslimin« diejenigen sind, die »in Übereinstimmung mit der Religion des

Islam sind, weil das Wort Islam ein Attribut ist, das auf jede Person anwendbar ist, die Gottes Einheit bekennt und die Wahrheit der Offenbarung bekräftigt«.[339]

Für die Deutung der »zweifachen Belohnung« aufgrund des »Durchhaltens« werden von Tabari mehrere Möglichkeiten vorgestellt: Sie betrifft alle, die zunächst fest an den vorkoranischen Büchern, später aber ebenso fest am Koran festhielten (also bei Grundtreue zu den heiligen Schriften); diejenigen, die am Propheten Muhammad festhielten, bevor und nachdem er gesandt war; diejenigen, die vorher Christen oder Götzenanbeter waren, sich zum Islam bekehrten und deswegen von ihren früheren Freunden besonders (doppelt) hart verfolgt wurden.[340]

Zentraler Begriff im letzten Vers, der Prinzipien für das Verhalten im interreligiösen Diskurs beinhaltet, ist »leeres Geschwätz« (al-laghw). Dieser Vers wird, wenn konkretisiert, unter anderem auf die Verfälschung der authentischen Offenbarungsschriften durch Juden und Christen bezogen (z.B. Nichtbeachtung der Vorankündigung Muhammads).

Unter den verschiedenen Punkten dieses »Ökumene-Kodex« werden von den Kommentatoren geeignete und unangemessene Verhaltensweisen erwähnt, wenn es um das »Wie« eines Kontaktes mit bewussten Gegnern oder schlicht »unwissenden« Ungläubigen geht. Geeignete Reaktionen auf solche Begegnungen sind: Meiden, Beherrschtheit der Rede, höfliche Erwiderung, umgehende Verabschiedung vom Gegner. Ungeeignetes, unangemessenes Verhalten wäre jeder Versuch, sich auf das gleiche Niveau rüder und fälschlicher Angriffe zu begeben. Über dem plumpen Streit zu stehen ist die implizite Hauptforderung des Verses 55. Sich in die Nähe des seinem Glauben feindlichen Menschen zu begeben, stellt eine große spirituelle Gefahr dar. Die Möglichkeit einer geistigen und moralischen Verunreinigung bedeutet eine schwere Bedrohung, der man am besten dadurch vorbeugt, dass man a priori jede Gesellschaft und jedes Gespräch mit Nicht-Muslimen meidet. Wenn und wo das nicht möglich ist, wird zurückhaltende Höflichkeit und Nachsicht empfohlen.

Sure 57,27
Dann veranlassten wir unsere Gesandten, ihren [Noahs und Abrahams] Fußstapfen zu folgen. Wir sandten Jesus, den Sohn der Maria, [ihnen] zu folgen, und gaben ihm das Evangelium. Wir legten in die Herzen derer, die ihm folgten, Mitleid, Erbarmen und mönchisches Wesen, das sie erfanden. Wir schrieben es ihnen nicht vor, es sei denn als Suche nach Annahme durch Gott. Aber sie befolgten es nicht genau. So gaben wir denen von ihnen, die glaubten, ihren Lohn; aber viele von ihnen sind Sünder.

An der siebten und letzten Stelle wird durch die Nennung des Namens Jesus wieder klar und deutlich auf die Christen Bezug genommen. Positive und negative Bewertungen tauchen auf. Eingrenzung wird wieder sichtbar. Das Thema Mönchtum bildet das Hauptinteresse der Kommentatoren. Nicht Versuchung ist es, sondern Verfolgung, der die Begründer des mönchischen Lebens zu entfliehen suchten. Wenn jemand Mönch wurde, fehlte es ihm an Bekennermut und seine Angst vor Verfolgung dominierte. Dagegen wird der »dschihad« ausgerufen, das kraftvolle Bemühen in Sachen Religion in der Welt, notfalls bis zur gewaltsamen Verteidigung gegen den Feind.

Eine andere Seite des Mönchtums wird auch herausgestellt, abgeleitet aus der etymologischen Herkunft des entsprechenden arabischen Ausdrucks: Gottesfurcht und exzessive Askese. Diese Haltungen stellen für einige Kommentatoren gültige Versuche dar, Gottes Gunst zu gewinnen. Sie mögen als Perversion und Fehlgeleitet-Sein erscheinen; aber schlicht als religiös motivierte menschliche Initiative liegt in ihnen dennoch ein Potential, das göttliche Anerkennung verursachen kann.

Da aber dies alles eigentlich nur im Rahmen rechten Glaubens gelebt werden kann, gilt mindestens für einige Kommentatoren die Anerkennung des authentischen Prophetentums Muhammads als notwendige Voraussetzung eines lobenswerten und Belohnung verdienenden christlichen Mönchtums. Für Tabataba'i ist Mönchtum der Zustand des »Abgeschnittenseins des Menschen von der

Gesellschaft, um Gott aus Furcht heraus zu verehren«.[341] Er findet in diesem Koranvers die Auffassung, dass Mönchtum ein Weg ist, um in Gottes Augen Wohlwollen zu finden, auch wenn er dies nicht selbst bestimmt hat.

Zusammenfassung

Insgesamt gesehen wird in diesen sieben Versen die Menschheit ununterbrochen klassifiziert und katalogisiert. Es tauchen Typologien auf, die sich dann auch überschneiden. Sie reichen von formalreligiösen Bezeichnungen (Juden, Christen, Sabi'un) bis hin zu spezifischen Untergruppen dieser Hauptgruppen (z.B. Priester, Mönche). Diese formalen Bezeichnungen gehen über in weniger klar definierte, mehr beschreibende Formulierungen wie »diejenigen, die dir [Jesus] folgen«, »diejenigen, welchen wir vorher das Buch gaben«, »Götzenanbeter« u.a. Positive oder negative moralische Beurteilungen stellen »ein gemäßigtes Volk« bzw. »solche, die Zeugnis ablegen« denen gegenüber, »die Böses tun«, den »Sündern«. Doch die alles übergreifende Klassifizierung bleibt die große Einteilung in »solche, die glauben« und »solche, die nicht glauben«.

Innerhalb dieser Klassifizierungssysteme erscheint durchgängig das Motiv des »Lobes«. Besondere Qualitäten werden gerühmt und gepriesen. Lob wird denen gespendet, die »Gott ergeben« sind, die seine Offenbarung wert schätzen (sie »nicht für einen geringen Preis verkaufen«), die »beharrlich« sind. Ihre Herzen besitzen »Mitleid und Barmherzigkeit«; sie sind »nicht hochmütig« und »anerkennen die Wahrheit«. Das Moment der »Verheißung« durchzieht viele Verse. Die jeweiligen menschlichen Kategorien und Qualitäten fordern schließlich ein Urteil heraus, das entweder auf Belohnung oder auf Bestrafung zielt.

Solche immer wiederkehrenden Formalstrukturen bezeugen im Übrigen auch die textliche Zusammengehörigkeit dieser sieben Passagen. Auch der Blick in die Geschichte der Exegese dieser Stellen unterstreicht die Tatsache dieser engen Zusammengehörigkeit.

Die Frage ist: Können sich Christen selbst wiedererkennen in diesem Spiegel? Zunächst können die hier geforderten moralischen Qualitäten leicht auch als christliche Tugenden, als am Beispiel des Lebens Jesu exemplifizierte Verhaltensideale, anerkannt werden: Hingabe an Gott, ehrfurchtsvolle Achtung vor seiner Offenbarung, Anerkennung der und Handeln nach der Wahrheit, und zwar beständig und »mit Herz«. Wer sich selbst Christ nennt, hat wohl keine Schwierigkeit, aus seinem eigenen religiösen Kontext heraus solche Haltungen und Handlungen als »lobenswert« anzusehen und zu akzeptieren. Vieles also in diesen Versen rechtfertigt christliche Zustimmung.

Und doch: Letztlich herrscht eine *entscheidende* exegetische *Einschränkung* vor. Innerhalb der Tradition der großen Kommentare bezüglich dieser sieben Stellen kontrolliert und bestimmt doch die differenzierende *Abgrenzung* deutlich die reine, »neutrale« Beschreibung. Die Zeugnisse der Kommentare teilen letztlich die Christen in zwei Gruppen auf und lassen nur für eine sehr begrenzte Anzahl von diesen die Anwendbarkeit des im Koran ausgesprochenen Lobes und der Belohnung von Seiten Allahs gelten. In einem Vers wird nur eine Gruppe »unter ihnen« zu denen gerechnet, die glauben und recht tun. Für die Kommentatoren macht der Koran eine deutliche Unterscheidung zwischen *wahren Christen*, einer *winzigen Minderheit*, und solchen, die sich eine verfälschte und korrumpierte Gestalt der Jesus-Religion angeeignet und verkündet haben. Letztere bilden die überwiegende Mehrzahl und unterliegen einer heftigen Kritik von Seiten des Koran. Nur der Minderheit gelten die Komplimente des Koran.

Was sind das nun für Christen, die vor dem Koran bestehen können? Es sind die Christen, deren Schrift das unverfälschte Evangelium ist – oder die deren Bleiben in der Wahrheit eine angemessene Reaktion auf das geschichtliche Erscheinen des Prophetentums Muhammads ermöglicht: nämlich die Hinwendung zu ihm. Das sind die koranischen Christen, die koranischen »Nasaras«. Sie besitzen die lobenswerten Tugenden; ihnen und nur ihnen gilt die Anerkennung.

Diese koranischen Christen aber sind *nicht* die *historischen* Christen, sie sind auch nicht die lebende Gemeinschaft von Menschen, die sich selbst Christen nennen. Der idealisierte Begriff des koranischen Christen hat sehr wenig mit der gegenwärtigen oder vergangenen Gestalt der christlichen Gemeinschaft zu tun.

Christen im Sinne des Koran leben in fundamentaler Hingebung an Gott; dieser ihr »islam« wurde und wird verwirklicht im Kontext der Nachfolge des Propheten Jesus. Ihm hatte Gott eine Offenbarung gewährt, die selbstverständlich mit der alles überbietenden Offenbarung, die im Koran kulminiert, nicht im Widerspruch stehen konnte. Koranische Christen bewahrten diese Offenbarung in ihrer ursprünglichen Reinheit; sie hielten sich frei von den späteren dogmatischen Abweichungen ihrer Mitchristen. In ihrer Schrift war die Ankunft von Gottes letztem Propheten angekündigt worden und sie waren bereit, diesen als die Erfüllung und Vollendung derselben göttlichen Gnade anzusehen, die ihnen auch den früheren Propheten Jesus gesandt hatte. Zwischen diesen beiden Propheten konnte keine Differenz sein und war auch de facto keine Differenz. Als lebendiges Beispiel für eine solche Haltung galt z.B. Salman al-Farisi, der als persischer Zarathustra-Anhänger aus Gondischapur erst zum Christentum, dann zum Islam konvertierte; er bezeugt mit seinem Leben, dass Christentum immer nur eine vorletzte Stufe vor der letztgültigen finalen Offenbarung von Gottes Willen ist. Solchen Christen wird dann sogar die Bezeichnung »Muslim« und »Mu'min« (Glaubender) zuerkannt.

Im Übrigen zeigen die klassischen Korankommentatoren insgesamt *wenig* Interesse an der *konkreten* wechselhaften Geschichte und Gestalt des Christentums, z.B. an den schon früh sich unterscheidenden Glaubensrichtungen (Nestorianismus u.a.). Ihr Verständnis des Christlichen bleibt auf der Ebene einer sehr *abstrakten*, theoretischen *Konstruktion* stehen, was sie aber nicht daran hindert, dieses Konstrukt einer theologischen und moralischen Beurteilung zu unterziehen.

Dieser ganzen Sicht und Beschreibung von »zweierlei Christen« liegt das prinzipielle Verständnis von dem einen und einzigen Strom der göttlichen Offenbarung zugrunde, deren jüngste und endgültige Manifestation der Koran ist. Die Wertschätzung früherer Offenbarungen, auch der jesuanischen, bleibt so immer relativ und ambivalent: Wenn auch der gegenwärtige Text nicht vollständig mit dem ursprünglichen Evangelium übereinstimmt, ist die Anklage der Schriftverfälschung aber doch nicht so absolut und schwer wiegend, dass sie etwa die Möglichkeit der Ankündigung Muhammads darin ausschließt.

In ähnlicher Weise bestehen einige Korankommentatoren darauf, obwohl sie prinzipiell die Unvereinbarkeit von Koran und Evangelium betonen, dass das Evangelium weiterhin eine Quelle der »Rechtleitung« bleibt, die ausreicht, in denen, die »reinen Herzens« sind, eine spirituelle Aufnahmefähigkeit für die Botschaft Muhammads zu gewährleisten.

Nach der Ankunft des Propheten Muhammad hat das biblische Christentum seinen Anspruch, ein vollgültiger Heilsweg zu sein, verloren. Es ist für die Korankommentatoren unvorstellbar, dass ein »echter« Christ im Sinne der oben aufgestellten Kriterien, der mit der prophetischen Botschaft in Kontakt gekommen ist, sich weigern könnte, ein Muslim zu werden. Diese Weigerung wäre Verrat am wahren Christentum. Nur bei einigen modernen Korankommentatoren gibt es andeutende Bemerkungen dahingehend, dass letzten Endes doch der Glaube an Gott und das rechte Tun die ausschlaggebende Bedeutung haben, gleichgültig, unter welchem »Etikett« ein solcher Glaube oder ein solches Tun firmieren.

Es stellt sich also heraus, dass das christliche Selbstverständnis einerseits und das muslimische Verständnis von einem lobenswerten Christen divergieren müssen. Biblische Christen, als soziologische und als theologische Kategorie, können sich in der Exegese dieser sieben Stellen nicht mehr wiedererkennen.

Außerdem: Diese Koranverse als Beweisstücke unbegrenzter muslimischer Toleranz Christen gegenüber zu präsentieren, ist unangemessen. Christen können in einem interreligiösen Gespräch von Moslems, die in ihrer Tradition tief und fest geschult und verankert sind, nicht erwarten, dass diese die im Hinblick auf das Christentum tendenziell positiv gestimmten Koranstellen unterschiedslos und ohne weiteres auf diejenigen anwenden, die ihnen heute als »christliche« Gesprächspartner gegenübersitzen.

Wenn Moslems aber doch einmal eine »andere« Koraninterpretation wagen, werden sie durch die exegetische Geschichte ihrer Tradition dazu gezwungen, sich bewusst zu sein und anzuerkennen, dass sie damit neue interpretatorische Strategien schaffen. Aber das ist natürlich genau das, was die beständige Spannung zwischen dem fixierten Text als solchem einerseits und den hermeneutischen Möglichkeiten andererseits fördert. Während der Koran textmorphologisch gesehen *unveränderlich* ist, bleibt er semantisch gesehen lebendig. Die unveränderliche Struktur des Textes bleibt bestehen, aber die dadurch übermittelte und ausgedrückte Bedeutung lebt von Generation zu Generation sorgfältiger und verantwortungsvoller Kommentaren neu auf.

Jeder Kommentator hat seine Versanalyse im Bewusstsein der Weisheit durchgeführt, die seine Vorgänger in der langen Geschichte der Exegese angehäuft haben. Dieser Akkumulierung von hermeneutischer Weisheitstradition wird denn auch immer der Vorrang und der Ehrenplatz eingeräumt. Jeder nicht sorgfältig in diesen Gesamtkontext eingebettete Deutungsvorschlag aber wird von den anderen Mitgliedern in der exegetischen Zunft als unverantwortliche *Neuerung* zurückgewiesen werden.

Andererseits hat jeder von ihnen das vorgegebene Material der Tradition neu durchdrungen und neu gestaltet und dadurch neue, aus den unerschöpflichen Quellen der Schriftbedeutung geschöpfte Einsichten ans Licht gebracht. Ohne detaillierte Darlegung des gesamten zur Debatte stehenden Problembereichs, den ein spezieller Vers mit sich bringt, ist es darum auch nicht möglich, die spezifischen Beiträge und exegetischen Entscheidungen des einzelnen Kommentators zu bewerten und zu würdigen. Das jeweils Neue bei einem bestimmten Kommentator in einem *künstlichen*, summarischen Extrakt *isoliert* herauszustellen, würde der Integrität dieser umfassenden Disziplin Gewalt antun. Das Neue kann nur auf dem Hintergrund der allgemein akzeptierten Tradition gültig zum Ausdruck gebracht werden, indem die Art und Weise, in der es mit dieser Tradition verbunden ist und aus ihr heraus erwächst, deutlich dargelegt wird.

Tradition, so hat unser Blick in die Geschichte der Koranexegese gezeigt, regt als Vorbild an, aber sie legt nicht absolut fest. Wir haben festgestellt: Klassische und moderne Kommentatoren sprechen nicht mit einer einzigen Stimme. Das letzte exegetische Wort ist also noch lange nicht gesprochen. Dies gilt auch für die Deutung und Anwendung der hier erörterten Prinzipien für einen muslimisch-christlichen Dialog. Das gibt doch noch ein wenig Hoffnung in der momentan verhärtet erscheinenden Situation des ökumenischen Dialogs zwischen Moslems und Christen.

Unterwegs in ein anderes Land – ein kurzer Ausblick

Am Ende dieser Untersuchung komme ich auf den Anfang zurück. Ich zitierte zu Beginn, als Motto dieses Buches, die Worte des syrischen Dichters Adonis: »In seinen *Schritten* liegen seine Wurzeln.« Diese Aussage formuliert ein Anti-Fundamentalismus-Programm par excellence. Adonis, ein profunder Kenner der Tiefenschichten des Koran und auch des »esoterischen« Islam, zeigt mit diesem Bild eine zukünftige Perspektive islamischer Identität auf: Ohne Fort-Schritt und Ent-Wicklung keine Zukunft!

Der zitierte Vers stammt aus einem Gedicht mit dem Titel »Psalm«. Adonis spricht im Kontext dieses Verses vom »Wind, der keinen Rückzug kennt«, vom »Wasser, das nicht zu seiner Quelle zurückkehrt«. In einem anderen Gedicht mit dem Titel »Der neue Noah« sagt Adonis von sich, dem Moslem, dass er auf den alten Gott nicht mehr hören will: »Wir ersehnen einen neuen Gott.«

Der »neue Gott« des Adonis, der wie der antike Adonis stirbt, um die Welt zu erneuern: Ist er vielleicht Al-ilahu, Allah, der eine *und* trinitarische, Allah, der einen »Sohn« hat, der sich selbst entäußert hat und Mensch geworden ist, dem selbst geschichtliches Werden und »Neues« nicht fremd geblieben ist? Allah, der nicht nur hinter uns, sondern als zu-künftiger immer auch vor uns und in uns ist? Für Adonis verhält es sich mit seinem »neuen Gott«, dem Ruah-Gott (rih/ruah = Wind, Geist), dem Geist-Gott, der auch den Gang durch den Abgrund der Hölle nicht gescheut hat, wie mit seinem neuen Moslem-Menschen: »Er schreitet im Abgrund und hat die Gestalt des Windes.« Dieser Mensch ist immer unterwegs zu seinem »anderen Land«.

Psalm

Wehrlos wie ein Wald naht er,
Unaufhaltsam wie die Wolken.
Gestern trug er einen Kontinent
Und bewegte das Meer von seiner Stelle.

Er zeichnet die Rückseite des Tages,
Er schafft mit seinen Füßen ein Licht.
Er entzündet die Schuhe der Nacht,
Dann wartet er auf das, was nicht kommt.

Er ist die Substanz der Dinge.
Er kennt sie und gibt ihnen Namen,
wobei er verschweigt ihre Namen.
Wahrlich, er ist die Wahrheit und ihr Widerspruch,
Das Leben und was ohne Leben ist.

Er lebt dort, wo der Stein ein See wird
Und der Schatten eine Stadt.
Er lebt, führt die Verzweiflung in die Irre.
Er löscht die Spur der Hoffnung
Und tanzt, damit die Erde gähnt
und Bäume schlafen.

Er offenbart den Schnittpunkt der Extreme.
Er meißelt das magische Zeichen
In die Stirn unserer Zeit.

Er erfüllt das Leben
und nicht einer sieht ihn.
Er wandelt das Leben in Schaum
Und taucht in ihn ein.

Zum Jagdwild macht er das Morgen,
Hetzt hoffnungslos hinter ihm her.
Eingemeißelt sind seine Worte,
Weisen auf Verluste, Verluste, Verluste.

In der Verwirrung ist er zu Hause.
Aber seine Augen gehen in die Tausende.

Er ist der Wind, der keinen Rückzug kennt,
Das Wasser, das nicht zu seiner Quelle zurückkehrt.
Er erschafft sein Geschlecht aus sich selbst.
Vorfahren hat er nicht.
In seinen Schritten liegen seine Wurzeln.

Er schreitet im Abgrund
und hat die Gestalt des Windes.

Adonis (Ali Ahmad Said Esber, geb. 1930 in Latakia, Syrien)

Anmerkungen

1 Fa-aqim wadschhaka lid-dini hanifan fitrata llahi llati fatara n-nasa ‘alaiha la tabdila li-chalqi llahi dalika d-dinu l-qaiyimu wa lakinna akthara n-nasi la ya’lamuna.

2 S.H. Nasr, *Die Erkenntnis und das Heilige*, München 1990, S. 71, A.18

3 Ebd. S. 433, A.8

4 F. Schuon, *Von der inneren Einheit der Religionen*, Interlaken 1981, S. 115f.

5 F. Schuon, aaO. S. 116

6 So Sure 6,164 u.ö., wörtlich: »Und nicht wird tragen den, der eine Last trägt, ein anderer« (wa-la taziru waziratun wizra uchra).

7 Im Original »sibghata llahi«. Der ganze Vers lautet: »Die Taufe Gottes! Und was gibt es Besseres als die Taufe Gottes? Und wir dienen ihm.« Der weitere Kontext gibt keine Verstehenshilfen.

8 Vgl. hierzu die aufschlussreichen Hinweise bei E.W. Lane, *An Arabic-English Lexicon*, Beirut 1968, I, S. 1647–1649

9 Aus: *Nimm eine Rose und nenne sie Lieder. Poesie der islamischen Völker*, Köln 1987, S. 284

10 Wie Richard Gramlich (*Der Urvertrag in der Koranauslegung*, in: ›Der Islam‹ 60 [1983] 205–230) überzeugend dargelegt hat, ist die Auslegung dieser Stelle weithin durch zahlreiche Hadithe belastet, die das darin geschilderte Geschehen im Sinne einer Vorbestimmung deuten und es in eine Präexistenz zurückverlegen, in der die gesamte zukünftige Menschheit vor der irdischen Geburt vertraglich auf das nachgeburtliche Bekenntnis zum alleinigen Herrsein Gottes verpflichtet wurde. Er betont, dass sich vor allem die Sufis weniger für den Vertrag und seinen Inhalt als für die vorgeburtliche Seinsweise bei dem Vertragsschluss interessieren, die als Urbild für die Seinsweise des mystisch Entwordenen dient. Als klassisches Beispiel für die genannten Hadithe zitiert er Folgendes: »Man fragte ‘Umar ben al-Hattab nach diesem Vers ... Er antwortete: Ich hörte, wie man den

Gesandten Gottes danach fragte. Der Gesandte Gottes anwortete: Gott erschuf Adam. Danach strich er ihm mit seiner Rechten über den Rücken, nahm aus ihm Nachkommen heraus und sprach: Diese habe ich für das Paradies geschaffen; sie werden die Werke der für das Paradies Bestimmten verrichten. Danach strich er ihm über den Rücken, nahm aus ihm Nachkommen heraus und sprach: Diese habe ich für das Höllenfeuer geschaffen; sie werden die Werke der für das Höllenfeuer Bestimmten verrichten.«

In anderen Varianten dieses Hadith werden die Urgeschöpfe als eine Art »Mikrowesen« (dharr) angesehen (so bei Tabari). Für die Präexistenz-Version haben sich viele sunnitische und schiitische Autoritäten ausgesprochen. Gegner dieser Auslegung sind vor allem, aber nicht nur, die Mu'taziliten. Ein zentrales Argument der Gegner ist der Hinweis, dass im Korantext nicht von Adam, sondern von den Kindern Adams die Rede ist. Außerdem ist für viele unvorstellbar, dass ein derart wichtiges Ereignis, das die Menschen, da sie angesprochen wurden und antworteten und für den Vertragsbruch zur Rechenschaft gezogen werden, bei vollem Verstand erlebt haben müssen, von allen ohne Ausnahme vollständig vergessen wurde.

Der bedeutende Korankommentator Ibn Kathir († 1373) bringt diese Verse in Verbindung mit Sure 30,30 und deutet sie »als Erschaffung im Einheitsbekenntnis ('ala t-tauhid)« (2,264). Er legt dar, »dass das Gemeinte die ihnen anerschaffene, im Bekenntnis zur Einzigkeit Gottes bestehende Urnatur ist« (ebd.). Abu s-Su'ud al-'Imadi (gest. 1574) deutet die Verse ebenfalls im Sinne der fitra und konkretisiert: Gott gibt den Menschen die Fähigkeit, ihn als Herrn zu erkennen, indem er ihnen den Verstand und die überall sichtbaren Beweise gibt, und liefert sie dieser Erkenntnis aus und veranlasst sie damit, sich zu ihr zu bekennen, »ohne dass es da Vertragsschluss und Bezeugenlassen und Frage und Antwort gäbe« (*At-tafsir*, II, S. 429, Z. 8–16, Kairo 1952). Auf eine andere Auslegung, die weder nachgeburtlich ausgerichtet ist noch die im Sinne der Mikrowesen vorgeburtliche Deutung vertritt, macht Qurtubi in seinem Korankommentar aufmerksam. Danach wurde ein Bund mit dem präexistenten Geist (ruh) des Menschen geschlossen: »Gott brachte die Geister hervor, bevor er die Leiber erschuf, und legte in sie eine Erkenntnis, durch die sie erkannten, was er zu ihnen sagte« (*At-tafsir*, VII, S. 314, Kairo 1935–1950). Diese Deutung kann sich sogar auf eine Autorität aus der Nachfolgegeneration Muhammads berufen (Al-Qurazi, † 736).

11 Zum Gedanken des »Bundes« seien hier einige präzisierende Klärungen hinzugefügt. Für das Alte Testament spielt der »Bund« zwischen Gott und seinem Volk eine ganz zentrale Rolle. Aber während

der biblische Bund (berith) eine wechselseitige Angelegenheit ist, ein auf die freie Wahl Gottes für ein besonderes Volk sich gründender echter Tausch von gegenseitigen Verpflichtungen, bleibt der mehr universale Islam-Bund einseitig; seine Bedingungen sind von Gott einseitig seinen Geschöpfen vorgegeben. Und während jeder Bund des biblischen Gottes mit seinem Volk nur die unablässige Wiederholung des einen Themas der Liebe ist, das durch alle Härten des Gesetzes hindurchscheint, die Erlösung der immer noch geliebten Sünder, während dieser Bund immer schon unter der Perspektive eines Neuen Bundes steht, welcher der Bund des messianischen Mittlers und Retters sein wird, geht es im Islam-Bund überhaupt nicht um Erlösung oder Vermittlung. Die einzige Vertragsbedingung (shart), um einen terminus technicus des muslimischen Rechts aufzugreifen, ist das Bekenntnis der absoluten Einheit und Transzendenz ihres Herrn von Seiten der Geschöpfe.

12 Walakin kana hanifan musliman.

13 Vgl. zu der Charakterisierung als »Religion der Vernunft« den letzten Teil des zitierten Verses, der davon spricht, dass die Menschen dies nur nicht »erkannt« (= verstanden) haben.

14 So die Formulierung des katholischen Islamforschers Thomas Mooren (*Macht und Einsamkeit Gottes*, Würzburg 1991, S. 34)

15 F. Schuon, *Von der inneren Einheit der Religionen*, Interlaken 1981, S. 112

16 Ebd. S. 119

17 Ebd.

18 Vgl. Sure 5,64: »Und die Juden sagen: ›Die Hand Gottes ist gefesselt‹ ... Ihre eigenen Hände sollen gefesselt sein ... Nein, er hat seine beiden Hände ausgebreitet und spendet, wie er will.‹«

19 Vgl. Ihya', III. Buch, 56,12ff. Zur Problematik dieser Aussage vgl. D.B. Macdonald, Artikel »fitra«, in: *The Encyclopaedia of Islam*, vol. 2, Leiden [2]1965, Sp. 931–932

20 A. Maududi, *Weltanschauung und Leben im Islam*, Kuwait 1992, S. 20 und 29f.

21 Ebd. S. 17

22 S. Qutb, *Dieser Glaube – der Islam*, Kuwait 1992, S. 49

23 So Mustafa 'Abd al-Raziq, *Al-Din wa 'l-Wahy was 'l-Islam*, 1945, S. 96f.

24 *Tardschuman* 2,490 (veröffentlicht 1930).

25 So 'Abd al-Hakim, *Tafsir al-Qur'an bi'l-Qur'an*, 1901, S. 65

26 Vgl. ders., ebd. S. 43f.

27 R. Steiner, *Die Welt der Sinne und die Welt des Geistes* (GA 134), Vortrag vom 27. und 28. 12. 1911, Dornach [4]1979

28 Ebd. S. 21

29 Ebd. S. 25

30 Ebd. S. 34

31 Vgl. auch Suren 6,161; 16,120.123

32 ga'ala schuraka' (so Sure 6,100)

33 Vgl. hierzu E. W. Lane, aaO., Band I, S. 1541–1543

34 Grundlegende Untersuchungen zu diesem Thema hat Thomas Mooren gemacht, vor allem in seiner umfangreichen theologischen Dissertation am Institut Catholique in Paris: *Paternité et généalogie dans la pensée religieuse de l'Ancien Proche-Orient*, 1979; vgl. auch ders.: *Monothéisme coranique et anthropologie*, in: ›Anthropos. International Review of ethnology and linguistics‹ 76 (1981), S. 529–561, und: *Macht und Einsamkeit Gottes. Dialog mit dem islamischen Radikal-Monotheismus* (Würzburger Forschungen zur Missions- und Religionswissenschaft, Band 17), Würzburg – Altenberge 1991. Allen drei Untersuchungen konnten mannigfache Anregungen entnommen werden.

35 Die islamische »umma«, Gemeinde, stellt die allein angemessenen Rahmenbedingungen, innerhalb derer der Gläubige diese seine »Schulden« abbezahlen kann. Sie sorgt für die »Rechtleitung« unter dem Gesetz. Darum ist sie die »beste Gemeinschaft, die unter den Menschen entstanden ist« (Sure 3, 110).

36 So bezeichnet Alusi al-Baghdadi einen Mann ohne Sohn. »Die Nicht-Existenz des Sohnes zieht die Nicht-Existenz ('adam) des Vaters nach sich.«

37 Diese Vorstellung ist gemeinsemitisch, auch alttestamentlich; vgl. z.B. 2 Samuel 18,18

38 So Nisaburi als Marginalie zu Tabaris Kommentar zu Sure 108 (Tabari, Bd. 30, S. 180)

39 Qalu t-tachadha llahu waladan subhanahu huwa l-ghaniyu. Ähnlich auch 31,26; 22,64; 4,131. In die gleiche Argumentationsrichtung geht auch Sure 17,111: »Sag: ›Allah gebührt aller Preis, ihm, der sich keine Kinder zugelegt hat, keinen Teilhaber an der Herrschaft, noch sonst einen Gehilfen aus Schwäche!‹«

40 So z.B. Tabari, Band 30, S. 223; Zamachshari, Band 3, S. 367

41 Ebd.

42 R. Paret, *Der Koran. Kommentar und Konkordanz*, Stuttgart ²1980, S. 530

43 Vgl. hierzu besonders die Untersuchung des französischen Dominikaners Christian Duquoc: *Dieu différent. Essai sur la symbolique trinitaire*, Paris 1977, besonders S. 81ff. Thomas Mooren (*Macht und Einsamkeit Gottes*, Würzburg 1991) hat diesen Appell aufgegriffen

und ihn für koranische und bibelexegetische Untersuchungen fruchtbar gemacht.

44 Im griechischen Text handelt es sich um die Ausdrücke *hyiothesia* (Einsetzung zum Sohn), *kleronomos* (Erbe), *metochos* (Teilhaber).

45 Zitiert bei G. Anawati, »'Isa«, in: *The Encyclopaedia of Islam. New Edition*, IV, Leiden 1978, S. 82

46 Sure 3,40; 4,156.169.170; 5,19 (zweimal), 76 (zweimal), 79; 9,30.31

47 Anawati (aaO., S.82) weist hier hin auf den Korankommentar von Al-Alusi, 3,142

48 Vg. hierzu A. Jeffery, *Materials for the History of the Text of the Qur'an*, Leiden 1951

49 L. Marracci, *Alcorani textus universus I–II*, Patavii 1698

50 So jedenfalls die Lesart der »Vulgata«; andere Handschriftenvarianten haben »Wahrlich, er ist ein Zeichen für die Stunde«, oder: »Wahrlich, er ist eine Erinnerung der Stunde«. Auch wird das »er« nicht auf Jesus, sondern auf den Koran bezogen.

51 Ummatan wasatan.

52 Sayyid Abu A'la Maududi, *Towards Understanding the Qur'an, vol. I*, London 1988, S. 121

53 Zitiert bei H. Gätje, *Koran und Koranexegese*, Zürich – Stuttgart 1971, S. 179

54 Vgl. dazu das grundlegende Werk von H.J. Krämer, *Arete bei Platon und Aristoteles. Zum Wesen und zur Geschichte der platonischen Ontologie*, Amsterdam 1967

55 Wa kana baina dhalika qawamam.

56 Die Grundbedeutung von sawa' ist: fest vorhaben, zielstrebig angehen, also nicht im Zickzack-Kurs, nicht in die Extreme abweichend, sondern »gleich-mäßig«, auf dem geraden und direkten Weg, der die Mitte ist. Der 2. Stamm des Verbums bedeutet denn auch: proportionieren, in gleichmäßiger Form gestalten.

57 Kalimatin sawa'in.

58 »Wir haben doch unsere Gesandten mit den klaren Beweisen geschickt und das Buch und das Gleichgewicht [die Waage] mit ihnen herabkommen lassen ...« (wa-anzalna ma'ahumu l-kitaba wal-mizana ...)

59 Eigene Übersetzung nach der arabischen Ausgabe von F. Ebeid, Beirut – Kairo 1989, S. 408

60 Ebd. S. 672

61 Vgl. dazu H. Corbin, *En Islam iranienne, vol. III*, S. 302. Die auch heute oft bei Sunniten anzutreffende Abqualifizierung der Schia als »esoterische Spinnerei« ist völlig ungerechtfertigt. Gerade die Schiiten fügen z.B. ihrem Gebetsruf die Aufforderung hinzu: »Kommt

zur Arbeit!« Es sei auch hingewiesen auf eine schiitische »Definition« von Islam, eine sechsgliedrige Formulierung, die am Ende in ihre Spitzenaussage mündet: »Der Islam ist ... Arbeit.« Vgl. dazu S. 143f.

62 Es wird von einem »himmlischen Zeugen« (shaich al-ghaib) als einem »Gleichgewicht im Übersinnlichen« (mizan al-ghaib) gesprochen. Vgl. auch hierzu ausführlich H. Corbin, aaO., vol. III, S. 298

63 Nasr, *Traditional Islam in the modern world*, London – New York 1990, S. 28 (Übersetzung W.M.). Vgl. auch F. Schuon, *Den Islam verstehen. Eine Einführung in die innere Lehre und die mystische Erfahrung einer Weltreligion*, Bern – Müchen – Wien 1988, S. 33f., 42–49, 66, 107. Gleichgewicht (al-mizan) ist auch der Schlüsselbegriff in der alchemistischen Mystik des Dschabir (8./9. Jahrhundert); vgl. dazu J. Ch. Bürgel, *Allmacht und Mächtigkeit. Religion und Welt im Islam*, München 1991, S. 204f.

64 R. Steiner, *Faust, der strebende Mensch. Band 1* (GA 272), Vortrag vom 11. 4. 1915, Dornach [4]1981, S. 9

65 R. Steiner, *Die Sendung Michaels. Die Offenbarung der eigentlichen Geheimnisse des Menschenwesens* (GA 194), Vorträge vom 21. 11. 1919 und 12. 12. 1919, Dornach 1962. S. 9–23 und 140–158

66 Der Tenor der entsprechenden koranischen Aussage ist von der biblischen sehr verschieden. Im Koran wird dem Menschen nicht die Gewalt und das Mandat verliehen, sich die Natur untertan zu machen; vielmehr wird seine »Herrschaft« über die Natur als ein »Zeichen« von Gottes Zuwendung und Fürsorge angesehen, und zwar zum Zwecke der Betrachtung und des Bedenkens. Vgl. Sure 45,13: »Er hat von sich aus alles, was im Himmel und auf der Erde ist, in euren Dienst gestellt. Darin liegen Zeichen für Menschen, die nachdenken.«

67 So z.B. White Lynn jr. in seinem Aufsatz: »The historical roots of our ecological crisis«, in: David and Eileen Spring (ed.), *Ecology and Religion in History*, New York 1974, S. 15–31

68 Sayyid Hussein Nasr hat in vielen seiner Werke unermüdlich darauf hingewiesen.

69 Vgl. z.B. Parvez Manzoor, »Environment and values. The Islamic perspective«, in: Ziauddin Sardar (ed.), *The touch of Midas*, Manchester 1984, S. 150–169, der wir für unsere Darstellung sehr viele Anregungen verdanken.

70 M.G. Hodgson, *The venture of Islam*, vol. II, Chicago 1974, S. 337

71 Wir tun dies im Anschluss an P. Manzoor, der selbst die Ergebnisse der wichtigen Konferenz »Wissen und Werte« in Stockholm 1981 zitiert.

72 Der Kalif hatte auch politisch keine eigenen gesetzgeberischen Vollmachten, sondern nur die Aufgabe, die schon vorgegebene göttliche Ordnung nachzuvollziehen und auszuführen.

73 Vgl. Sure 67,3f.; 36,39 u.ö.

74 Sure 25,2; 54,49 u.ö.

75 Ismail R. Al-Faruqi, »On the Metaphysics of Ethics in Islam«, in: *Listening. Journal of Culture and Religion 14* (1979), S. 38

76 Der berühmte Kunsthistoriker Richard Ettinghausen hält die »allgemeine Harmonie, Ausgewogenheit der Teile und Vollkommenheit der ganzen Komposition«, die überall in der islamischen Kunst gegenwärtig sind, für das »wichtigste islamische Element« (Decorative Arts and Painting, in: J. Schacht, The legacy of Islam, Oxford 1974, 284). Viele muslimische Gelehrte sehen in der Symmetrie das sichtbare Pendant zur Lehre vom »tauhid«, der »einigenden Einheit«.

77 Wir stimmen Johann Christoph Bürgel voll zu, wenn er generell feststellt: Der Akzent des koranischen Weltbildes »liegt ganz auf dem Hinweischarakter der Schöpfung, deren Zeichen ... die Allmacht Gottes bezeugen« (aaO. S. 193). Selbst ein Koraninterpret vom Rang eines Yusuf Ali bezieht z. B. den Koranvers »Dies sind die Zeichen des Buches der Weisheit«, mit dem die Sure 10 beginnt, gleichzeitig auf den Koran und auf die Schöpfung (S. 483, A. 1382). Das phänomenologisch höchst instruktive und sehr empfehlenswerte Buch von Annemarie Schimmel : *Die Zeichen Gottes. Die religiöse Welt des Islam* (München 1995) beschreibt zwar in unübertroffener Weise die »Zeichen«, reflektiert und thematisiert aber kaum die hier behandelte Fragestellung als solche.

78 yufassilu ist abgeleitet von einem Konsonantenstamm, der zunächst »trennen« bedeutet, trennen als: aus dem Chaos Ordnung machen (vgl. das Trennen als Element des Schöpfungsvorgangs in 1Mo 1), dann in der Bedeutung: im Einzelnen darlegen.

79 R. Paret, aaO. S. 25

80 Ebd. S. 217

81 In diesem Zusammenhang kann auch auf F. Schuon verwiesen werden, der in seinem grundlegenden Werk *Den Islam verstehen* von diesem Lesen im Buch der Natur schreibt: »Die Natur ist ein offenes Buch, eine Offenbarung des Schöpfers, ein Heiligtum und sogar in gewisser Weise ein Weg ... Die Weisheit der Natur findet sich im Koran viele Male bestätigt, worin ›für die, welche mit Verständnis begabt sind‹, Nachdruck gelegt wird auf die ›Zeichen‹ der Schöpfung, was auf den Zusammenhang zwischen der Natur und der Erkenntnis deutet: das Himmelsgewölbe ist der Tempel der ewigen Sophia« (S. 188 u. 191).

82 Glücklicherweise ist der Band »L« als Band II bereits erschienen. Er berücksichtigt für den Buchstaben »L« 31000 Stellen; dies sei gesagt, um eine Vorstellung zu vermitteln für das erfasste Textmaterial: *Wörterbuch der klassischen arabischen Sprache*, hrsg. von der Morgenländischen Gesellschaft, Band II/1, Wiesbaden 1983, S. 280–285. Eine andere Bedeutung ist »(in der Richtung) abweichen« (also von der Grundrichtung geradeaus zur Seite hin, ein ähnliches Bild letzten Endes wie das der Nische), was dann in der Neuzeit zur allgemeinen Bedeutung von religiösem Abweichler von Gottes Gesetz geführt hat: Leugner, Gottesleugner. »Mulhid« ist heute Schimpfwort für Atheisten und Ungläubige. Man darf aber nicht den exegetischen Kardinalfehler begehen und eine moderne Bedeutung zurückverlegen in das 7. Jahrhundert, einen Fehler, den man heute auch bei sonst sehr gebildeten Muslimen immer wieder antrifft.

83 Vgl. für diese Zusammenhänge auch R. Steiner: Einleitung zu »Goethes Werke«, 33. Teil: *Naturwissenschaftliche Schriften, Band 1*, hrsg. von R. Steiner, Dornach 1982, S. XVIII–LXXXIV, besonders XX-XII, LXI, LXIII

84 Sure 96,1 (die erste Offenbarung an den Propheten, also die chronologisch erste Sure überhaupt).

85 Arabisch: sanurihim ayatina fi l-afaqi wa fi anfusihim hatta yatabayyana lahum annahu al-haqqu.

86 Raimundus de Sabunda, in Barcelona geboren, stark von seinem katalanischen Landsmann Raimundus Lullus beeinflusst, lehrte seit 1436 in Toulouse Medizin, Philosophie und Theologie. Er verfasste ein Buch mit dem Titel »Liber creaturarum sive de homine«, auch »Theologia naturalis« genannt. M. de Montaigne hat dieses Werk 1569 ins Französische übersetzt; heute zugänglich in der Edition von J. Sighart, Sulzbach 1852. Raimund spricht vom »liber scriptus« und vom »liber vivus«. Vgl. zu ihm auch R. Steiner im Vortrag vom 6. 1. 1924, in: *Mysterienstätten des Mittelalters* (GA 233a).

87 R. Steiner, *Esoterische Betrachtungen karmischer Zusammenhänge*, Band III (GA 237), Vortrag vom 1. 8. 1924, Dornach [6]1975, S. 131

88 Muhammad 'Inayat Allah Khan (genannt »Al-Mashriqi« = der Orientalist, geb. 1888), *Tadhkira* 1,84

89 *Tadhkira* 2,79

90 Abu'l-Kalam Azad, *Tardschuman* 2,179f.

91 Parwez, *Ma'arif* 2, S. 253

92 So Ahmad al-Din, *Bayan li'l-nas* (1936), S. 172

93 So Mazhar al-Din Siddiqi, in: *The Islamic Literature*, August 1953, S. 8

94 So z.B. 38,26; 10,14; 35,39; 6,165; 10,73; 27,62; 7,69.74; 7,169; 19,59; 7,129; 24,55; 11,57

95 Selbst R. Paret deutet diese Stelle *grundsätzlich* in diese Richtung: »Wenn in der vorliegenden Stelle Gott zu den Engeln im Hinblick auf Adam sagt, er werde ›auf der Erde einen Nachfolger einsetzen‹, ist das vermutlich so zu verstehen, dass Adam (und mit ihm das Geschlecht der Menschen) künftig die Engel...als Bewohner der Erde ablösen solle« (*Kommentar*). Die Grundbedeutung von chalafa ist im Übrigen »hinter jemandem sein«, nachkommen, »nachfolgen«, also nicht sofort und primär »Stellvertreter«.

96 R. Frieling, *Christentum und Islam*, Frankfurt am Main 1981, S. 81f.

97 A.Th. Khoury, *Der Koran*, I, S. 172f.

98 Ebd. S. 243

99 Geleitwort zu Annemarie Schimmels deutscher Übersetzung von Iqbals »Buch der Ewigkeit«, München 1957

100 M. Iqbal, *Six Lectures on the Reconstruction of Religious Thought in Islam*, Lahore 1958, S. 55 (Übersetzung W.M.). Diese sechs Vorlesungen sind eine Summe der Iqbalschen Lehren. Der Titel ist vielleicht angelehnt an das große Werk des mittelalterlichen Theologen Al-Ghazzali: »Wiederbelebung der Wissenschaften von der Religion« (Ihya 'ulum ad-din). Iqbal hat diese Vorlesungen ursprünglich in Madras, Hyderabad und anderen indischen Städten gehalten. Sie haben auch damals schon in Europa großes Aufsehen erregt.

101 Ebd. S. 35

102 So Annemarie Schimmel, die beste Kennerin des Werkes Iqbals, in ihrem Buch *Muhammad Iqbal. Prophetischer Poet und Philosoph*, München 1989, S. 62

103 Zitiert nach A. Schimmel, ebd. S. 91

104 So nachzulesen bei A. Schimmel, ebd. S. 75

105 R. Steiner führt diese Störung u.a. auf den Einfluss Luzifers zurück, der eine Verschiebung von physischem Leib, Ätherleib, Astralleib und Ich bewirkt hat; vgl. dazu zum Beispiel *Die Welt der Sinne und die Welt des Geistes* (GA 134), Dornach ^{5}1990

106 Zitiert nach R. Arnaldez, »Insan«, in: *Encyclopaedia of Islam*, III, 1965, S. 1237

107 Hatta ghayyara shakl al-ard.

108 Risala (Brief) 22,2 und 26,3, in: *Rasa'il Ikhwan al-safa wa khullan al-wafa*, Kairo 1928, hier zitiert nach R. Arnaldez, »Insan«, in: *Encyclopaedia of Islam*, III, 1965, S. 1238

109 Ba'sun shadidun.

110 *En Islam iranienne*, Band IV, Paris 1973, S. 362, A. 43

111 R. Steiner, *Das Miterleben des Jahreslaufes in vier kosmischen Imaginationen* (GA 229), Dornach ^{7}1989, vor allem S. 16–22

112 Entnommen wurden dieses Zitat und auch die folgenden Zitate seinem Buch *Die Erkenntnis und das Heilige*, München 1990, S. 226–231

113 Einen fundierten Überblick über den heutigen Stand der hermetischen Forschung aus esoterischer Perspektive gibt das diesem Thema (»Hermetik – Das andere Wissen«) gewidmete Heft 4/1996 der Zeitschrift »Novalis«. Eine Neu-Übersetzung des Corpus Hermeticum ist im Frommann-Holzboog-Verlag erschienen: J. Holzhausen, C. Colpe, *Corpus Hermeticum*, 2 Bände, Stuttgart 1996

114 Eine Reihe von frühmittelalterlichen arabischen Quellen, als älteste von ihnen der »Fihris« des Ibn al-Nadim, bezeugt, dass bereits der Omayyaden-Prinz Chalid Ibn al-Yazid (gestorben 704) eine arabische Übersetzung alchimistischer Traktate »ägyptisch«-hellenistisch-hermetischer Herkunft anfertigen ließ.

115 Es gibt eine beträchtliche hermetische Literatur arabischer Herkunft und Sprache. Es ist das Verdienst von Louis Massignon, darauf aufmerksam gemacht zu haben. Vgl. dazu seinen Exkurs »Inventar der hermetisch-arabischen Literatur«, veröffentlicht als Anhang III in: A. Festugière, *La Révélation d' Hermès Trismégiste*, I, Paris 1983

116 Die Übersetzung lehnt sich an an J.C. Bürgel, *Allmacht und Mächtigkeit*, München 1991, S. 161f.

117 Man ʻarafa nafsahu faqad ʻarafa rabbahu.

118 Schon in der vorislamischen mazdaistischen Tradition des Iran gab es die »fravarti« (Schutzengel) und die Gestalt der Daena, die beide in ihren wesentlichen Archetypen auf die hier dargestellte islamische Vorstellung sehr stark eingewirkt haben.

119 Vgl. zu diesem ganzen Vorstellungskomplex vor allem: Henry Corbin, *Die smaragdene Vision. Der Lichtmensch im persischen Sufismus*, München 1989, S. 33–42 u.ö.; L. Massignon, »Inventaire de la littérature hermetique arabe«, in: A.J. Festugière, *La revelation d'Hermes Trismegistos*, Band I, Appendix 3, Paris 1950, S. 384–400; M. Plessner, »Hirmis«, in: *The Encyclopaedia of Islam, New Edition*, vol. III, 1965, S. 463–465 mit weiteren Literaturangaben; S.H. Nasr, *Die Erkenntnis und das Heilige*, München 1990, S. 101, 122f., 233 u.ö.

120 Für diese Aspekte sei verwiesen auf Henry Corbin, *En Islam Iranien*, Tome II, S. 40 ff., 87ff., 103f., 322ff.

121 In diesem Jahrhundert z.B. verkörpert in Forscherpersönlichkeiten wie R. Guénon, F. Schuon, S.H. Nasr. Für die islamische Vergangenheit sei nur an Ibn Arabi erinnert. Wir beziehen uns vor allem auf Ausführungen von S.H. Nasr (hier besonders auf *Traditional Islam in the modern world*, London – New York 1987). Zur grundsätzli-

chen Charakterisierung des »traditionalen« (nicht: traditionellen!) Islam vgl. W. Maas, *Arabismus, Islam, Christentum*, S. 65ff.

122 Vgl. z.B. 53,45; 75,39; 92,3. Aus dem Kontext von 75,39 geht klar hervor, dass die Zweigeschlechtlichkeit erst ein sekundäres Entwicklungsstadium des Menschen ist (vgl. das »minhu« in Vers 39).

123 Der ursprüngliche Mensch war nach der Lehre des traditionalen Islam eine androgynische, d.h. mann-weibliche Gestalt. Die mit der sexuellen Vereinigung verbundene Lust, z.B.die Sehnsucht nach dem Einswerden, ist in letzter Wirklichkeit ein Bestandteil des androgynen Zustands vor der Trennung der Geschlechter, eine irdische Abspiegelung der paradiesisch-uranfänglichen Ekstase, die dem androgynen Menschen eigen war.

124 Dieses androgyne Wesen ist identisch mit dem im Islam hochbedeutsamen Phänomen des »Vollkommenen Menschen« (al-insan al-kamil).

125 Nasr schreibt: »Wie das der Welt zugewandte Antlitz Gottes mit männlichen Attributen belegt wird, so wird seine innere Unendlichkeit durch Weibliches symbolisiert, wie es seine Gnade und seine Weisheit sind« (*Die Erkenntnis und das Heilige*, München 1990, S. 238). Dass in so vielen Sprachen, auch im Arabischen, diese Eigenschaften grammatikalisch gesehen weibliche Form haben, ist von daher nicht zufällig, z.B. Gnade: »rahma«, Weisheit: »hikma«.

126 Bei aller positiven Sicht der Sexualität seitens des Koran bleibt natürlich auch für ihn diese Sexualität ein zweischneidiges Schwert. Der Islam kennt zwar kein institutionalisiertes eheloses Mönchtum im christlichen Sinne, aber es gibt doch in ihm so etwas wie eine innerlich verwirklichte »Trennung von der Welt«. Viele spirituell hoch stehende Persönlichkeiten, Frauen wie Männer, haben sexuelle Abstinenz gelebt. Aus der Sicht des traditionalen Islam würde es auch nicht möglich sein, das paradiesische Urbild sexueller Vereinigung ohne die erste Phase von sexueller Askese zu erleben, weil nur letztere es der Seele ermöglicht, »Phänomene« mehr als diaphane Symbole denn als facta bruta zu erleben. Das ist auch der Grund dafür, dass die Erfahrung des spirituellen Aspekts der geschlechtlichen Vereinigung nur zugänglich ist im Rahmen und unter den Bedingungen der göttlichen »schari'a«, der »heiligen Tradition«, die alle menschlichen Bereiche regelt, auch den der Sexualität.

127 Vgl. hierzu sehr tiefgängig: Frithjof Schuon, *Den Islam verstehen. Eine Einführung in die innere Lehre und die mystische Erfahrung einer Weltreligion*, Bern – München – Wien 1988, S. 9–13

128 Mit dieser Formulierung meint F. Schuon: der Mensch »nicht als gefallenes Wesen betrachtet, das eines erlösenden Wunders bedarf,

sondern als theomorphes Geschöpf, das mit einer Intelligenz begabt ist, die das Absolute zu erkennen vermag, und mit einem Willen, der fähig ist zu wählen, was dahin führt« (*Den Islam verstehen*, S.9). Schuon definiert den Islam als »die Verbindung zwischen Gott als solchem und dem Menschen als solchem« (ebd.).

129 Fusus al-hikam, Kap. 27; Ibn Arabi überliefert die Version »Er [Allah] hat mir lieb gemacht von eurer Welt drei Dinge: die Frauen und den Wohlgeruch, und mein Augentrost ist im Gebet« (Nr. 3 im arabischen Text).

130 Weibliche Schönheit ist für den spirituell ausgerichteten Mann die Offenbarung, Enthüllung der Schönheit des Paradieses, das er im Zentrum seines Seins in sich trägt und auf das der Koran anspielt, wenn er von den »Huris« im Paradies spricht. Ähnlich ist die Güte des Mannes für die Frau eine Bekräftigung und Stütze ihrer inneren Güte. Nach einem arabischen Sprichwort ist im Mann Güte äußerlich und Schönheit innerlich, während in der Frau Schönheit äußerlich und Güte innerlich ist. Es gibt nicht nur eine Komplementarität zwischen den Geschlechtern, sondern auch eine Umkehrung der Beziehungen. In gewisser Weise symbolisiert der Mann »Äußerlichkeit« und die Frau »Innerlichkeit«. Sie ist die »Theophanie des Esoterischen«. Göttliche Weisheit (»hikma« ist im Arabischen ein Femininum) offenbart sich dem Gnostiker als schöne Frau. Zur Bedeutung des weiblichen Elementes im Sufismus vgl. den entsprechenden Exkurs bei Annemarie Schimmel, *Mystische Dimensionen des Islam*, Köln 1985, S. 603–620

131 Das arabische Wort ist abgeleitet vom Verbum »schahida«, was dann auch »bezeugen« bedeuten kann.

132 Die Übersetzung aus dem Arabischen stammt von mir. Zum besseren Verständnis des schwierigen Textes sei hier noch die Paraphrase dieses Textes wiedergegeben, wie sie R.A. Nicholson gegeben hat in seinem großen Werk über Rumi (bei dem es ähnliche Gedanken gibt): »Gott kann nicht getrennt von der Materie gesehen werden, und Er wird vollkommener in der menschlichen Materie als in irgendeiner anderen gesehen, und vollkommener in der Frau als im Mann. Denn Er wird gesehen entweder unter dem Aspekt des agens oder in dem des patiens oder als beides gleichzeitig. Deshalb, wenn ein Mann Gott in seiner eigenen Person im Hinblick auf die Tatsache betrachtet, dass die Frau aus dem Mann entstanden ist, so betrachtet er Gott im Aspekt des patiens, weil er als Gottes Geschöpf absolut patiens in seiner Beziehung zu Gott ist; aber wenn er Gott in der Frau betrachtet, so betrachtet er Ihn sowohl als agens als auch als patiens. Gott, in der Gestalt der Frau manifestiert, ist agens dank der

Tatsache, dass Er völlige Macht über die Seele des Mannes hat und den Mann dazu veranlasst, sich Ihm ganz und gar hinzugeben und zu unterwerfen; und Er ist auch patiens, weil, wenn Er in der Gestalt der Frau erscheint, Er unter der Kontrolle des Mannes ist und seinen Befehlen unterworfen; daher bedeutet, Gott in der Frau zu sehen, Ihn in diesen beiden Aspekten zu sehen, und eine solche Schau ist vollkommener, als Ihn in allen anderen Formen zu sehen, in denen Er sich manifestiert.« (R.H. Nicholson [Hrsg.], *Jalaluddin Rumi, Mathnawi*, 2 Bände, London 1925–1940, hier: Band 1, S. 155f.)

133 So Ibrahim Madkour, »The Concept of Man in Islamic Thought«, in: S. Radhakrischnan, P.T. Raju (ed.), *The Concept of Man. A study in Comparative Philosophy*, London [2]1966, S. 452–475, hier: S. 456

134 Vgl. dazu Muhammad Pickthall, *The cultural side of Islam*, Lahore [3]1969, S. 141

135 Die nachkoranische Tradition hat diesen beiden später die Gattin Muhammads, Chadidscha, und deren Tochter Fatima hinzugefügt.

136 Y. Ali kommentiert: »Der Geschlechter-Unterschied in der ökonomischen Position macht die Rechte und Pflichten des Mannes etwas größer als die der Frau. Sure 4,34 bezieht sich auf die Pflicht des Mannes, die Frau zu versorgen, und auf einen gewissen natürlichen Unterschied zwischen den Geschlechtern. Vorbehaltlich dessen sind die Geschlechter vor dem Gesetz gleich, und in bestimmten Fällen hat das schwächere Geschlecht Anspruch auf besonderen Schutz« (S. 90, A. 255).

137 So H.H. Benabed, »Les conditions de la femme musulmane«, in: *L'Islam et l'Occident* (Cahiers du Sud 9), Paris 1947, S. 211–219, hier: S. 215

138 Arabisch: thumma anscha'nahu chalqan achara. Paret übersetzt: »Hierauf ließen wir ihn als neues (wörtlich: anderes) Geschöpf entstehen.«

139 »Family planning in Islam«, in: *People* 6 (1979) 9

140 Zum Thema Sexualethik und Abortus innerhalb des Islam vgl. den gut orientierenden Beitrag von Munawar Ahmad Anees: »Islamic values and western science. A case study of reproductive biology«, in: Ziauddin Sardar (ed.), *The touch of Midas. Science, values and environment in Islam and the West*, Manchester 1984, 91–120

141 Khoury, *Der Koran*, I, S. 210f.

142 Beispiele hierfür finden sich bei Ephräm und bei Aphrahat (hier z. B. in den »Unterweisungen«, Kap. 22, in der Übersetzung der von P. Bruns herausgegebenen Ausgabe, Freiburg – Basel – Wien 1991, S. 508f.

143 So E. L. Dietrich, »Die Lehre von der Reinkarnation im Islam«, in: »Zeitschrift für Religions- und Geistesgeschichte« 9 (1957), S. 129–149, hier: S. 149

144 Zu diesen Sondergruppen im Allgemeinen vgl. W. Maas, *Arabismus, Islam, Christentum*, S. 89f., 131–135

145 Der Terminus für »Läuterung« ist »taknis« und bedeutet wörtlich »Auskehren«, was den Gedanken der Reinigung deutlich macht.

146 Zitiert nach Dietrich, aaO. S. 140. Mit »nichts« ist hier das Aufgehen in der Gottheit, im All-Einen, gemeint.

147 »Tanasuch« ist hier der arabische Ausdruck für »Wiederverkörperung«. Der Text ist zitiert nach Dietrich, aaO. S.141

148 Zitiert nach Dietrich, aaO. S. 141

149 Bezüglich des arabischen Wortes für Wiederverkörperung »tanasuch« wird gelegentlich auf dessen angebliche Herkunft aus dem Sanskrit hingewiesen. »Tanasuch« ist die sechste Form der Wurzel »nasacha«: »[den Schatten] vertreiben, [ein Buch] abschreiben, [einen Vers] versetzen, etwas verwandeln«. Die Grundbedeutung im Semitischen ist also offenbar »etwas von seiner Stelle bewegen«. Hier läge in der Tat eine gewisse Entsprechung vor zu dem zentralen buddhistischen Terminus »samsara« = weiterwandern.

150 Hier ist die Seelenwanderung allerdings beschränkt auf eine bestimmte Menschengruppe, nämlich die sog. »auditores«.

151 In: *Kitab al-milal wa l-nihal* (ed. Cureton), London 1842, II, S. 297 u.ö.

152 Ebd. S. 142

153 Amattana thnataini wa-ahyaitana thnataini.

154 Vgl. Offb. 12,11; 20,6.14; 21,8

155 Ähnlich deutet auch A.T. Khoury, *Der Koran*, Band I, S. 214, eine ähnlich klingende Stelle, nämlich Sure 2, 28, im Sinne der Nicht-Existenz. Er stellt diese beiden Stellen dann in einen engen inhaltlichen Zusammenhang mit 2,258f.; 3,156; 7,158; 9,116; 10,56; 15,23; 23,80; 40,68; 44,8; 50,43; 53,44; 57,2, in denen von der Auferstehung des Leibes im Sinne der »neuen Schöpfung« die Rede und ein »zweimal« nicht in Sicht ist.

156 Arabischer Text: (18) min ayyi schay'in chalaqahu. (19) min nutfatin chalaqahu fa-qaddarahu. (20) thumma s-sabila yassarahu. (21) thumma amatahu fa-aqbarahu. (22) thumma idha scha'a anscharahu. (23) kalla lamma yaqdi ma amarahu. Die meisten Verben stehen im IV. Stamm, der in der Regel kausative Bedeutung hat: Allah veranlasst ..., lässt ... Es könnte damit der Gedanke zum Ausdruck gebracht werden, dass Allah sich bestimmter Wesen als »Instrumente« bedient, durch die er handelt.

157 So Thomas J. O'Shaughnessy in seiner überzeugenden Monographie *Creation and the teaching of the Qur'an*, Rom 1985, S. 54f.

158 »He exercised thought in ... preparing a thing«. So das große arabische Lexikon von E. Lane, Bd. 2, S. 2495

159 So der frühislamische Baidawi in seinem Korankommentar zu dieser Stelle.
160 Die allgemein-semitische Bedeutung der Konsonantenwurzel »'amr« geht ohne Zweifel in die Richtung von »sprechen«, schöpferisch sprechen, natürlich auch oft in der Bedeutung des bestimmenden Sprechens, verstärkt: des »Befehlens«.
161 So R. Paret, »Die Entstehungszeit des islamischen Bilderverbots«, in: Ders., *Schriften zum Islam* (hrsg. von J. van Ess), Stuttgart – Berlin – Köln – Mainz 1981, S.158–182, hier: S. 177
162 Für das Folgende stützen wir uns auf Alexandre Papadopoulo, *Islamische Kunst*, mit über 1100 Illustrationen, darunter 173 farbigen Abbildungen auf Kunstdrucktafeln. Dieses Werk ist in deutscher Übersetzung erschienen im Verlag Herder, Freiburg – Basel – Wien 1977. Die französische Originalausgabe erschien 1976 bei Éditio in Paris unter dem Titel *L'islam et l'art musulman*. Dieses Werk ist sowohl vom kunsthistorischen und kunsttheoretischen als auch vom philosophisch-theologischen Aspekt her einzigartig und kann überhaupt nicht hoch genug eingeschätzt werden. Wir verdanken diesem grandiosen Werk alle wesentlichen Einsichten zu dieser Thematik.
163 Al-Buhari, Buyu' 40,2, zitiert bei R. Paret, aaO. S. 40. Die zitierten Textstellen finden sich in arabischer Fassung bei Al-Buhari, *Sahih*, VII, bab 91ff., S. 144ff., hrsg. von M. An-Nawawi, Kairo 1957
164 Zur Frage der Begründung der Beschränkung des Bilderverbots auf »belebte Wesen« – Pflanzen sind erlaubt – vgl. R. Paret, aaO. S. 43f.
165 »Wenn der Kopf des Bildes [von einem Lebewesen] abgetrennt ist, wird die Verwerflichkeit hinfällig. Ibn Abbas hat gesagt: ›Bild ist gleich Kopf. Wenn der Kopf abgetrennt ist, ist es kein Bild [mehr].‹« Zitat bei Paret, aaO. S. 46
166 Entsprechende Texte bei Paret, aaO. S. 47f.
167 Vgl. hierzu Wilhelm Maas, *Arabismus, Islam-Christentum*, Stuttgart 1991, S. 96–109
168 Vgl. hierzu auch T. Burckhardt, *The Art of Islam*, London 1976; S.H. Nasr, *Islamic Art and Spirituality*, London 1986; ders., *Die Erkenntnis und das Heilige*, München 1990 (Kapitel »Traditionale Kunst als Quelle der Erkenntnis und Gnade«, S. 335–369)
169 A. Papadopoulo, *Islamische Kunst*, S. 129. Vgl. auch ders., *L'esthétique de l'art musulman. La Peinture*, vol. 3, Paris – Lille 1973, S. 409–477; 666–726
170 Unsere früheren Ausführungen zur islamischen Kunst in *Arabismus, Islam, Christentum* (S. 207–210) bedürfen, weil und insofern noch zu stark am vorgefassten »anthroposophischen Begriff« und zu wenig am Phänomen selbst orientiert, einer grundlegenden Kor-

rektur, die aber in dieser Untersuchung im Einzelnen nicht geleistet werden kann.

171 Wilhelm Maas, *Arabismus, Islam, Christentum. Konflikte und Konvergenzen*, Stuttgart 1991, bes. S. 79–135

172 R. Frieling, *Christentum und Islam*, Stuttgart 1977, S. 126f.

173 Valentin Tomberg, *Lazarus, komm heraus. Vier Schriften*, Mit einer Einführung von Robert Spaemann, Basel 1983, S. 103

174 Ebd. S. 106

175 Ebd. S. 107

176 al-islamu huwa al-taslimu
wa al-taslimu huwa al-yaqinu
wa al-yaqinu huwa al-tasdiqu
wa al-tasdiqu huwa al-iqraru
wa al-iqraru huwa al-ada'u
wa al-ada'u huwa al-'amalu

177 So in *Philosophische Untersuchungen über das Wesen der menschlichen Freiheit* von 1809

178 Mittlerweile sind diese »Fundamentals«-Bände wieder neu herausgegeben: *The Fundamentals. A Testimony to Truth*, New York (Garland) 1988, 12 Bände

179 Gilles Kepel, *Die Rache Gottes. Radikale Moslems, Christen und Juden auf dem Vormarsch*, München – Zürich [3]1994, S. 156

180 J.D. Hunter, *American Evangelicalism, Conservative Religion and the Quandary of Modernity*, New Jersey 1983, S. 39

181 Dies hat Martin Riesebrodt, *Fundamentalismus als patriarchalische Protestbewegung. Amerikanische Protestanten (1910–28) und iranische Schiiten (1961–79) im Vergleich*, Tübingen 1990, überzeugend dargestellt. Wir schließen uns eng an diese Ergebnisse an und verdanken Riesebrodt auch im Folgenden wertvolle Anregungen.

182 Dieses Thema hebt besonders M. Riesebrodt hervor (vgl. oben).

183 In: K. Kreiser, R. Wielandt (Hrsg.): *Lexikon der islamischen Welt*, Stuttgart – Berlin – Köln 1992, S. 103–108, hier: S. 104

184 Vgl. auch hierzu ausführlich Wilhelm Maas, *Arabismus, Islam, Christentum*, S. 87ff. und 109 ff.

185 Wer sich ausführlicher mit diesem Thema beschäftigen will, sei auch hier verwiesen auf die sehr informative Studie von M. Riesebrodt.

186 Das Standardwerk zum Thema ist die Studie von G. Kepel, *Le Prophète et Pharaon. Les mouvements islamistes dans l' Egypte contemporaine*, Paris 1984, dem wir wichtige Informationen entnehmen.

187 Al-ichwan al-muslimun.

188 Erich Gysling, *Zerreißprobe in Nahost*, Zürich – Köln 1986

189 Wir zitieren im Folgenden nach B. Tibi, *Ist der islamische Terroris-*

mus ein dschihad?, in: »Frankfurter Allgemeine Zeitung« vom 6. März 1995, S. 8

190 Ebd.

191 Ebd.

192 Aus Al-Bannas Erinnerungsbuch: *Erinnerungen des Rufes und seines Rufers*, zitiert bei A. Hottinger, *Allah heute*, Zürich 1981.

193 Auszüge daraus in englischer Übersetzung in: J. Donohue, J. Esposito, *Islam in transition. Muslim Perspectives*, Oxford 1982, S. 123ff.

194 Französischer Originaltitel: *L' homme cet inconnu*, deutsche Übersetzung: Stuttgart 1936

195 Zum Beispiel den Korankommentar *Im Schatten des Koran* (Fi zilal al Qur'an) und *Diese Religion* (*Hadha ad-din*).

196 Fi Zilal al-Qur'an.

197 S. Qutb, *Ma'alim fi al-tariq*, 9. legale Auflage, Beirut – Kairo 1982 (Verlag Dar-Al-Schuruq, ägyptisch-libanesische Ausgabe). Von Qutbs Schriften existieren auch viele illegale, im Untergrund erschienene Ausgaben. Die Zitate bei G. Kepel, *Der Prophet und der Pharao*, München – Zürich 1995 bzw. bei Andreas Meier, *Der politische Auftrag des Islam. Programme und Kritik zwischen Fundamentalismus und Reformen. Originalstimmen aus der islamischen Welt*, Wuppertal 1994 (hervorragende Übersetzung) habe ich eingesehen und nach einem Vergleich mit dem arabischen Originaltext modifiziert.

198 Ebd., arabischer Text S. 5f.

199 Das arabische Wort ist nur schwer mit einem einzigen deutschen Wort zu übersetzen. Es hat für die islamische Tradition einen ähnlichen Stellenwert wie für die abendländische Tradition der Begriff der »Barbarei«.

200 Qutb, aaO., arabischer Text S. 10.

201 Ebd. S. 11f.

202 Vgl. dazu das gesamte Kapitel »Der Islam ist die Zivilisation« (arabischer Text S. 117–124)

203 A. Maududi, *Al mustalahat al arba'a fi-l qur'an*, Kuweit 1977. Das Buch wurde schon 1941 geschrieben und sollte damals als Programmschrift für die damals gerade in Indien entstehende »Islamische Vereinigung« (dschama'at-i islami) dienen, die in etwa der ägyptischen Moslem-Bruderschaft entsprach.

204 Qutb, aaO., zitiert nach Kepel, S. 50

205 Ebd., arabischer Text S. 116

206 Ebd., arabischer Text S. 116f.

207 Ebd., zitiert nach Kepel S. 54

208 Ebd. S. 54f.

209 Ebd., arabischer Text S. 68
210 Qutb, *Fi al-tariq: Fikrah wa minhadsch*, Beirut 1974, S. 22
211 Qutb, *Fi Zilal al-Qur'an*, Beirut 1973, Bd. 10, S. 117
212 Ebd., Bd. 18, S. 2529
213 Qutb, *Fi al-Tariq*, S. 16 und 18f.
214 Ibn Kathir, *Tafsir al-Qur'an al-'azim*, Beirut 1966, S. 286
215 Ebd. S. 268
216 Qutb, *Fi Zilal*, Bd. 1, S. 98
217 Ebd., Bd. 2, S. 128
218 'Abd al Salam Faradsch, *Al farida al-gha'iba*
219 Muslimischer Traditionalist (1300–1373), stark beeinflusst von Ibn Taimiya
220 Faradsch , zitiert nach G. Kepel, aaO. S. 213f.
221 Ebd. S. 220
222 Ebd. S. 221
223 Ebd. S. 222
224 Herausgegeben in zwei Bänden vom derzeitigen Scheich der Al-Azhar, Gadul Haqq Ali Gaqdul Haqq, hier zitiert nach B. Tibi, *Ist der islamische Terrorismus ein dschihad? Zwischen der Friedenspolitik der Al-Azhar und dem Fundamentalismus*, in: »Frankfurter Allgemeine Zeitung« vom 6. März 1955, S. 8.
225 So Tibi, ebd.
226 Vgl. Tibi, ebd.
227 Al islam as-siyasi. Leider konnte ich das Original nicht einsehen. Wir halten uns hier an die Präsentation der Hauptthesen durch Philipp W. Rosemann: Die gefälschte Tradition. Eine Kritik der fundamentalistischen Usurpation des Islam durch die Politik, in: »Frankfurter Allgemeine Zeitung« vom 6. März 1991. Inzwischen gibt es eine kommentierte französische Übersetzung der programmatischen Einleitung durch den katholischen Islam-Experten und Orientalisten Georges C. Anawati, in: *Mélanges de l'Institut Dominicain d' Études Orientales du Caire*, Band 19, 1989
228 Raziq, *Der Islam und die Quellen des Rechts* , Kairo 1925
229 Rosemann, aaO.
230 Al-Aschmawi, zitiert nach Rosemann, aaO.
231 Von den zahlreichen Werken Bassam Tibis zu diesem Thema seien hier nur erwähnt: *Islamischer Fundamentalismus, moderne Wissenschaft und Technologie*, Frankfurt am Main 1992 (vor allem S. 12–27); *Die Krise des modernen Islam. Eine vorindustrielle Kultur im wissenschaftlich-technischen Zeitalter*, Frankfurt 1991 (vor allem S. 202–279); *Der Islam und das Problem der kulturellen Bewältigung sozialen Wandels*, Frankfurt am Main 1985; *Der religiöse Funda-*

mentalismus im Übergang zum 21. Jahrhundert, Mannheim – Leipzig – Wien – Zürich 1995

232 J. Habermas, *Der philosophische Diskurs der Moderne. Zwölf Vorlesungen*, Frankfurt am Main [4]1993, vor allem zusammenfassend S. 26–30

233 Thomas Meyer, *Fundamentalismus. Aufstand gegen die Moderne*, Reinbek 1989, bes. S. 23–25. Vgl. auch ders., »Fundamentalismus. Die andere Dialektik der Aufklärung«, in: Thomas Meyer (Hrsg.), *Fundamentalismus in der modernen Welt. Die Internationale der Unvernunft*, Frankfurt am Main 1989, S. 13–22

234 Wolfgang Welsch, *Unsere postmoderne Moderne*, Weinheim 1988, S. 35

235 Ebd. S. 41

236 Ebd. S. 245

237 siehe Lyotards Programmschrift *Das postmoderne Wissen*, 1980

238 Vgl. O. Marquard, »Lob des Polytheismus. Über Monomythie und Polymythie«, in: *Philosophie und Mythos. Ein Kolloquium*, hrsg. von H. Poser, Berlin – New York 1979, S. 40–58

239 »Christliche Gnosis und Philosophie unter den Bedingungen der Postmoderne«, in: H. Schenk (Hrsg.), *Philosophie, Religion und Wissenschaft*, Hildesheim 1989, S. 23–47, hier: S. 31f.

240 Henriette Herwig, *Postmoderne Literatur oder postmoderne Hermeneutik? Zur Theorie und Praxis der Interpretation zeitgenössischer Literatur am Beispiel von Peter Handke, Botho Strauß, Bob Perelman und Nicolas Born*, in: Kodikas/Code. Ars Semiotica 13 (1990), S. 225–244, hier: S. 228

241 T. Meyer, *Fundamentalismus*, S. 15. Auch für die folgenden Ausführungen lehnen wir uns eng an Meyer an.

242 P. Berger, *Das Unbehagen an der Modernität*, Frankfurt – New York 1975

243 T. Meyer, aaO., S. 18f.

244 Stephan H. Pfürtner, *Fundamentalismus. Die Flucht ins Radikale*, Freiburg – Basel – Wien 1991, S. 100

245 Pfürtner, ebd. S. 103f.

246 Wichtige Anregungen zu dieser Analyse empfing ich von dem katholischen Pastoraltheologen Paul Zulehner in seinem Vortrag auf der 32. Jahrestagung des Arbeitskreises für Evangelische Konfessionskunde in Europa am 4. 4. 1995 in Wien zum Thema »Der Fundamentalismus als Herausforderung für die Kirchen Europas«, abgedruckt in: Materialdienst des Konfessionskundlichen Instituts Bensheim 46 (1995), S. 90–94

247 Vgl. J. Werblicks Beitrag: »Das Medium ist die Botschaft. Über einige

wenig beachtete Implikationen des Begriffs der ›Selbstoffenbarung Gottes‹ – mit Blick auf die Auseinandersetzung um die fundamentalistische Versuchung im Christentum«, in: Ders. (Hrsg.), *Offenbarungsanspruch und fundamentalistische Versuchung*, Freiburg – Basel – Wien 1991, S. 187–245. Vgl. auch sein Vorwort als Herausgeber!

248 Ebd. S. 201.

249 Ebd. S. 222f.

250 »Gott redet als Mensch«, in: Ders., *Verbum Caro*, Einsiedeln 1960, S. 99

251 Ebd. S. 233

252 Vgl. hierzu die überzeugenden Darlegungen des Exegeten Ingo Broer: »Fundamentalistische Exegese oder kritische Bibelwissenschaft? Anmerkungen zum Fundamentalismusproblem anhand des paulinischen Offenbarungsverständnisses«, in: J. Werbick (Hrsg.), *Offenbarungsanspruch und fundamentalistische Versuchung*, Freiburg 1991, S. 59–88

253 H. Denzinger, *Kompendium der Glaubensbekenntnisse und kirchlichen Lehrentscheidungen*, hrsg. von Peter Hünermann, Freiburg – Basel – Rom – Wien [37]1991, Nr. 2901–2980

254 Einen umfassenden Vergleich hat Sadik J. Al-Azm angestellt in seinem Buch *Unbehagen in der Moderne. Aufklärung im Islam*, Frankfurt am Main 1993, S. 94–137. Wir greifen nur einige Beispiele auf.

255 Hinsichtlich der islamischen Dokumente stützen wir uns auf die repräsentative Zusammenstellung in der zweibändigen Sammlung von Rifaat Sayyed Ahmad : *Der bewaffnete Prophet* (veröffentlicht bei Riad Al-Rayyes Books, London 1991), in der die bedeutendsten Schriften, Manifeste und Protokolle von Gerichtsverhandlungen und Verhören militanter ägyptischer Islamisten zusammengestellt sind. Diese Dokumente sind darum besonders erhellend und aufschlussreich, weil sie die Ideen, Lehren, Analysen und Pläne, die Kritik und das Urteil, die Geisteshaltung der Fundamentalisten in unverfälschter und reiner Form wiedergeben. Sie waren nämlich fast alle nur zum internen Gebrauch, z.B. zur Schulung von Mitgliedern, gedacht und sind darum von entwaffnender Offenheit und Authentizität. Wir zitieren jeweils nach Band und Seitenzahl mit der Abkürzung A1 bzw. A2. Der Syllabus wird nach der bekannten »Denzinger-Hünermann«-Nummer zitiert.

256 So ein bekannter tunesischer Fundamentalist, Abdel Laif Al-Hermasi, in seinem Buch *Die islamischen Bewegungen in Tunesien* [*Al-haraka al-islamiya fi Tunis*], Tunis 1985, S. 111

257 *They have uncrowned him: From Liberalism to Apostasy. The Conciliar Tragedy*, Texas [2]1988, S. XVII

258 F. Laisney (ed.), *Archbishop Lefebvre and the Vatican: 1987–1988*, Texas 1989, S. 15
259 Ebd. S. 3–11
260 Rifaat Sayyed Ahmad , aaO., A2, S. 120.122.124 (vgl. Anm. 255)
261 Ebd., A2, S. 188
262 Ebd., A1, S. 41
263 Vgl. zu diesem Themenkomplex auch die Bemerkungen des Kirchenrechtlers Knut Walf, »Fundamentalistische Strömungen in der katholischen Kirche. Ein Rückblick«, in: Thomas Meyer (Hrsg.), *Fundamentalismus in der modernen Welt. Die Internationale der Unvernunft*, Frankfurt am Main 1989, S. 248–261
264 Vgl. hierzu das hervorragend dokumentierte Buch von Matthias Mettner, *Die katholische Mafia. Kirchliche Geheimbünde greifen nach der Macht*, München 1995
265 Mettner bezeichnet von Balthasar als »selbst konservativ und unverdächtig des theologischen Progressismus« (S. 17).
266 H.U. von Balthasar, vor allem in seinem Beitrag »Integralismus«, in: *Wort und Wahrheit* 18 (1963), S. 737–744. Vgl. auch »Integralismus heute«, in: *Diakonia 19* (1988), S. 221–229
267 Es handelt sich um das mitten im heißesten Gewühl des Modernismusstreites verfasste, 250 Seiten starke, nie im Buchhandel erschienene Heft der »Annales de Philosophie Chrétienne« mit dem sonderbaren Titel *La Semaine Sociale de Bordeaux et le Monophorisme* von 1910.
268 von Balthasar, *Integralismus*, S. 737
269 Ein Ausdruck von Blondel, abgeleitet vom lateinischen »vetus« = alt (Blondel, aaO. S. 75).
270 von Balthasar, *Integralismus*, S. 739
271 Ebd. S. 742
272 Ebd. S. 740
273 Ebd., vgl. dazu im Einzelnen S. 742f.
274 *Friedliche Fragen an das Opus Dei*, in: »Der christliche Sonntag« vom 12. 4. 1964, S. 117f.
275 *Professio Fidei et Iusiurandum fidelitatis*, veröffentlicht in: »Acta Apostolicae Sedis 81« (1989), S. 104f.
276 Rudolf Bahro, *Logik der Rettung. Wer kann die Apokalypse aufhalten?*, Stuttgart – Wien 1987
277 T. Meyer, *Fundamentalismus*, S. 122
278 R. Bahro, aaO. S. 10
279 Ebd. S. 10f.
280 Ebd. S. 84
281 Ebd. S. 326

282 Ebd. S. 452
283 Ebd. S. 453
284 Ebd. S. 454
285 Ebd. S. 16f.
286 Ebd. S. 271
287 Ebd. S. 356
288 Vgl. ebd. S. 96
289 Ebd. S. 204f.
290 Ebd. S. 205
291 Ebd. S. 206
292 Ebd. S. 209
293 Ebd. S. 20
294 Ebd.
295 Ebd. S. 275
296 Ebd.
297 Ebd. S. 279
298 Ebd.
299 Ebd. S. 97
300 Ebd. S. 478
301 Ebd. S. 481
302 Ebd. S. 479
303 T. Meyer, aaO. S. 131
304 Gründliche Vorarbeit in der Darstellung der Geschichte der Exegese dieser Stellen hat Jane D. McAuliffe geleistet mit der Untersuchung *Qur'anic Christians. An Analysis of classical and modern exegesis*, Cambridge – New York 1991. Für exegesegeschichtliche Detailfragen sei auf dieses Buch verwiesen. Ich konnte selbst nur zum Teil auf die oft sehr schwer zugänglichen Originalquellen zurückgreifen. Wo dieser Zugang nicht möglich war, stütze ich mich auf die bei McAuliffe ausführlich zitierten Texte. Diese Tatsache habe ich jeweils im Einzelnen nicht vermerkt. Insgesamt verdanken wir dieser Studie sehr viele Anregungen, sowohl was die konkrete Detailexegese als auch was die allgemeinen Perspektiven und Schlussfolgerungen angeht. – Die herangezogenen Koranstellen wurden im Übrigen bislang eher von solchen muslimischen Autoren zitiert, die damit die Toleranz des Islam gegenüber anderen Religionen glaubten unterstreichen und beweisen zu können.
305 Zur Eigenart der Mutaziliten, die Freiheit und Vernunft betonen, vgl. ausführlich: Wilhelm Maas, *Arabismus, Islam, Christentum*, S. 39–41
306 Die Aschariten stellten sich in Gegensatz zu den Mutaziliten und betonten den absoluten Vorrang des Gesetzes vor der Vernunft und

verneinten die Zweitursachen und den menschlichen freien Willen. Sie bekämpften die rationalistische Philosophie innerhalb des Islam. Al-Razi sympathisierte mit dem Sufismus. Näheres zu Al-Razi bei M. M. Sharif (ed.), *A History of Muslim Philosophy*, vol. I, Wiesbaden 1963, S. 642–656 (verfasst von Sayyid Hussain Nasr).

307 Tabari, *Dschami' al-bayan* 2,145

308 *Tafsir al-Manar* 1,137f.

309 *Al-Mizan* 14,358

310 H.H. Horovitz, *Koranische Untersuchungen*, Berlin – Leipzig 1926, S. 121f.; Schaeder, *Die Welt des Orients*, Heft 4, Stuttgart 1949, S. 290. Ähnlich auch R. Paret zur selben Stelle. Neuere Literatur zu diesem Thema: Jane Dammen McAuliffe, *Exegetical Identification of the Sabi'un*. in: The Muslim World 72 (1982), S. 95–106; Christopher Buck, *The Identity of the Sabi'un: An historical quest*, in: The Muslim World 74 (1984), S. 172–186; Michel Tardieu, *Sabiens coraniques et ›sabiens‹ de Harran*, in: Journal asiatique 274 (1986),1–44

311 Al-Mizan 1,193

312 Ebd.

313 Al karamah bi al-haqiqah duna al-zahir, *Al-Mizan* 1,193

314 Bei Tabari, aaO., 2,150–154. Dass diese Konversion zum Christentum – natürlich zu einem Christentum, das (nur) eine Vorausgestalt der endgültigen göttlichen Offenbarung ist – hier als ein Vorgang von »islam« geschildert wird, unterstreicht die darin implizierte grundsätzliche Sicht des Islam als der ursprünglichen, natürlichen und ewigen Urreligion des Menschen. – Ein zweites, anderes Hadith, das auch in ähnlicher Weise Salmans Bekehrung berichtet, drückt die »Moral von der Geschicht« in einer Erklärung des Propheten zum Abschluss so aus: »Wer immer in der Religion Jesu und in ›islam‹ Gott gegenüber stirbt, bevor er mich hörte, dem wird es wohlergehen; aber wer immer mich heute hört und nicht an mich glaubt, der ist bereits verloren« (zitiert bei Tabari, 2, 155).

315 Ebd. 2,154

316 Rashid Rida, *Tafsir al-Manar* 1,334

317 *Tafsir al-Manar* 1,338

318 Vgl. ebd. 1,339

319 Ebd.

320 »Mutawaffika« ist aktives Partizip des V. Stammes der arabischen Wurzel WFY und bedeutet zunächst »nehmen«; in der erweiterten Bedeutung dann: das (Zu sich) Nehmen der Seele des Menschen durch Gott, in diesem Sinne »Sterben«. Wichtig für die Prüfung der Bedeutung ist der Wortbefund von »tawaffa« im Koran. Wichtig ist hier besonders Sure 39,42: »Gott nimmt die Seelen zu der Zeit ihres

Todes. Diejenigen, die nicht sterben, [nimmt er] in ihrem Schlaf. Diejenigen, für die er den Tod bestimmt hat, hält er fest, die anderen aber schickt er zurück bis zu einem festgesetzten Zeitpunkt.« Bemerkenswert ist hier die Parallelisierung von Schlaf und Tod bis in die identische Formulierung hinein.

321 *Al-Mizan* 3,206

322 Ebd.

323 Ebd., 3,208

324 Ebd. Die Jesus-Nachfolger bei den Muslimen und nicht bei den Christen zu finden, ist eine durchgängige Tendenz bei fast allen Kommentatoren. Insofern werden sie, die Muslime, es letztlich sein, die über den Ungläubigen stehen.

325 Ebd.

326 Ebd. 3,210

327 Ibn Arabi, *Tafsir al-Qur'an al-karim* 1,336 zur Stelle.

328 Rashid Rida, *Tafsir al-Manar* 6,460

329 Tabataba'i, *Al-Mizan* 6,38

330 Ebd. 10,165

331 Ebd. 10,166

332 Ebd. 10,501

333 Rashid Rida, *Tafsir al-Manar* 7,6

334 Ebd. 7,6

335 Ibn Kathir, *Tafsir al-Qur'an al-'azim*, 2,86

336 Tabataba'i, *Al-Mizan* 6,81

337 Ebd. 6,81–82

338 Tabari, aaO. 20,89

339 Al-Zamakhshari, *Al-Kashshaf* 3,421

340 Tabari, aaO., 20,90

341 Tabataba'i, Al-Mizan 19,173

Literaturverzeichnis

Al-Ashmawi, Said: Al-Islam as-siyasi [Der politische Islam], Kairo 1987

Al-Azm, Sadik J.: Unbehagen in der Moderne. Aufklärung im Islam, Frankfurt am Main 1993

Al-Faruqi, Isma'il Raji (ed.): Trialogue of the Abrahamic Faiths, Herndon/Virginia 1991

Algar, Hamid: Artikel »islah« (Reform), in: The Encyclopaedia of Islam, New Edition, IV, Leiden 1978, S. 163–167

Ali, Abdallah Yousuf: The Glorious Kur'an. Text, Translation and Commentary, Beirut [3]1938

Anawati, Georges C.: Artikel »'Isa«, in: The Encyclopaedia of Islam, New Edition, IV, Leiden 1978, S. 81–86

Anawati, Georges C.: Principes de l'humanisme arabe médiéval. Un humanisme théocentrique, in: Wenin, Christian (éd.): L' homme et son univers au moyen age, vol. 1, Louvain 1986, S. 406–413

Anawati, Georges C.: Vers un dialogue islamo-chrétien, in: Revue Thomiste 72 (1964), S. 280–326; 585–630

Arkoun, Muhammad: Artikel »'ischq« [Liebe], in: The Encyclopaedia of Islam, New Edition, IV, Leiden 1978, S. 118–119

Arnaldez, Roger: Artikel »chalq« [Schöpfung], in: The Encyclopaedia of Islam, New Edition, IV, Leiden 1978, S. 980–988

Arnaldez, Roger: Artikel »insan« [Mensch] und »Al-insan al-kamil« [Der vollkommene Mensch], in: The Encyclopaedia of Islam, New Edition, III, Leiden 1965, S. 1237–1241

Arnaldez, Roger: Artikel »ma'rifa« [Erkenntnis], in: The Encyclopaedia of Islam, New Edition, VI, Leiden 1991, S. 568–571

Arnaldez, Roger: Panorama de la pensée islamique, in: Encyclopédie philosophique universelle, In: L'univers philosophique, Paris 1989, S. 1666–1672

Ayubi, Nazih M.N.: The Politics of Militant Islamic Movements in the Middle East, in: Journal of International Affairs 36 (1982/1983), S. 271–283

Bahro, Rudolf: Logik der Rettung. Wer kann die Apokalypse aufhalten? Ein Versuch über die Grundlagen ökologischer Politik, Stuttgart-Wien 1987
Baljon, J.M.S.: Modern Muslim Koran Interpretation (1880–1960), Leiden 1961
Bayat, Mangol: The Iranian Revolution of 1978–79: Fundamentalist or Modern?, in: The Middle East Journal 37 (1983), S. 30-42
Bernand, M.: Artikel »Idjma'« [Konsens], in: The Encyclopaedia of Islam, New Edition, III, 1965, S. 1023–1026
Bernand, M.: Artikel »idjma'«, in: The Encyclopaedia of Islam, New Edition, III, Leiden 1965, S. 1023–1026
Bloch, Ernst: Avicenna und die aristotelische Linke, Berlin 1952
Bouman, Johannes: Gott und Mensch im Koran. Eine Strukturform religiöser Anthropologie anhand des Beispiels Allah und Muhammad, Darmstadt 1977
Bsteh, Andreas (Hrsg.): Der Gott des Christentums und des Islams, Mödling 1978
Bürgel, Johann Christoph: Allmacht und Mächtigkeit. Religion und Welt im Islam, München 1991
Carra de Vaux, B.: Artikel »tanasukh [Seelenwanderung]«, in: The Encyclopaedia of Islam, IV, Leiden 1934, S. 702–703
Corbin, Henry: Die smaragdene Vision. Der Licht-Mensch im persischen Sufismus, München 1989
Corbin, Henry: En Islam Iranien. Aspects spirituels et philosophiques, 4 Bände, Paris 1973
Dietrich, E. L.: Die Lehre von der Reinkarnation im Islam, in: Zeitschrift für Religions- und Geistesgeschichte 9 (1957), S. 129-149
Firro, Kais: Political behavior of the Druze as a minority in the Middle East – a historical perspective, in: Orient 27 (1986), S. 463-479
Frieling, Rudolf: Christentum und Islam. Der Geisteskampf um das Menschenbild, Stuttgart 1977
Gardet, Louis: La cité musulmane. Vie sociale et politique, Paris [3]1969
Garvey, John H.: Fundamentalism and American Law, in: Martin E. Marty und R. Scott Appleby: Fundamentalisms and the State, Chicago – London 1993, S. 28–49
Garvey, John H.: Introduction: Fundamentalism and Politics, in: Martin E. Marty und R. Scott Appleby: Fundamentalism and the State, Chicago – London 1993, S. 13 -27
Gimaret, D.: Artikel »Rahma«, in: The Encyclopaedia of Islam, New Edition, VIII, S. 398–399
Goethe, Johann Wolfgang: West-Östlicher Divan, hrsg. v. H.-J. Weitz, Frankfurt am Main 1974

Gramlich, Richard: Der Urvertrag in der Koranauslegung (zu Sure 7,172–173), in: Der Islam 60 (1983), S. 205–230

Habermas, Jürgen: Der philosophische Diskurs der Moderne. Zwölf Vorlesungen, Frankfurt am Main [4]1993

Haddad, Yvonne Yazbeck: The Qur'anic justification for an Islamic revolution. The view of Sayyid Qutb, in: The Middle East Journal 37 (1983), S. 14–29

Halliday, Fred: The Iranian revolution. Uneven development and religious populism, in: Journal of International Affairs 36 (1982/1983), S. 187–207

Herwig, Henriette u.a.: Ankündigung der Sterblichkeit. Wandlungen der Religion. Gestaltungen des Heiligen, hrsg. von Jean-Pierre Wils, Tübingen 1992

Herwig, Henriette: Postmoderne Literatur oder postmoderne Hermeneutik? Zur Theorie und Praxis der Interpretation zeitgenössischer Literatur, in: Kodikas/code. Ars Semiotica 13 (1990), Nr. 3/3, S. 225–244

Jansen, Johannes J.G.: Tafsir, Ijma' and modern Muslim extremism, in: Orient 27 (1986), S. 642–646

Jansen, Johannes J.G.: The early Islamic movement of the Kharidjites and modern Moslem extremism: similarities and differences, in: Orient 27 (1986), S. 127-135

Kepel, Gilles: Der Prophet und der Pharao. Das Beispiel Ägypten: Die Entwicklung des muslimischen Extremismus, München – Zürich 1995

Kepel, Gilles: Die Rache Gottes. Radikale Moslems, Christen und Juden auf dem Vormarsch, München-Zürich [3]1994

Kügelgen, Anke von: Averroes und die arabische Moderne. Ansätze zu einer Neubegründung des Rationalismus im Islam, Leiden – New York – Köln 1994

Le Gai Eaton, Charles: Der Islam und die Bestimmung des Menschen. Annäherung an eine Lebensform, München 1994

Lerch, Wolfgang Günter: Die blockierte Reform. Der Islam zwischen »Fundamentalismus« und Verwestlichung, in: Frankfurter Allgemeine Zeitung, vom 4. Oktober 1989

Lerner, Ralph und Muhsin Mahdi (ed.): Medieval political philosophy. A sourcebook, New York 1963

Löw, Reinhard (Hrsg.): Islam und Christentum in Europa, Hildesheim 1994

Lücke, Hanna: »Islamischer Fundamentalismus« – Rückfall ins Mittelalter oder Wegbereiter der Moderne? Die Stellungnahme der Forschung, Berlin 1993

Lüling, Günter: Über den Ur-Qur'an. Ansätze zur Rekonstruktion vorislamischer christlicher Strophenlieder im Qur'an, Erlangen 1974

Lyotard, Jean-Francois: Das postmoderne Wissen, Wien 1986
Maas, Wilhelm: Arabismus, Islam, Christentum. Konflikte und Konvergenzen, Stuttgart 1991
Macdonald, D.B.: Artikel »idjtihad«, in: The Encyclopaedia of Islam, New Edition, III, Leiden 1965, S. 1026–1027
Macdonald, D.B.: Artikel »idjma'« und »idjtihad«, in: The Encyclopaedia of Islam, II, Leiden 1927, S. 476–478
Mahdi, Muhsin S.: Islamic Thought, in: The New Encyclopaedia Britannica, vol. 22, Chicago 1985, S. 14–31
Marty, Martin E. und R. Scott Appleby: Conclusion: Remaking the state: The limits of the fundamentalist imagination, in: Martin E. Marty und R. Scott Appleby: Fundamentalisms and the state, Chicago – London 1993, S. 620–643
Marty, Martin E. und R. Scott Appleby: Foreword, in: Piscatori, James (ed.): Islamic Fundamentalisms and the Gulf Crisis (The Fundamentalism Project. American Academy of Arts and Sciences), Chicago 1991, IX-XVII
Marty, Martin E.: Fundamentalismus heute, in: Die politische Meinung, 37. Jg., Nr. 276,
Massignon, Louis: Inventaire de la littérature hermétique arabe, in: A. J. Festugière, La révélation d' Hermès Trismégiste, vol. 1, Paris ²1950, S. 384–400
Maududi, Abu-l-A'la: Islamische Lebensweise, Beirut 1983
Maududi, Abu-l-A'la: Weltanschauung und Leben im Islam, Kuwait 1992
McAuliffe, Jane Dammen: Qur'anic Christians. An Analysis of Classical and Modern Exegesis, Cambridge – New York 1991
Meier, Andreas: Der politische Auftrag des Islam. Programme und Kritik zwischen Fundamentalismus und Reformen. Originalstimmen aus der islamischen Welt, Wuppertal 1994
Meier, Christian: Die Entstehung des Politischen bei den Griechen, Frankfurt am Main ²1989
Meier, Friedrich: Artikel »'Ala' Al-Dawla Al-Simnani«, in: The Encyclopaedia of Islam, New Edition, I, Leiden 1954, S. 346–347
Merad, A.: Artikel »islah« (Reform), in: The Encyclopaedia of Islam, New Edition, IV, Leiden 1978, S. 141–163
Meyer, Thomas (Hrsg.): Fundamentalismus in der modernen Welt. Die Internationale der Unvernunft, Frankfurt am Main 1989
Meyer, Thomas: Fundamentalismus. Aufstand gegen die Moderne, Reinbeck 1989
Mooren, Thomas: Macht und Einsamkeit. Dialog mit dem islamischen Radikal-Monotheismus, Würzburg – Altenberge 1991
Mooren, Thomas: Monothéisme coranique et anthropologie, in: Anthro-

pos. International Review of Ethnology and Linguistics 76 (1981), S. 529–561
Mooren, Thomas: Paternité et généalogie dans la pensée religieuse de l'Ancien Proche-Orient, Thèse de Doctorat, Ecole Pratique des Hautes Etudes, Institut Catholique, 1979
Moses Maimonides: The Guide of the Perplexed. Translated with an introduction and notes by Shlomo Pines, Chicago
Nader, Albert: Le déterminisme dans la nature et la condition de l' homme d'après les Mu'tazilites, in: Christian Wenin (Hrsg.): L'homme et son univers au moyen age, vol. 2, Louvain 1986, S. 726–728
Nagel, Tilman: Vom »Qur'an« zur »Schrift« – Bells Hypothese aus religionsgeschichtlicher Sicht, in: Der Islam 60 (1983), S. 143–165
Nasr, Sayyed Hossein: Artikel »Ithna 'Ashariyya«, in: The Encyclopaedia of Islam, New Edition, IV, Leiden 1978, S. 277–279
Nasr, Sayyed Hossein: Die Erkenntnis und das Heilige, München 1990
Nasr, Sayyed Hossein: Traditional Islam in the Modern World, London – New York 1993
Nikolaus von Kues: Cribratio Alkorani, 3 Bücher, lateinisch-deutsch, hrsg. v. L. Hagemann, Hamburg 1989–1993
O'Shaughnessy, Thomas J.: Creation and the teaching of the Qur'an, Rome 1985
Papadopoulo, Alexandre: Islamische Kunst, Freiburg – Basel – Wien 1977
Papadopoulo, Alexandre: L' esthétique de l' art musulman. La peinture, 6 Bände, Paris-Lille 1972
Paret, Rudi: Der Koran (Übersetzung, Kommentar und Konkordanz), 2 Bände, Stuttgart 1980/1981
Pfürtner, Stephan H.: Fundamentalismus. Die Flucht ins Radikale, Freiburg 1991
Qutb, Sayyid: Dieser Glaube. Der Islam, Kuwait 1992
Ramadan, Abdel Azim: Fundamentalist influence in Egypt: The strategies of the Muslim Brotherhood and the Takfir Groups, in: Martin E. Marty und R. Scott Appleby (ed.): Fundamentalisms and the state, Chicago – London 1993, S. 152–183
Richard, Yann: Pensée et spiritualité iraniennes, in: Encyclopédie philosophique universelle, I: L'univers philosophique, Paris 1989, S. 1632–1637
Riesebrodt, Martin: Fundamentalismus als patriarchalische Protestbewegung. Amerikanische Protestanten (1910–28) und iranische Schiiten (1961–79) im Vergleich, Tübingen 1990
Riesebrodt, Martin: Islamischer Fundamentalismus aus soziologischer Sicht, in: Aus Politik und Zeitgeschichte. Beilage zur Wochenzeitung »Das Parlament« B 33/93, S. 11–16

Robinson, F.C.R.: Mawdudi, in: The Encyclopaedia of Islam, New Edition, VI, Leiden 1991, S. 872–874

Rosemann, Philipp W.: Die gefälschte Tradition. Eine Kritik der fundamentalistischen Usurpation des Islam durch die Politik, in: Frankfurter Allgemeine Zeitung vom 6. März 1991

Rubin, U.: Artikel »Nur Muhammadi« [Licht Muhammads], in: The Encyclopaedia of Islam, New Edition, VI, Leiden 1991

Schacht, Josef: Artikel »idjtihad«, in: The Encyclopaedia of Islam, New Edition, III, Leiden 1965, S. 1026–1027

Schedl, Claus: Muhammad und Jesus. Die christologisch relevanten Texte des Korans neu übersetzt und erklärt, Wien – Freiburg- Basel 1978

Schimmel, Annemarie: Die Zeichen Gottes. Die religiöse Welt des Islam, München 1995

Schimmel, Annemarie: Muhammad Iqbal. Prophetischer Poet und Philosoph, München 1989

Schimmel, Annemarie: Mystische Dimensionen des Islam. Die Geschichte des Sufismus, Köln 1985

Schmidt, Alfred: Das Phänomen des Fundamentalismus in Geschichte und Gegenwart, in: Klaus Kienzler (Hrsg.): Der neue Fundamentalismus, Düsseldorf 1990, S. 9–33

Schöck, Cornelia: Adam im Islam. Ein Beitrag zur Ideengeschichte der Sunna, Berlin 1993

Schumann, Olaf H.: Der Christus der Muslime. Christologische Aspekte in der arabisch-islamischen Literatur, Gütersloh 1975

Schuon, Frithjof: Den Islam verstehen. Eine Einführung in die innere Lehre und die mystische Erfahrung einer Weltreligion, Bern – München – Wien 1988

Schweizer, Gerhard: Islam und Abendland. Ein Dauerkonflikt, Stuttgart 1995

Scott, David: Buddhism and Islam. Past to present encounters and interfaith lessons, in: Numen 42 (1995), S. 141–155

Sharif, M.M.: A History of Muslim Philosophy, 2 Bände, Wiesbaden 1966

Southern, Richard W.: Das Islambild des Mittelalters, Stuttgart-Berlin 1981

Suhrawardi, Shihabuddin Yahya: Oeuvres metaphysiques et mystiques, 3 Bände, Teheran – Paris 1976

Tibi, Bassam: Der Islam und das Problem der kulturellen Bewältigung sozialen Wandels, Frankfurt am Main 1991

Tibi, Bassam: Der islamische Fundamentalismus zwischen »halber Moderne« und politischem Aktivismus, in: Aus Politik und Zeitgeschichte. Beilage zur Wochenzeitung »Das Parlament« B 33/93, S. 3–10

Tibi, Bassam: Der religiöse Fundamentalismus im Übergang zum 21. Jahrhundert, Mannheim-Leipzig – Wien – Zürich 1995

Tibi, Bassam: Die Krise des modernen Islams. Eine vorindustrielle Kultur im wissenschaftlich-technischen Zeitalter. Erweiterte Ausgabe. Mit einem Essay: Islamischer Fundamentalismus als Antwort auf die doppelte Krise, Frankfurt am Main 1991

Tibi, Bassam: Islamischer Fundamentalismus, moderne Wissenschaft und Technologie, Frankfurt am Main 1993

Tibi, Bassam: Politisches Denken im klassischen und mittelalterlichen Islam zwischen Religio-Jurisprudenz (Fiqh) und hellenisierter Philosophie (Falsafa), in: Iring Fetscher und Herfried Münkler (Hrsg.): Pipers Handbuch der politischen Ideen, Band 2, München – Zürich 1992, S. 87–140

Tibi, Bassam: Wer ist der Souverän? Die Gottesherrschaft als islamische Spielart des Totalitarismus, in: Frankfurter Allgemeine Zeitung vom 20. April 1994

Tomberg, Valentin: Lazarus, komm heraus. Vier Schriften, mit einer Einführung von R. Spaemann, Basel 1985

Tworuschka, Udo: Fundamentalismus in den Religionen, in: Tworuschka, Udo (Hrsg.): Fundamentalismus in den Religionen (Arbeitstexte des Bundes Freies Christentum Nr. 24), Stuttgart 1993, S. 2–8

Waage, Peter N.: Wenn Kulturen kollidieren. Islam und Europa, Stuttgart 1991

Weiss, Dieter: Die arabische Welt vor einer neuen wissenschaftlich-technologischen Kommunikationskrise?, in: Orient 27 (1986), S. 377–394

Welch, A.T.: Artikel »Al-Kur'an«, in: The Encyclopaedia of Islam, New Edition, V, Leiden 1986, S. 400–429

Werbick, Jürgen (Hrsg.): Offenbarungsanspruch und fundamentalistische Versuchung, Freiburg-Basel-Wien 1991

Wielandt, Rotraud: Artikel »Fundamentalismus«, in: Klaus Kreiser, Rotraud Wielandt (Hrsg.): Lexikon der Islamischen Welt, Stuttgart – Berlin – Köln 1992, S. 103–108

Wielandt, Rotraud: Zeitgenössischer islamischer Fundamentalismus – Hintergründe und Perspektiven, in: Klaus Kienzler (Hrsg.): Der neue Fundamentalismus, Düsseldorf 1990, S. 46–66

Zulehner, Paul M.: Fundamentalismus in der katholischen Kirche, in: Materialdienst des Konfessionskundlichen Instituts Bensheim 46 (1995), S. 90–94

Die hier genannte Literatur stellt nur eine Auswahl der wichtigsten Werke zum Thema dieser Arbeit dar.

Glossar

Abbasiden: Kalifengeschlecht in Bagdad (750–1258), benannt nach Abbas, einem Onkel Muhammads.

Ahmadiyya: Ende des 19. Jahrhunderts in Indien entstandene Bewegung, die ihren Begründer, Mirza Ghulam Ahmad als »Mahdi«, als verheißenen Messias, verehrt und damit das abschließende Prophetentum Muhammads ablehnt.

Ayatollah: wörtlich »Zeichen Gottes«. Bezeichnet in der Zwölfer-Schia Geistliche mit höherer Qualifikation als die mudschtahidin, die den idschtihad ausüben, d.h. eine eigenständige Koran- und Rechtsauslegung.

Charidschiten: Islamische Gruppe, die sich 657 von der Partei Alis trennte, weil sie meinte, das Kalifat müsse nicht vererbt, sondern durch freie Wahl der Gemeinde mit einem Würdigen besetzt werden, der nicht unbedingt aus der Familie Muhammads stammen müsse.

Da'wa: wörtlich »Ruf«, Einladung zum Islam, die jeder Moslem anderen gegenüber praktizieren soll.

Dschahiliya: die vorislamische Zeit der dunklen »Unwissenheit« und Barbarei, in der die Araber Götzen anbeteten.

Dschihad: wörtlich: die angestrengte, intensive Bemühung um eine Person oder Sache, besonders auch auf religiösem Gebiet; der »große dschihad« ist der Kampf gegen das niedere Ich; der »kleine dschihad« äußerer Verteidigungskampf. In der von Christen gepflegten Übersetzung »heiliger Krieg« liegt eine

Unterstellung, die von der christlichen Lehre vom »gerechten Krieg« (Augustinus) beeinflusst ist.

Fitra: die ursprüngliche natürliche Schöpfungsordnung.

Hanifen: vorislamische, keiner der großen Weltreligionen angehörige Monotheisten, deren Idealgestalt Abraham/Ibrahim ist.

Imam: 1) Vorbeter beim Freitagsgebet; 2) religiöse Lehrautorität; 3) in der Schia Bezeichnung für die inspirierten zwölf Imame.

Ka'ba: wörtlich »Würfel«; das im Hof der Moschee von Mekka stehende Gebäude, das nach der Tradition von Abraham und Ismael errichtet wurde; in der südöstlichen Ecke der Ka'ba ist der Schwarze Stein eingelassen, der von den Pilgern geküsst oder berührt wird.

Scharia: das in Auslegung und Anwendung des Koran alle Gebiete des Lebens umfassende und bestimmende göttliche Gesetz. Die entsprechende Rechtswissenschaft heißt »Fiqh«.

Sunna: 1) Normative Lebensweise des Propheten Muhammad, überliefert in den Hadithen, neben dem Koran die zweite inhaltliche Quelle der Offenbarung; 2) »Konfessions«-Bezeichnung des Mehrheitsislam gegenüber der Schia.

Sure: Kapitel des Koran, das jeweils nach einem darin vorkommenden Wort benannt wird. Die 144 Suren sind, abgesehen von der eine Sonderstellung einnehmenden ersten Sure »Al-fatiha« (Die »Eröffnende«), nach ihrem Textumfang, also nicht chronologisch, geordnet.

Umajaden: Kalifengeschlecht in Damaskus (660–750).

Umma: Gemeinschaft der Moslems, die durch den Islam zusammengehalten wird und über Abstammung, Verwandtschaft, Rasse und Status hinausgeht.

Zwölfer-Schia: die Hauptgruppe der Schia, die zwölf Persönlichkeiten als Imam anerkennt und deren zwöfter Imam in der Verborgenheit lebt.

Der Autor

Dr. theol. habil. Wilhelm Maas studierte Klassische Philologie, Philosophie und Theologie. Er leitete das theologische Zentrum an der Universität Kassel und war dort als Gastprofessor im Bereich Religionswissenschaften tätig. Es folgte eine wissenschaftliche Mitarbeit an der katholisch-theologischen Fakultät der Universität Freiburg/Br. Außerdem wirkte er als Referent beim Weltkirchenrat in Genf und bei ›Pro Oriente‹ in Wien. Nach umfangreichen Studien der arabischen Sprache und des Islam beteiligte er sich in den Jahren 1993 und 1994 am Entwicklungsprojekt ›Sekem‹ in Ägypten, das ihm wichtige Impulse für die Auseinandersetzung mit dem Islam vermittelte. Im Verlag Urachhaus erschien von ihm bereits:

Arabismus – Islam – Christentum
Konflikte und Konvergenzen
248 Seiten, kartoniert

Eine Studie über die vielfältige religiöse und kulturelle Gestalt des Islam in Geschichte und Gegenwart. Besonders berücksichtigt werden der zukunftsträchtige Zweig der Schia und das geistesgeschichtliche Phänomen des Arabismus.